図解 わかる 年金

国民年金
厚生年金
企業年金
個人年金

2024-2025年版

新星出版社

令和6年度（2024年度）

今年度 男性（昭和34年4月2日～昭和35年4月1日生）女性

65歳未満の年金

1 ずっと会社員だった男性

→ 厚生年金保険の加入期間が10年以上※

2 ずっと会社員だった女性

→ 厚生年金保険の加入期間が10年以上※

3 会社員と自営業が混ざっている人
専業主婦（夫）と会社員が混ざっている人

→ 厚生年金保険の加入期間
＋
国民年金の保険料納付済期間
＋
国民年金の保険料免除期間
＋
合算対象期間
＝
10年以上※

4 ずっと自営業だった人
ずっと専業主婦（夫）だった人

→ 国民年金の保険料納付済期間
＋
国民年金の保険料免除期間
＋
合算対象期間
＝
10年以上※

※平成29年8月より、「25年以上」から「10年以上」に短縮された。

（昭和34年4月2日～昭和35年4月1日生
昭和35年4月2日～昭和36年4月1日生
昭和36年4月2日～昭和37年4月1日生）のあなたは**65歳未満**で、こんな年金がもらえます！

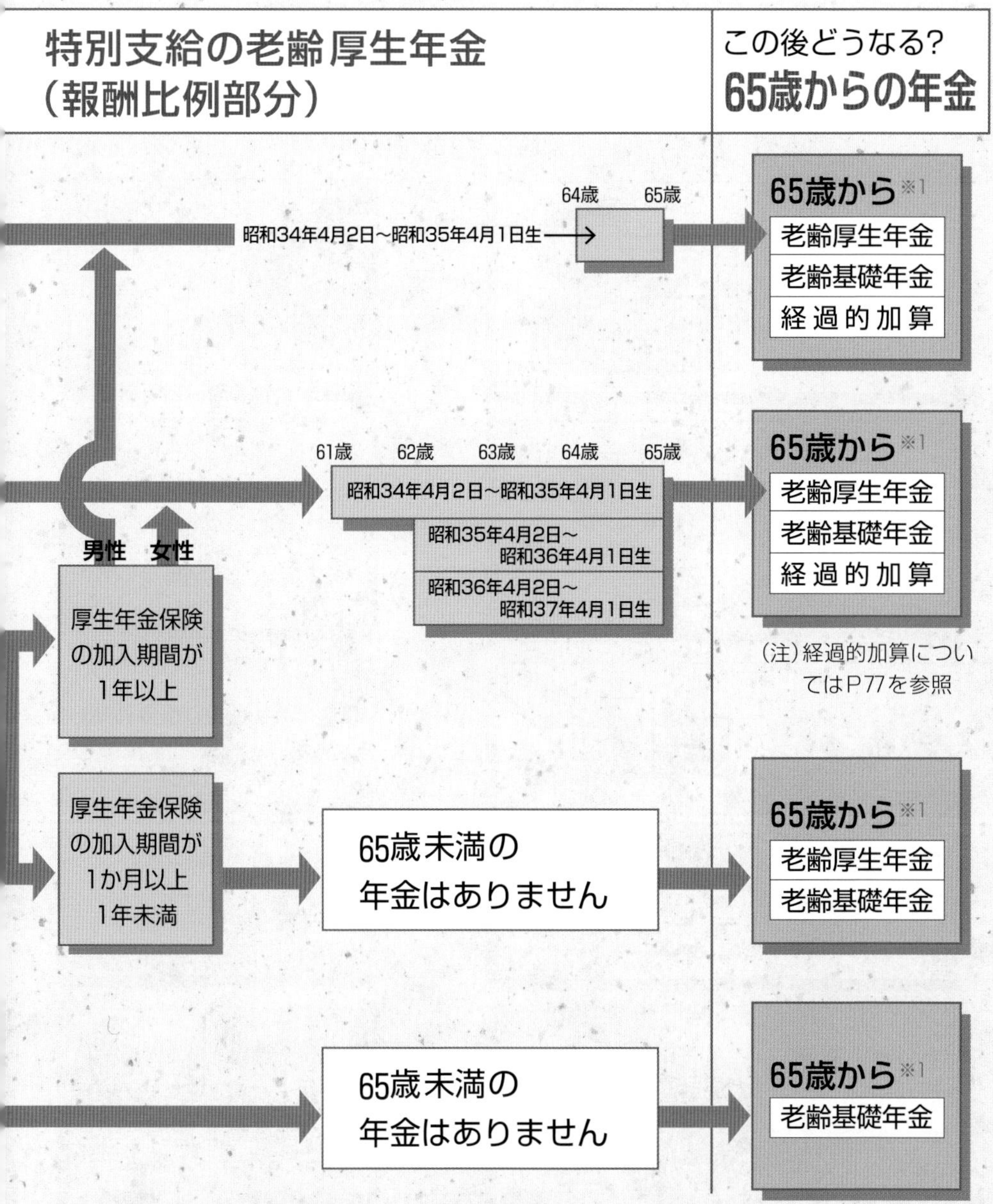

※1 年金をもらいながら勤務している人は、その給与収入に応じて年金の一部がカットされる（このカットされて支給される年金を「在職老齢年金」という）。カットされる額についてはP84参照。

令和6年度以降（2024年度）

特別支給の老齢厚生年金

昭和34年4月2日～昭和35年4月1日生　令和2年度（61歳）
昭和35年4月2日～昭和36年4月1日生　令和4年度（62歳）
昭和36年4月2日～昭和37年4月1日生　令和5年度（62歳）

65歳未満の年金

1　ずっと会社員だった男性

→ 厚生年金保険の加入期間が10年以上※

2　ずっと会社員だった女性

→ 厚生年金保険の加入期間が10年以上※

3　会社員と自営業が混ざっている人
専業主婦（夫）と会社員が混ざっている人

→ 厚生年金保険の加入期間
＋
国民年金の保険料納付済期間
＋
国民年金の保険料免除期間
＋
合算対象期間
＝
10年以上※

4　ずっと自営業だった人
ずっと専業主婦（夫）だった人

→ 国民年金の保険料納付済期間
＋
国民年金の保険料免除期間
＋
合算対象期間
＝
10年以上※

※平成29年8月より、「25年以上」から「10年以上」に短縮された。

はこの年生まれの女性がもらえます！

から65歳到達まで
から65歳到達まで
から65歳到達まで

（昭和37年4月2日～昭和38年4月1日生　令和7年度（63歳）から65歳到達まで
昭和38年4月2日～昭和39年4月1日生　令和８年度（63歳）から65歳到達まで
昭和39年4月2日～昭和40年4月1日生　令和10年度（64歳）から65歳到達まで
昭和40年4月2日～昭和41年4月1日生　令和11年度（64歳）から65歳到達まで）

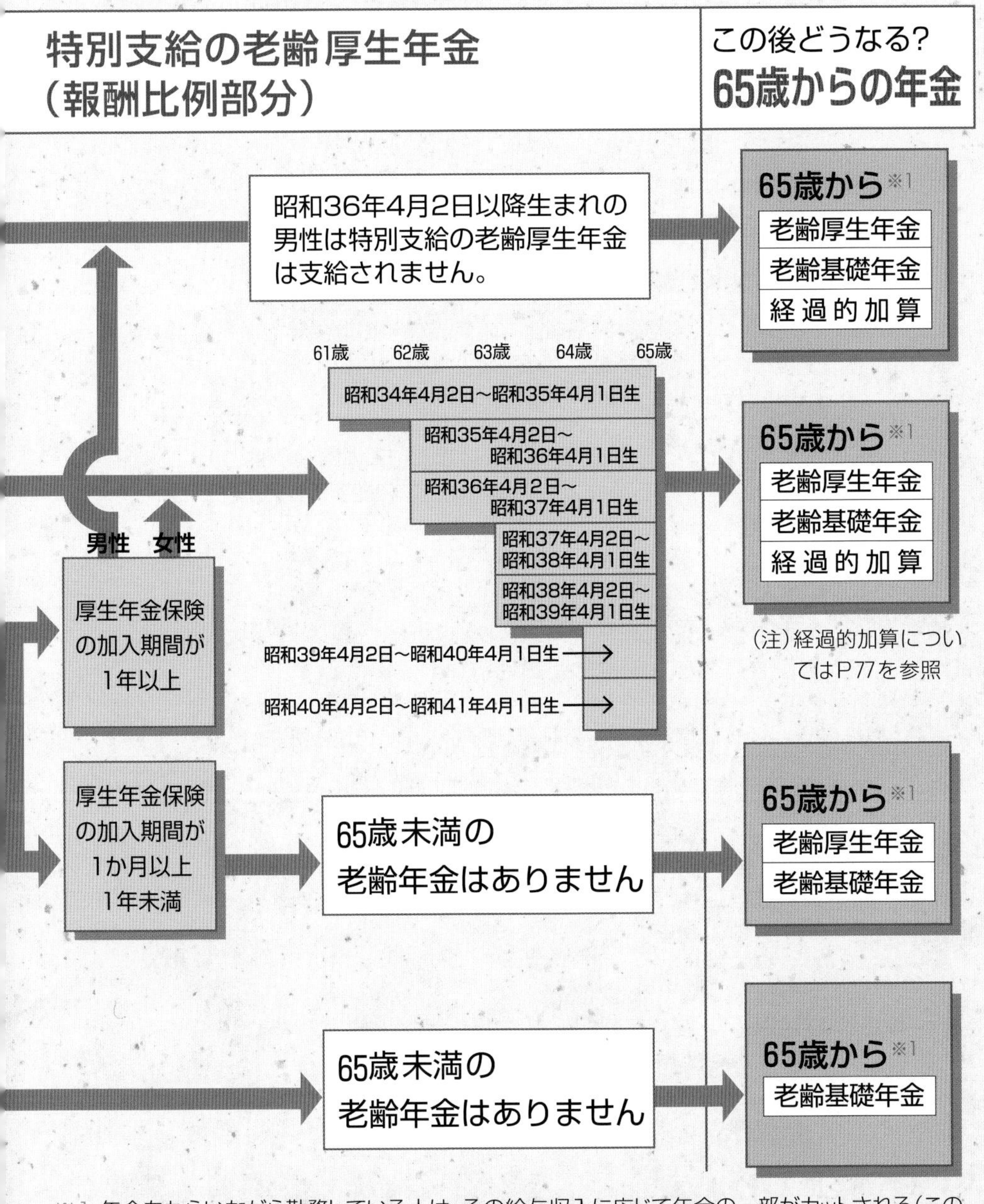

※1　年金をもらいながら勤務している人は、その給与収入に応じて年金の一部がカットされる（このカットされて支給される年金を「在職老齢年金」という）。カットされる額についてはP84参照。

年金改定

2022年度の年金制度改定は「長く働く高齢者が有利」な改定といわれています。
「長く働く高齢者が有利」な改定とはどのようなものでしょうか。
具体的には、働くシニア世代を対象にしたさまざまな制度改定が行われました。

① 老齢年金支給開始時期の繰り下げ ➡ 75歳まで可能に

② 60歳代前半の在職老齢年金の計算
28万円 ➡ 48万円に ➡ 2024年度より50万円に

③ パート・アルバイト（週20時間以上などの要件）の厚生年金加入適用の拡大
101人以上規模の事業所も対象に ➡ 2022（令和4）年10月より
51人以上規模の事業所も対象に ➡ 2024（令和6）年10月より

④ iDeCo個人型の加入　60歳まで ➡ 65歳まで（2022年5月より）
企業型DCの加入　65歳まで ➡ 70歳まで（2022年5月より）

2022年度の年金大改定について、
世の中ではこっちが損とか得とか騒いでいるけれど…
60歳以上の人の働き方も年金老齢給付のもらい方も選択肢が増えているけれど…
細かいことばかりがクローズアップされていて「本当のところがよくわからない」ということになっていないでしょうか？
まずは、もう一度基本に立ち返って、公的年金制度の内容をしっかり理解しましょう。
そうすれば

年金に対する不安や不信感が払拭され、
あなたが今どうすれば良いかがわかります！

今こそ『**図解わかる年金**』を読んで、
安心を手に入れましょう。

年金制度の現状

●年金制度はなぜわかりにくいのか？

年金制度はたび重なる改定が行われ、制度移行期の経過措置が設けられたり、従前保障があったりなど、大変わかりにくくなっています。

本来の老齢年金の支給開始年齢は60歳から65歳に変わりましたが、一度に急に変えられないため、段階的に移行している途中です。2024（令和6）年度時点で、まだ65歳前に報酬比例部分の特別支給の老齢厚生年金をもらえる方が若干残っています。

●特別支給の老齢厚生年金

60歳から65歳の間に特別支給の老齢厚生年金の定額部分と報酬比例部分の両方をもらえた年代の人たちは、既に65歳に到達しています。

現在、61歳から65歳の間で、報酬比例部分の特別支給の老齢厚生年金をもらえている人は、じつはそれほど多くはありません。過渡期の一部の世代の人たちだけです。

一方、定年が60歳であっても、会社は「本人が希望し就業規則の退職・解雇に該当しない人」であれば、65歳まで雇い続けることが義務づけられています。

つまり、今では65歳まで働くことが普通になっているのです。2022年の年金大改定は、その現実に合わせた制度改定となっています。

●老齢年金の支給開始年齢は、原則65歳からになっています

昭和36年4月2日以降生まれの男性

昭和41年4月2日以降生まれの女性

→ は一律65歳が老齢年金の支給開始年齢となります。

年金の全体イメージ

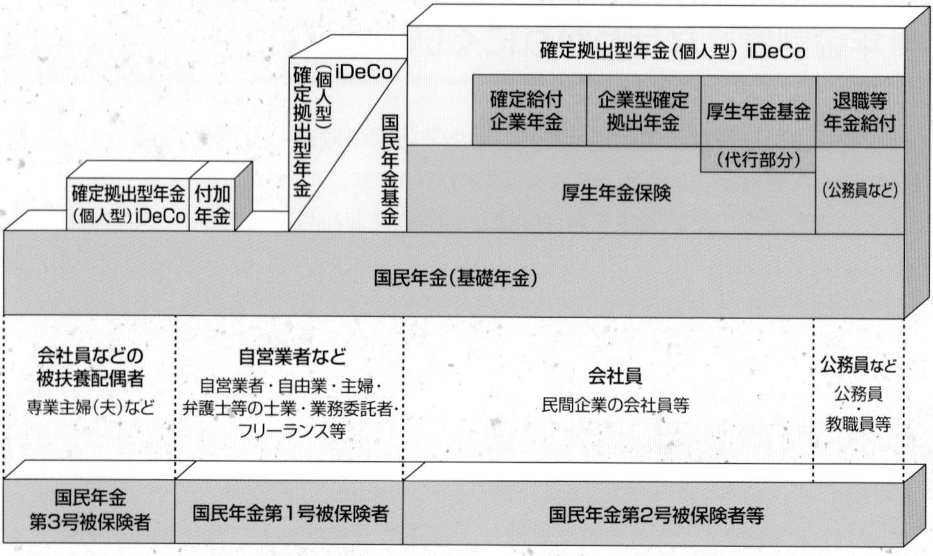

注1：被用者年金制度の一元化に伴い、平成27(2015)年10月1日から公務員および私学教職員も厚生年金保険に加入することになりました。また、共済年金の職域加算部分は廃止され、新たに退職等年金給付が創設されています。ただし、平成27年9月30日までの共済年金に加入していた期間分については、平成27年10月以降においても、加入期間に応じた職域加算部分が支給されます。

注2：国民年金の第2号被保険者等とは、厚生年金被保険者をいいます(国民年金の第2号被保険者のほか、65歳以上で老齢または退職を支給事由とする年金給付の受給権を有する者を含む)。

注3：第1号被保険者には、任意加入被保険者を含みます。

国民年金（基礎年金）	全国民共通の１階部分である基礎年金のための公的年金。20歳になった人はみな強制加入となります。国民年金の加入者（被保険者）は、自営業者などの第１号被保険者、会社員・公務員などの第２号被保険者、会社員などの被扶養配偶者（主婦・主夫）の第３号被保険者の３種類に分けられます。
厚生年金保険	企業などに勤める会社員や公務員などを対象にした、基礎年金に上乗せされる２階部分の公的年金。「被用者年金一元化法」により、平成27（2015）年10月1日から厚生年金と共済年金が厚生年金に統一されました。
確定給付企業年金（DB）	全従業員を対象とする、労使の合意による年金規約に基づく企業年金。生命保険会社等と契約を結んで年金資産の運用・管理・給付を行う「規約型」と、母体企業とは別の基金を設立して年金資産の運用・管理・給付を行う「基金型」の２つの種類があります。
厚生年金基金	厚生労働大臣の認可を受けて設立された法人（基金）が行う企業年金。国が行う厚生年金保険の給付の一部を代行し、さらにプラスαの給付を行うことを目的としています。2024年１月時点で全国に５つしかありません。
企業型確定拠出年金（DC）	日本版401kとも呼ばれる企業年金で、企業や加入者があらかじめ定められた方式で拠出し、運用は加入者が自己責任で行う年金です。拠出限度額の枠内など一定の範囲で、加入者が会社の掛金とは別に上乗せして拠出する「マッチング拠出」を行うこともできます。
付加年金	国民年金の第１号被保険者が、もらえる年金の額を増やすために付加する年金。月額400円の付加保険料を支払った期間分は、通常の老齢給付に付加年金（200円×払込月数）がつきます。
国民年金基金	自営業者やフリーランスなど国民年金の第１号被保険者が、老後の所得保障の充実を図るために、任意で加入する年金制度。「地域型国民年金基金」と３つの「職能型国民年金基金」があります。
確定拠出年金（個人型）iDeCo	個人が拠出する掛金によって運用を行う年金制度。加入を希望する場合には、国民年金基金連合会に加入申請する必要があります。加入者が拠出する掛金額は一定の金額が所得控除されるため、年末調整や確定申告で税金が優遇されます。

公的年金の一生

●生涯の年金タイムスケジュール

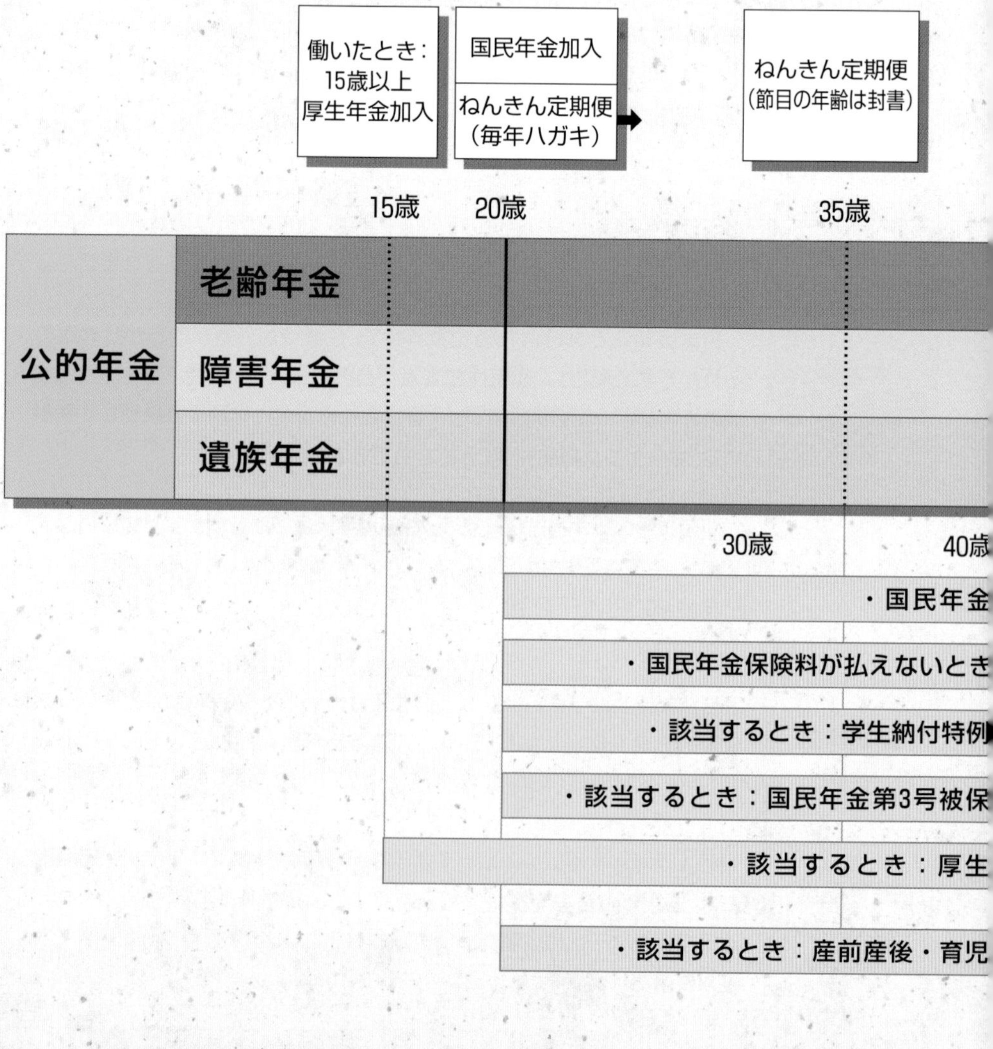

公的年金に関する年齢別の主な手続き・注意点

ねんきん定期便
(節目の年齢は封書)

ねんきん定期便
(節目の年齢は封書)

特別支給の老齢厚生年金(一定年齢の人)

年金請求書

69歳到達年金未請求者へのお知らせ

現況届(毎年誕生月)
＊現在来る人と来ない人がいる

※現在、各種お知らせは〔ねんきんネット〕が活用されている。

45歳　59歳　65歳　69歳　70歳　75歳

➡ 支給開始年齢

50歳　60歳

険料納付

年金繰り上げ　年金繰り下げ　年金繰り下げ

法定免除・申請免除

→ 追納（10年間可能）

者関係届　20歳から60歳まで

金保険料納付

年金繰り上げ　年金繰り下げ　年金繰り下げ

業期間中の届・保険料免除

はじめに

令和になり、社会のしくみが激変しています。これまでの時代のように、新卒から定年まで１つの会社だけで雇用されて働くという人も少なくなりつつあります。会社に「雇用」されずに自ら起業したり、「個人事業主」として生活の糧を得たり、複数の職を持ったりする人も増えました。

働き方の多様化で、「老後」だけではなく「障害」や「死亡」（遺族）にも対応できる「年金」について知っておく必要が増しました。これからの時代は「年金」について、若い頃から自分でデザインしていくことが求められます。

本書は、以下のような方々が読んで役に立つようにまとめました。

- 年金のしくみについて「はじめて勉強する」という人
- 年金は「難しくてわかりにくい」という人
- 自分が「年金をもらえるかどうか心配だ」という人
- 自分の年金が「おおよそいくらもらえるか」を知りたい人
- 年金の「手続きのことをもっとよく知りたい」と思っている人

●お金が生まれてくる年金、引き出せば減っていく預貯金

年金のいいところは、「お金が生まれてくる」ところです。金額の多い、少ないはありますが、あなたが働けなくなっても、2か月に一度、一定の金額が年金として支給され続けます。預貯金はお金を引き出すごとに確実に残高が減っていくのに対して、支給される年金は、受給権者がいる限りなくなりません。また、年金には物価変動率や名目手取り賃金変動率に応じた毎年度の改定があり、物価上昇にも対応できるしくみとなっています。

●支払うべき保険料を払っていなければ年金はもらえない

若い人からはよく「自分たちが年をとったときに年金はもらえるのですか」という質問を受けます。

もしも年金をもらえないとしたら、その理由は三つ。一つめは国が破産したとき、二つめは年金を出さないという法律が国会で決定されたとき、三つめは支払うべき保険料を支払っていないときです。

一つめと二つめは常識的に考えてありえないことですが、三つめは今でも、将来でも確実にありうることです。

したがって私はこの質問に対し、次のように答えています。

「年金は今の通り必ずもらえるとは言い切れない。しかし、はっきりといえることは、保険料を払っていない人は絶対にもらえない」と。この本をご覧になっている人の身近に、そういった若い人たちがいたら、このことを話してあげてください。

本書は「年金のしくみ」について、多くの図表を用いながら説明することで、ビジュアルでわかりやすい構成になっています。また、文章もなるべく短くし、簡潔明瞭な記述になるように努めました。

さらに本書は、最初から順序よく読む必要はなく、どこから読んでも知りたいことがすぐわかるよう、具体的な見出しをつけました。そのほかにも、難しそうな用語には随所に説明を加え、巻末にはさくいんも載せ、皆さんがいつでも確認できるようになっています。

本書は年金の情報がどこにあり、どうしたら引き出すことができるかを考えて作成した最高の手引書であると確信しています。

本書で年金についての正しい知識を身につけ、これまで年金アレルギーだった人が、年金ファンになっていただくことを願っています。

著　者

年金の種類

公的年金は国民年金と厚生年金の2つ

年金というと「いつから、どのくらいもらえるのか」ということが共通の関心事でしょう。公的年金には「国民年金」と「厚生年金保険」の 2 つの種類があります。ご自身の加入している年金制度がどのようなものかを知っておきましょう。

国民年金
に加入していると

厚生年金保険
に加入していると

※かつてあった公務員・教職員等の「共済年金」は、「被用者年金一元化法」により、平成 27（2015）年10月1日から「厚生年金」に統一されました。

基礎年金
が支給されます

厚生年金
が支給されます

どんなときに支給されるか

	基礎年金	厚生年金
年をとったとき	老齢基礎年金	老齢厚生年金
障害状態になったとき	障害基礎年金	障害厚生年金
遺族になったとき	遺族基礎年金	遺族厚生年金

あなたのもらえる年金は？

「国民年金は自営業者の年金、厚生年金は会社員の年金」といわれますが、実際は少し意味が違います。民間会社員や公務員は厚生年金保険に加入していると同時に、国民年金にも加入しているのです（P21参照）。

**自営業·自由業·主婦※
弁護士等の士業の一部·
業務委託者·フリーランス等**

厚生年金保険には入れないので、基礎年金だけがもらえます。

**会社員
公務員・教職員等**

厚生年金保険に加入していると同時に国民年金にも加入していますから、基礎年金と厚生年金の二つがもらえます。

※ここでいう主婦等とは、健康保険証の被扶養者欄に名前が記載されている配偶者のこと

老齢給付 →56ページ	老後の生計を支えるために、65歳になると支給されるのが老齢給付です。国民年金から「老齢基礎年金」が、厚生年金から「老齢厚生年金」が支給されます。 ＊いまなら65歳前から、報酬比例の老齢厚生年金がもらえる人もいる（P72 参照）。
障害給付 →102ページ	病気や事故などで障害が残った場合、その程度に応じて支給されるのが障害給付です。老齢給付同様、加入している年金により「障害基礎年金」「障害厚生年金」が支給されます。
遺族給付 →126ページ	年金に加入している人が亡くなった場合、その人の配偶者や子供に対して支給されるのが遺族給付です。老齢給付同様、加入している年金に応じて「遺族基礎年金」「遺族厚生年金」がそれぞれ支給されます。

国民年金は20歳になったら強制加入

20歳になったらすべての人は、60歳になるまで国民年金に加入しなければなりません。例えば会社勤めしていた人が、会社員と結婚して会社をやめ主婦（主夫）になった場合、いままで加入していた厚生年金保険はやめることになりますが、国民年金は第2号被保険者から第3号被保険者に種別変更して加入し続けなければなりません（P28）。

国民年金の加入者は「第1号被保険者」「第2号被保険者」「第3号被保険者」の3つに分類されています。これは国民年金を知るうえで欠かせないものですから、覚えておきましょう。

●国民年金加入者の分類

第1号被保険者	第2号被保険者	第3号被保険者

自営業者・学生など	会社員・公務員	第2号被保険者に扶養されている配偶者
20歳以上60歳未満の自営業者や自由業、士業の一部、業務委託者、フリーランス、学生など	厚生年金保険の加入者、共済組合の組合員・加入者	第2号被保険者に扶養されている配偶者（20歳以上60歳未満）

↓

20歳～60歳まで強制加入

65歳からの老齢基礎年金はいくらもらえるのか

＊40年納めると満額もらえる	年額　816,000円※（令和6年度価額） ※昭和31年4月2日以降生まれの人の額。昭和31年4月1日以前生まれの人は813,700円。
＊40年未満だと減額支給される	年額 816,000円 × （保険料納付済月数 ＋ 保険料全額免除月数×1/2 ＋ 保険料4分の1納付月数×5/8 ＋ 保険料半額納付月数×3/4 ＋ 保険料4分の3納付月数×7/8 ※）÷ 加入可能年数×12か月

$$\text{年額}\ 816{,}000\text{円}\times\frac{\text{保険料納付済月数}+\text{保険料全額免除月数}\times\frac{1}{2}+\text{保険料4分の1納付月数}\times\frac{5}{8}+\text{保険料半額納付月数}\times\frac{3}{4}+\text{保険料4分の3納付月数}\times\frac{7}{8}}{\text{加入可能年数}\times12\text{か月}}$$

＊加入可能年数といって、生年月日による短縮措置あり（P65）（令和6年度価額）

※平成21（2009）年3月分までは、全額免除月数分の年金額は$\frac{1}{3}$、4分の1納付月数分は$\frac{1}{2}$、半額納付月数分は$\frac{2}{3}$、4分の3納付月数分は$\frac{5}{6}$の額。学生納付特例の納付期間で追納がない期間は資格期間としては反映されるが、年金額には反映されない。

あなたは老齢基礎年金をもらえる資格があるか？

スタート

加入期間（資格期間）が10年以上ありますか

いいえ → 老齢基礎年金をもらえる資格がありません

はい ↓

以前は25年間の「資格期間（本書でいう加入期間）」が必要でしたが、平成29(2017)年8月1日より、「資格期間（加入期間）」が10年以上あれば、年金を受けとれるようになりました。

●「資格期間（加入期間）」とは？

- ・国民年金の保険料を納めた期間や、保険料を免除された期間
- ・会社員の期間（船員保険を含む厚生年金保険や旧共済組合等の加入期間）
- ・年金制度に加入していなくても資格期間に加えることができる期間（「カラ期間」と呼ばれる合算対象期間→P63～64）

これらの期間の合計が「資格期間（加入期間）」です。
資格期間が10年（120月）以上あると、年金を受け取ることができます。ただし、受け取れる年金の額は、納付した期間に応じて決まるため、保険料を40年間納付した人は満額の老齢基礎年金を受け取れますが、納付した期間が10年間の人はおおむねその4分の1の年金額になります。

老齢基礎年金をもらえる資格があります

あなたは老齢厚生年金をもらえるか

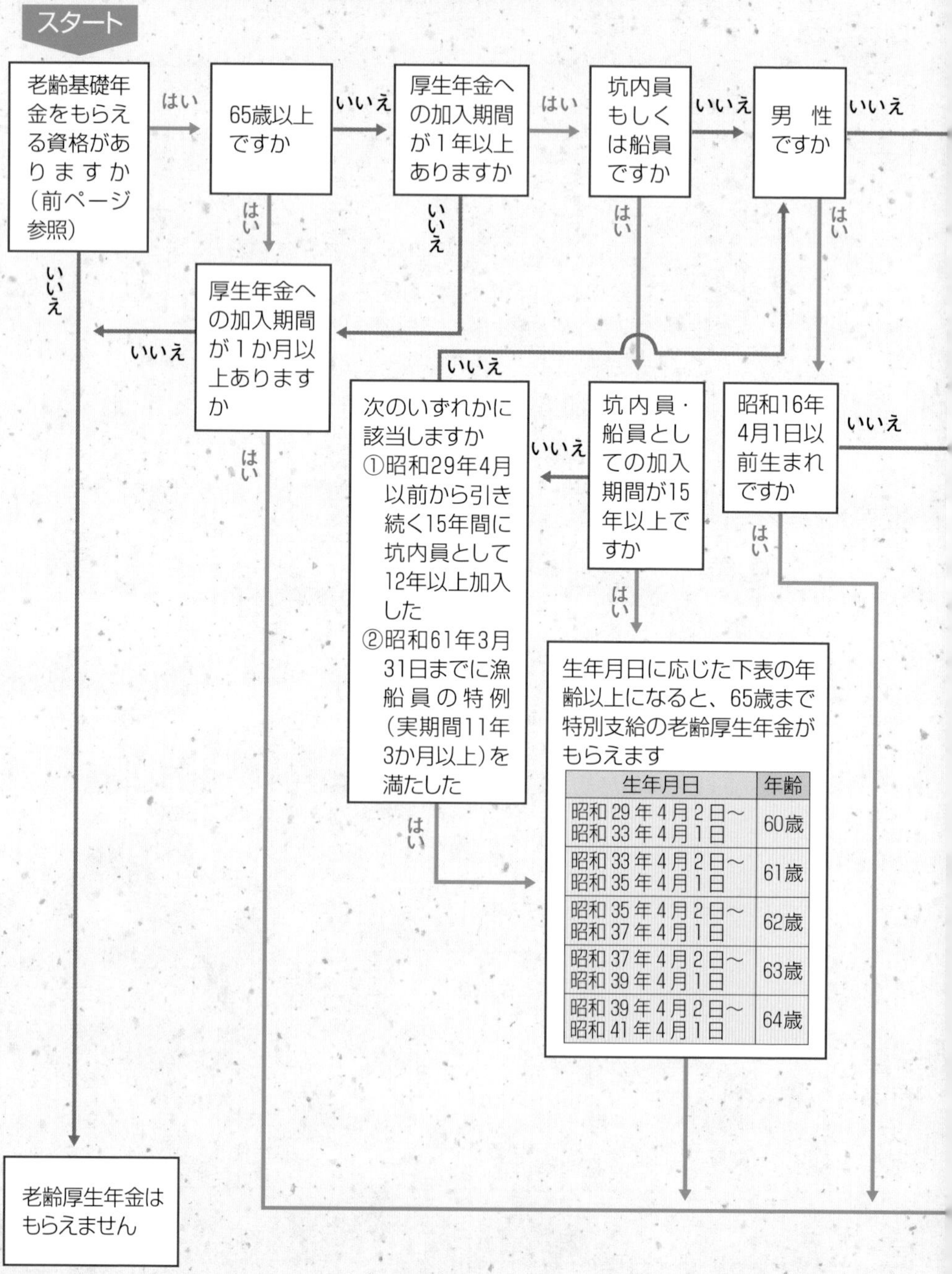

生年月日	年齢
昭和 29 年 4 月 2 日〜 昭和 33 年 4 月 1 日	60歳
昭和 33 年 4 月 2 日〜 昭和 35 年 4 月 1 日	61歳
昭和 35 年 4 月 2 日〜 昭和 37 年 4 月 1 日	62歳
昭和 37 年 4 月 2 日〜 昭和 39 年 4 月 1 日	63歳
昭和 39 年 4 月 2 日〜 昭和 41 年 4 月 1 日	64歳

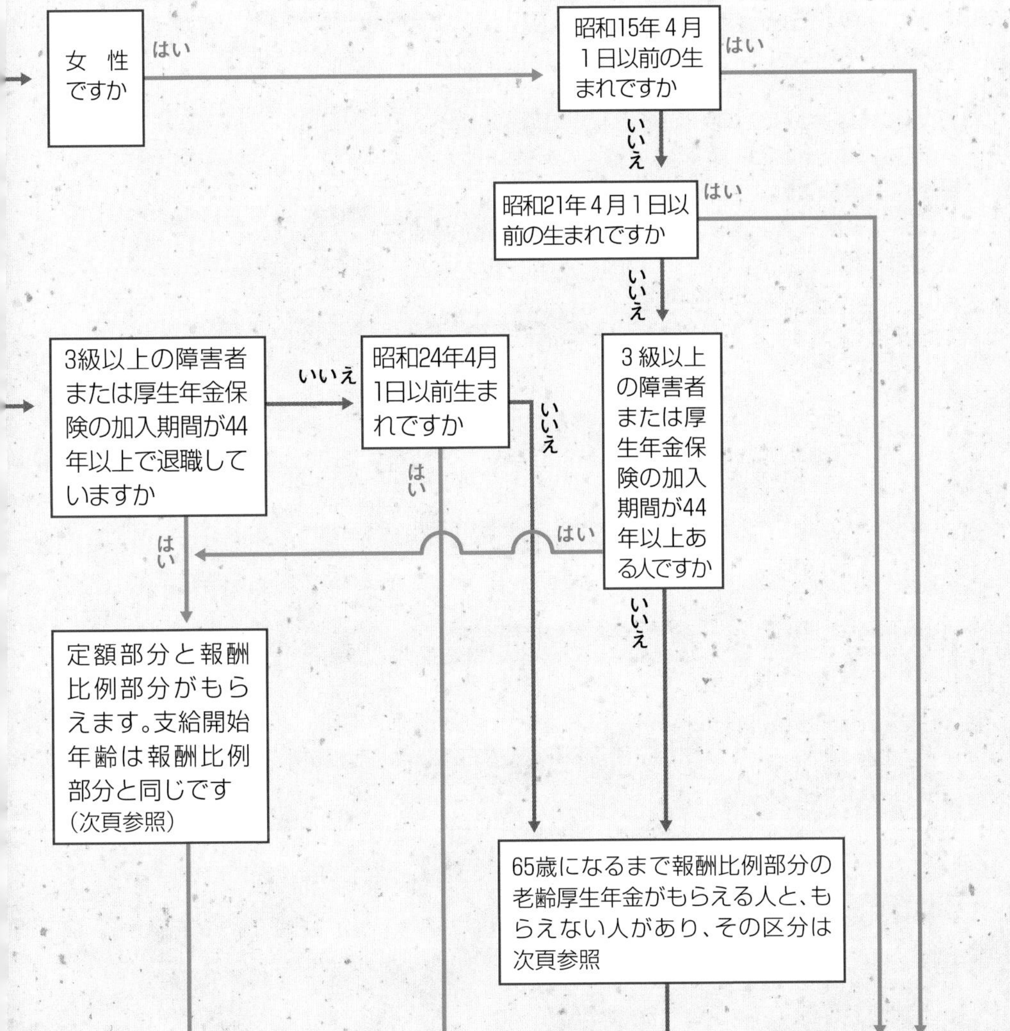

※本チャートは年金制度の原則に基づいていますが、経過措置や特例措置により
扱いが異なることがありますので、詳細は年金事務所などにご確認ください。

老齢厚生年金はいつからもらえるのか

65歳になるまでの定額部分の年金は原則としてなくなり、報酬比例部分（下図と次頁参照）のみに切り替わりました。2013年から2025年（女性は2030年）にかけて、この報酬比例部分も段階的になくなります（P71）。つまり老齢厚生年金を満額もらえるのは65歳からということになります。

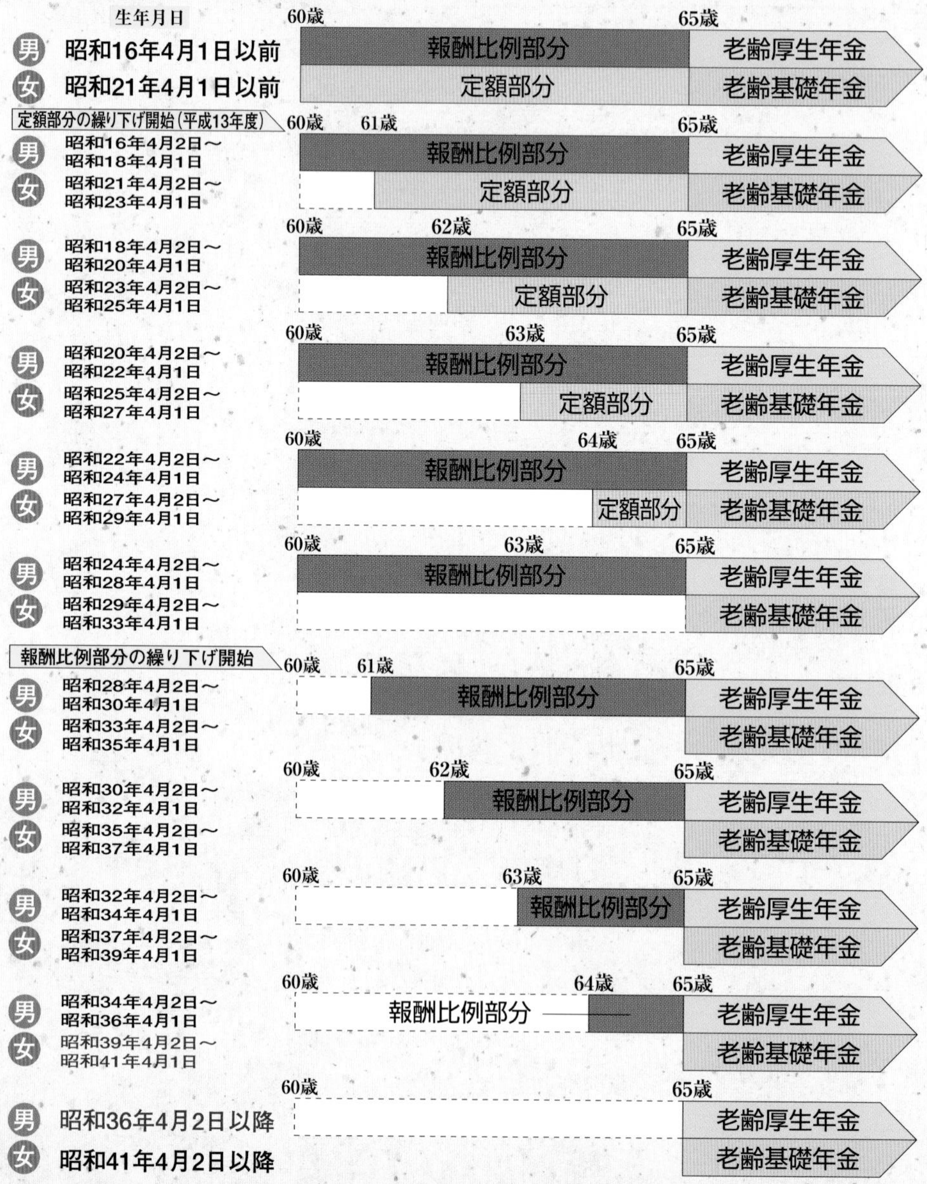

※上記の報酬比例部分とは、報酬比例部分相当の老齢厚生年金のこと。赤い文字の生年月日は、令和６年度に60歳を迎える人が含まれる。

65歳になるまでの老齢厚生年金

65歳になるまでの間に老齢厚生年金の報酬比例部分と定額部分の両方をもらえた人たちは、令和6(2024)年度現在、すべて65歳に到達しています。このため現在は、左ページ下部の図に該当する生年月日の人たちだけが、65歳になるまで報酬比例部分として、「特別支給の老齢厚生年金」をもらうことができます。

〈報酬比例部分の計算式〉

65歳になるまでの老齢厚生年金の支給額

＝

報酬比例部分（A＋Bの額）

A　平成15年3月までの被保険者期間分

平均標準報酬月額 × $\frac{9.5 \sim 7.125}{1000}$ × 被保険者期間の月数

（生年月日により異なる）

B　平成15年4月以降の被保険者期間分

平均標準報酬額 × $\frac{7.308 \sim 5.481}{1000}$ × 被保険者期間の月数

（生年月日により異なる）

「平均標準報酬月額」「平均標準報酬額」「従前保障」については、P73を参照してください。

あと少しで移行が完了して、
老齢厚生年金は原則として65歳からとなります。

65歳になってからの老齢年金

65歳からの年金は、老齢基礎年金と老齢厚生年金がもらえます。

65歳から
もらえる
年金額

＝

老齢厚生年金 ― **前頁の報酬比例部分についての計算式参照**

＋

加給年金 ― **80ページ参照**

扶養されていた配偶者が65歳になると配偶者自身の老齢基礎年金がもらえるので、これまでもらっていた加給年金は打ち切られます。しかし加給年金に代わる額として、配偶者の老齢基礎年金に生年月日ごとに定められた額が振替加算されます（P79参照）。

＋

経過的加算 ― **現在は「経過的加算」として、「特別支給の老齢厚生年金の定額部分に相当する額」と「老齢基礎年金」の差額がもらえるようになっています（P77参照）。**

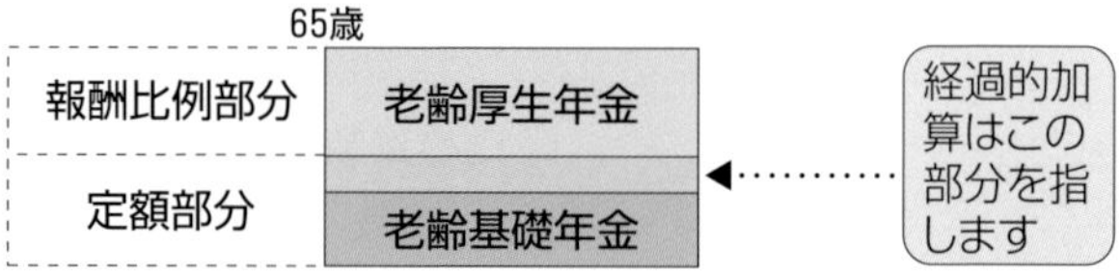

＋

老齢基礎年金 ― **68ページ参照**

※65歳を過ぎても厚生年金保険に加入している人、70歳を過ぎても健康保険に加入している人、または75歳を過ぎても常用雇用されていて報酬を受け取っている人は、右頁の下図の「60歳台後半の在職老齢年金制度」が適用されることもあります。

在職老齢年金とはなにか

60歳を過ぎても働いている人の場合、働きながらでも年金はもらえるのでしょうか。老齢厚生年金は、収入に応じて年金額がカットされるしくみになっています。このカットされて支給される年金を「在職老齢年金」といいます（P84 参照）。

●60歳以上65歳未満の人（60歳台前半の在職老齢年金制度）

65歳未満で在職中の被保険者に支給される厚生年金のしくみは、令和6年4月より以下のようになっています。なお、特別支給の老齢厚生年金の年金月額を基本月額といいます。

① **総報酬月額相当額と基本月額の合計が50万円以下の人** → **基本月額（全額支給）**

※報酬比例月額相当額とは、標準報酬月額に標準賞与額の12分の1を加えた額のこと。

② **総報酬月額相当額と基本月額の合計が50万円を超える人**

1ケ月あたりの支給停止額 ＝ （総報酬月額相当額＋基本月額－50万円）× $\frac{1}{2}$

超過部分の2分の1の額の老齢厚生年金が支給停止される

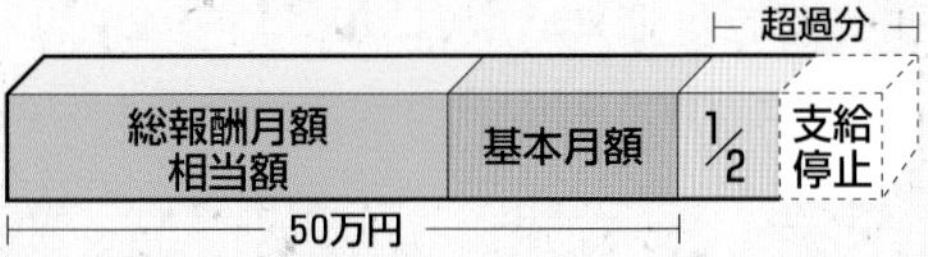

●65歳以上の人（60歳台後半の在職老齢年金制度）

65歳以上の人が在職中の場合は、総報酬月額相当額と老齢厚生年金（報酬比例部分）の月額の合計額に応じて、老齢厚生年金の一部または全部が支給停止される場合があります。

ただし、老齢基礎年金は、標準報酬月額（賃金）の額にかかわらず支給停止されず、全額支給されます。

また、70歳以降は在職中でも厚生年金保険の保険料負担はありません。

③ **総報酬月額相当額と老齢厚生年金（報酬比例部分）の月額の合計が50万円以下の人** → **全額支給**

※報酬比例月額相当額とは、標準報酬月額に標準賞与額の12分の1を加えた額のこと。

④ **総報酬月額相当額と老齢厚生年金（報酬比例部分）の月額の合計が50万円を超える人**

1ケ月あたりの支給停止額 ＝ （総報酬月額相当額＋老齢厚生年金月額－50万円）× $\frac{1}{2}$

超過部分の2分の1の額の老齢厚生年金が支給停止される

企業年金とはなにか

年金は３階建ての構造になっているといわれます。すべての加入者が受け取る１階部分にあたる基礎年金、会社員や公務員が受け取る２階部分にあたる厚生年金のほかに、３階部分を独自に給付するのが企業年金です。

企業年金のおもなもの

● 確定給付企業年金（規約型／基金型）

確定給付型企業年金とは、企業と従業員との間で決めた規約等に基づき、給与水準や加入期間などをもとに給付額があらかじめ決められ、退職後にその給付を受ける年金です。

確定給付型企業年金は次の２つのタイプに分けられます。

- 企業が年金規約を作成し、厚生労働大臣の承認を受けて実施する「規約型」。
- 厚生労働大臣の認可を受けた法人である企業年金基金が運用する「基金型」。

● 確定拠出年金（企業型）

企業型の確定拠出年金は「401K」とも呼ばれ、企業が従業員のために掛金を拠出し、その運用は従業員個人が行うという年金制度です。あらかじめ約束されている金額を従業員が受給する確定給付型年金と異なり、企業は毎月掛金を拠出しますが、従業員が将来受給する金額に責任を持つわけではありません。企業にとっては運用リスクを回避することができる一方、従業員にとっては退職を待たずに現在の年金額を明確に認識できるというメリットがあります。

● 厚生年金基金

厚生年金基金は、企業が自社とは別に厚生労働大臣の認可を受けた法人（厚生年金基金）を設立し、その法人が公的年金である「厚生年金」の給付を代行した上で、企業独自の加算分を上乗せするかたちで管理・運用・給付を行うしくみの年金制度です。ただし、経済状況の悪化などから制度の破綻をきたし、2014年以降、財政が健全な基金以外は解散しています（2024年２月時点で５つのみ）。

最近の
年金制度改定

年金制度の機能強化のために制度を見直し

年金制度の機能強化のための国民年金法等の一部改正法

★厚生年金の適用拡大や在職老齢年金見直し、受給開始の選択は 75 歳まで★

「年金制度の機能強化のための国民年金法等の一部を改正する法律」が令和４(2022）年４月１日に施行されました。この改正法は、多くの人がより長い期間にわたって多様な形で働く社会に変化していくことが見込まれる中で、長期化する高齢期の経済基盤を充実させていくため、短時間労働者に対する被用者保険の適用拡大や、在職中の年金受給のあり方の見直し、受給開始時期の選択肢の拡大、確定拠出年金の加入可能要件の見直し等の措置を講じるものです。

●改正のポイント

「年金制度の機能強化のための国民年金法等の一部を改正する法律」は以下の内容が盛り込まれています。

①被用者保険の適用拡大：短時間労働者を被用者保険の適用対象とすべき事業所の企業規模要件について、段階的に引き下げる(100人超→令和6年10月から50人超)など

②在職中の年金受給の在り方の見直し：働いている 65 歳以上の老齢厚生年金受給者の年金額を毎年定時に改定することと、60 歳から 64 歳に支給される在職老齢年金制度の支給停止とならない範囲の拡大

③受給開始時期の選択肢の拡大：現在 60 歳から 70 歳の間となっている年金の受給開始時期の選択肢を 60 歳から 75 歳の間に拡大

④確定拠出年金の加入可能要件の見直し等：確定拠出年金（企業型ＤＣ、個人型ＤＣ（iDeCo）の加入可能年齢をそれぞれ引き上げるとともに、受給開始時期等の選択肢を拡大するなど

⑤その他：年金手帳から基礎年金番号通知書への切替えのほか、未婚のひとり親等を寡婦と同様に国民年金保険料の申請全額免除基準等に追加することや、児童扶養手当と障害年金の併給調整の見直しなど

年金制度の機能強化のための改正法の内容と最近行われた主な年金制度改定

1．年金制度の機能強化のための改正法（令和４年４月１日施行）の概要

(1) 被用者保険の適用拡大

・短時間労働者を被用者保険の適用対象とすべき事業所の企業規模要件を段階的に引き下げる（令和４年10月から100人超→令和６年10月から50人超）など。

(2) 在職中の年金受給の在り方の見直し

①65歳以上で働いている老齢厚生年金受給者の年金額を毎年定時に改定。

②60歳から64歳の人に支給される在職老齢年金制度について、支給停止とならない範囲をそれまでの28万円から引き上げ。

(3) 受給開始時期の選択肢の拡大

・現在は60歳から70歳の間となっている年金の受給開始時期の選択肢を、60歳から75歳の間に拡大する。また、繰上げ減額率は１月あたり－0.4％（最大－24％）、繰下げ増額率は１月あたり＋0.7％（最大84％）。

(4) 確定拠出年金（ＤＣ）の加入可能要件の見直し等

①確定拠出年金の加入可能年齢を令和４年５月から引き上げ、受給開始時期等の選択肢を令和４年４月から上限75歳に拡大。

加入可能年齢について、企業型ＤＣは厚生年金被保険者のうち65歳未満の人→70歳未満の人に、個人型ＤＣ（iDeCo）は公的年金の被保険者のうち60歳未満の人→65歳未満の人に引き上げ。

②確定拠出年金における中小企業向け制度の対象範囲を公布後６月以内に現行の100人以下から300人以下に拡大するほか、企業型DC加入者のiDeCo加入の要件緩和など、制度面・手続面の改善を図る。

(5) その他

①年金手帳から基礎年金番号通知書への切り替え

②未婚のひとり親等を寡婦と同様に国民年金保険料の申請全額免除基準等に追加（令和３年４月から）

③短期滞在の外国人に対する脱退一時金の支給上限年数を令和３年４月からそれまでの３年から５年に引き上げ（具体的な年数は政令で規定）

④年金生活者支援給付金制度における所得・世帯情報の照会の対象者の見直し（令和２年６月５日から）

⑤児童扶養手当と障害年金の併給調整の見直し（令和３年３月から）　など

2. 社会保障と税の一体改革による年金制度改正の概要

(1) 公的年金制度の財政基盤と最低保障機能の強化（平成24年8月10日成立）

①年金の受給資格期間を25年から10年に短縮（平成29年8月施行）。

②基礎年金の国庫負担2分の1を平成26年度に恒久化。

③短時間労働者への厚生年金・健康保険の適用を拡大（平成28年10月施行）。

④厚生年金や健康保険の産休期間中の保険料を免除（平成26年4月施行）。

⑤遺族基礎年金を父子家庭に支給（平成26年4月施行）。

(2) 被用者年金制度の一元化等を図る改正法（平成24年8月10日成立）

①厚生年金に公務員も加入、2階部分は厚生年金に統一（平成27年10月施行）。

②共済年金・厚生年金の保険料率（上限18.3%）を統一（平成27年10月施行）。

③共済年金にある年金の3階部分（職域部分）を廃止（平成27年10月施行）。

(3) 国民年金法等の一部を改正する法律（平成24年11月16日成立）

①平成24・25年度の基礎年金の国庫負担割合を、消費税増税による収入を償還財源とする年金特例公債により2分の1とする。

②年金額の特例水準（2.5%）を平成25年度から27年度までの3年間で解消〈平成25年10月▲1.0%、平成26年4月▲1.0%、平成27年4月▲0.5%〉。

(4) 年金生活者支援給付金の支給に関する法律（平成24年11月16日成立）

①年金受給者の低所得高齢者・障害者への福祉的給付（令和元年10月施行）。

3. 産休期間中の厚生年金保険料を免除（平成26年4月から）

内容：産前産後休業を取得した人について、平成26年4月からは育児休業期間中と同様に、産前産後休業期間中の厚生年金保険料が免除されました。また、産前産後休業の終了後に育児などの理由で報酬が低下した場合、産前産後休業終了後の3か月間の報酬月額をもとに標準報酬月額が改定されました。

4. 遺族基礎年金を父子家庭にも支給（平成26年4月から）

内容：母子家庭と子に支給されている遺族基礎年金について、平成26年4月からは、父子家庭にも支給されています。対象となるのは、死別した妻が生計を維持していた父子家庭で、夫の年収850万円未満などが条件です。

5. 繰り下げ支給の取扱い見直しなど年金給付に関する改正（平成26年4月から）

内容：①70歳以降の繰下げ支給請求時に70歳到達月の翌月分から年金を支給、②国民年金の任意加入被保険者の未納期間を合算対象期間に算入、③明らかに障害の程度が重くなった場合、障害年金の額改訂請求で待機期間が不要に、④特別支給の老齢厚生年金の支給開始に係る障害特例の取扱いの改善、⑤未支給年金の請求範囲を生計を同じくする3親等以内の親族に拡大。

年金制度改正の変遷とポイント

平成16年10月より

●負担の見直し①　厚生年金保険料の引き上げ開始

労使で半分ずつ負担する厚生年金保険料が0.354%引き上げられました。以後、毎年10月に0.354ポイントずつ引き上げられ、平成29（2017）年度に年収の18.30%で固定されました（→口絵P31、32参照）。

平成17年4月より

●負担の見直し②　国民年金保険料の引き上げ開始

自営業者とその配偶者や20歳以上の学生、定年退職した人の60歳未満の主婦などが支払っている国民年金保険料が、280円引き上げられました。以後、毎年4月に280円ずつ引き上げられ、平成 29（2017）年度以降は月額 16,900円（×保険料改定率）になりました（→口絵 P31、32 参照）。

●60歳台前半の働いている高齢者の在職老齢年金制度の見直し

60歳を過ぎても働いている人の在職老齢年金は、それまで60歳から64歳までは一律2割カットされていました。しかし、平成17年4月からは一律2割カットされることはなくなりました。ただし、年金額や賃金が高額な場合には、従来どおり一定の額を減額して支給されています（→口絵P23、本冊P84以下参照）。

●育児休業中の保険料免除期間を 3 年に延長

育児休業期間中の厚生年金保険料は、申請により子どもが3歳になるまで、本人負担分に加え、事業主負担分（児童手当拠出金を含む）が免除されるようになりました。この期間は年金額を計算する際に保険料を納めた期間として計算されます（→本冊P39 参照）。

また、子どもが3歳になるまでの育児休業期間中に短時間勤務等を行うことで給与が下がる場合でも、出産前に受け取っていた給与水準のまま保険料を支払ったとみなされます。なお、介護休業は免除されません。

●サラリーマンの被扶養配偶者に必要な第3号被保険者の特例届を実施

サラリーマンや公務員などに扶養されている配偶者は国民年金の第3号被保険者になり、保険料を納めなくてもその期間は保険料を納めた期間となりますが、これには第3号被保険者の届出が必要です。この手続きを怠って2年経過すると、届

●在職老齢年金早見表（令和６年度）

（単位：万円）

年金月額	総報酬月額相当額																
	8.8	9.8	12.0	15.0	17.0	19.0	22.0	25.0	28.0	31.0	34.0	37.0	40.0	43.0	46.0	49.0	52.0
1.0	1.0	1.0	1.0	1.0	1.0	1.0	1.0	1.0	1.0	1.0	1.0	1.0	1.0	1.0	1.0	1.0	0.0
2.0	2.0	2.0	2.0	2.0	2.0	2.0	2.0	2.0	2.0	2.0	2.0	2.0	2.0	2.0	2.0	1.5	0.0
3.0	3.0	3.0	3.0	3.0	3.0	3.0	3.0	3.0	3.0	3.0	3.0	3.0	3.0	3.0	3.0	2.0	0.5
4.0	4.0	4.0	4.0	4.0	4.0	4.0	4.0	4.0	4.0	4.0	4.0	4.0	4.0	4.0	4.0	2.5	1.0
5.0	5.0	5.0	5.0	5.0	5.0	5.0	5.0	5.0	5.0	5.0	5.0	5.0	5.0	5.0	4.5	3.0	1.5
6.0	6.0	6.0	6.0	6.0	6.0	6.0	6.0	6.0	6.0	6.0	6.0	6.0	6.0	6.0	5.0	3.5	2.0
7.0	7.0	7.0	7.0	7.0	7.0	7.0	7.0	7.0	7.0	7.0	7.0	7.0	7.0	7.0	5.5	4.0	2.5
8.0	8.0	8.0	8.0	8.0	8.0	8.0	8.0	8.0	8.0	8.0	8.0	8.0	8.0	7.5	6.0	4.5	3.0
9.0	9.0	9.0	9.0	9.0	9.0	9.0	9.0	9.0	9.0	9.0	9.0	9.0	9.0	8.0	6.5	5.0	3.5
10.0	10.0	10.0	10.0	10.0	10.0	10.0	10.0	10.0	10.0	10.0	10.0	10.0	10.0	8.5	7.0	5.5	4.0
11.0	11.0	11.0	11.0	11.0	11.0	11.0	11.0	11.0	11.0	11.0	11.0	11.0	10.5	9.0	7.5	6.0	4.5
12.0	12.0	12.0	12.0	12.0	12.0	12.0	12.0	12.0	12.0	12.0	12.0	12.0	11.0	9.5	8.0	6.5	5.0
13.0	13.0	13.0	13.0	13.0	13.0	13.0	13.0	13.0	13.0	13.0	13.0	13.0	11.5	10.0	8.5	7.0	5.5
14.0	14.0	14.0	14.0	14.0	14.0	14.0	14.0	14.0	14.0	14.0	14.0	13.5	12.0	10.5	9.0	7.5	6.0
15.0	15.0	15.0	15.0	15.0	15.0	15.0	15.0	15.0	15.0	15.0	15.0	14.0	12.5	11.0	9.5	8.0	6.5
16.0	16.0	16.0	16.0	16.0	16.0	16.0	16.0	16.0	16.0	16.0	16.0	14.5	13.0	11.5	10.0	8.5	7.0
17.0	17.0	17.0	17.0	17.0	17.0	17.0	17.0	17.0	17.0	17.0	16.5	15.0	13.5	12.0	10.5	9.0	7.5
18.0	18.0	18.0	18.0	18.0	18.0	18.0	18.0	18.0	18.0	18.0	17.0	15.5	14.0	12.5	11.0	9.5	8.0
19.0	19.0	19.0	19.0	19.0	19.0	19.0	19.0	19.0	19.0	19.0	17.5	16.0	14.5	13.0	11.5	10.0	8.5
20.0	20.0	20.0	20.0	20.0	20.0	20.0	20.0	20.0	20.0	19.5	18.0	16.5	15.0	13.5	12.0	10.5	9.0
21.0	21.0	21.0	21.0	21.0	21.0	21.0	21.0	21.0	21.0	20.0	18.5	17.0	15.5	14.0	12.5	11.0	9.5
22.0	22.0	22.0	22.0	22.0	22.0	22.0	22.0	22.0	22.0	20.5	19.0	17.5	16.0	14.5	13.0	11.5	10.0
23.0	23.0	23.0	23.0	23.0	23.0	23.0	23.0	23.0	22.5	21.0	19.5	18.0	16.5	15.0	13.5	12.0	10.5
24.0	24.0	24.0	24.0	24.0	24.0	24.0	24.0	24.0	23.0	21.5	20.0	18.5	17.0	15.5	14.0	12.5	11.0
25.0	25.0	25.0	25.0	25.0	25.0	25.0	25.0	25.0	23.5	22.0	20.5	19.0	17.5	16.0	14.5	13.0	11.5
26.0	26.0	26.0	26.0	26.0	26.0	26.0	26.0	25.5	24.0	22.5	21.0	19.5	18.0	16.5	15.0	13.5	12.0
27.0	27.0	27.0	27.0	27.0	27.0	27.0	27.0	26.0	24.5	23.0	21.5	20.0	18.5	17.0	15.5	14.0	12.5
28.0	28.0	28.0	28.0	28.0	28.0	28.0	28.0	26.5	25.0	23.5	22.0	20.5	19.0	17.5	16.0	14.5	13.0
29.0	29.0	29.0	29.0	29.0	29.0	29.0	28.5	27.0	25.5	24.0	22.5	21.0	19.5	18.0	16.5	15.0	13.5
30.0	30.0	30.0	30.0	30.0	30.0	30.0	29.0	27.5	26.0	24.5	23.0	21.5	20.0	18.5	17.0	15.5	14.0

出から2年以前の期間は保険料納付済期間とみなされないことになっていましたが、特例的に届出を認め、それ以前の第3号被保険者の未届けの期間をすべて保険料納付済期間とみなすことになりました（→本冊P28、P61参照）。

●20歳台の一定の若年者に対し、保険料納付の猶予制度を導入

フリーターなどの親と同居している20歳台の若年者で、収入が保険料の全額免除基準以下しかない場合には、届出により保険料の納付が最長10年間猶予されます。納付猶予を受けた期間（最長10年間）は受給資格期間には含まれますが、年金額の計算には反映されない「カラ期間」です。ただし、猶予期間について10年

間は保険料を追納できます（→本冊P29、P63参照）。

●厚生年金基金の免除保険料率の凍結を解除

厚生年金基金の免除保険料率についてその凍結が解除され、すべての厚生年金基金に係る代行保険料率の分布状況を勘案して、原則として1000分の24～1000分の50（政令で定める範囲内）に拡大されました（→本冊P38参照）。

平成17年10月より

●確定拠出年金を中途で引き出すための要件が緩和

日本版401kと呼ばれる確定拠出型年金について、中途で引き出すための要件が緩和されました。

●企業年金の間で年金原資の移管が可能に

厚生年金基金や確定給付企業年金、企業年金連合会との間で、年金原資が移管できるようになりました。

平成18年4月より

●障害基礎年金と老齢厚生年金の併給が可能に

障害基礎年金を受給しながら働いて厚生年金保険料を納めた人の場合には、65歳以降に障害基礎年金と老齢厚生年金をあわせて受給するか、または障害基礎年金と遺族厚生年金をあわせて受給することができるようになりました。

平成18年7月より

●国民年金保険料の免除制度が4段階に

国民年金保険料の支払いが難しい低所得の加入者について、「全額」と「半額」の2段階の保険料負担免除制度に加えて、「4分の1」と「4分の3」の免除段階が加わり、4段階で免除されるようになりました。

平成19年4月より

●老齢厚生年金の繰り下げ支給制度が導入

老齢厚生年金を65歳以降に繰り下げて受給することができるようになりました。

●離婚時の年金分割が可能に

平成19年4月以降に離婚する場合、結婚していた期間分の夫妻の厚生年金の合計額について、2分の1を上限として2人で分割できるようになりました。分割割合は夫婦間の協議で決定されます。

●在職老齢年金制度が70歳以上の働く高齢者にも適用

70歳以上の働く高齢者（被用者年金保険の被保険者）にも「60歳台後半の高齢者の在職老齢年金制度」が適用され、収入や老齢厚生年金の合計額に応じて、老齢厚生年金の一部または全部が支給停止されることになりました。ただし、老齢基礎年金は全額支給されます（→口絵P23参照）。

●遺族厚生年金の3つの見直し

①夫が死亡した妻が遺族厚生年金を受給する場合、妻自身の老齢厚生年金を全額受給した上で、遺族厚生年金との差額を受け取れるようになりました。

②夫の死亡時に18歳未満の子どもがいない30歳未満の妻に対する遺族厚生年金は、5年間に限り支給されることになりました。

③夫が死亡した妻が受け取れる中高齢寡婦加算は、夫の死亡時に40歳以上の妻に支給対象が限定されました。

平成21年度までに

●国民年金（基礎年金）の国庫負担分を2分の1に引き上げ

国民年金（基礎年金）の国庫負担割合は、平成 21（2009）年度までに3分の1から2分の1へ引き上げられました。

平成23年度より

●障害年金の受給権発生後に生計を維持している配偶者や子がいる場合の加算が可能に

生計を維持している配偶者や子がいる場合の障害年金の加算について、受給権発生後に生計維持している場合にも加算を行うことになりました。

平成29年度より

●厚生年金保険料が年収の18.30％で固定

毎年0.354ポイントずつ引き上げられていた厚生年金保険料が、年収の18.30％で固定されました（→口絵P32参照）。

●国民年金保険料が月額16,900円に

毎年280円ずつ引き上げられていた国民年金保険料が、月額16,900円（×保険料改定率）になり、平成31年4月から、国民年金第1号被保険者に対して産前産後期間の保険料免除制度が施行されたため、平成 31年度分以後の国民年金保険料は平成16年度価格水準で月額100円引き上げられ、平成31年度から月額17,000円（×保険料改定率）になりました（→口絵 P32、本冊 P31 参照）。

●年金の受給資格期間を 10 年に短縮

平成29年8月から、年金の受給資格期間が25年から10年に短縮されました。

令和5(2023)年度以降

●年金額が現役世代平均年収の50.2%に

厚生年金受給モデル世帯（夫は厚生年金に40年加入、妻は専業主婦）の場合、受給する年金額は、平成16年には現役世代平均年収の59.3%でしたが、令和５（2023）年度以降は現役世代平均年収の50.2%になると予想されました。

厚生年金保険料率と国民年金保険料の推移

●厚生年金保険料率

期　間	一般の被保険者の保険料率
平成16年10月～平成17年8月	年収の13.934%
平成17年9月～平成18年8月	年収の14.288%
平成18年9月～平成19年8月	年収の14.642%
平成19年9月～平成20年8月	年収の14.996%
平成20年9月～平成21年8月	年収の15.350%
平成21年9月～平成22年8月	年収の15.704%
平成22年9月～平成23年8月	年収の16.058%
平成23年9月～平成24年8月	年収の16.412%
平成24年9月～平成25年8月	年収の16.766%
平成25年9月～平成26年8月	年収の17.120%
平成26年9月～平成27年8月	年収の17.474%
平成27年9月～平成28年8月	年収の17.828%
平成28年9月～平成29年8月	年収の18.182%
平成29年9月～	年収の18.300%

※保険料率は労使で半分ずつ負担する。

●国民年金保険料（月額）

期　間	保険料
平成17年4月～平成18年3月	13,580円×保険料改定率
平成18年4月～平成19年3月	13,860円×保険料改定率
平成19年4月～平成20年3月	14,140円×保険料改定率
平成20年4月～平成21年3月	14,420円×保険料改定率
平成21年4月～平成22年3月	14,700円×保険料改定率
平成22年4月～平成23年3月	14,980円×保険料改定率
平成23年4月～平成24年3月	15,260円×保険料改定率
平成24年4月～平成25年3月	15,540円×保険料改定率
平成25年4月～平成26年3月	15,820円×保険料改定率
平成26年4月～平成27年3月	16,100円×保険料改定率
平成27年4月～平成28年3月	16,380円×保険料改定率
平成28年4月～平成29年3月	16,660円×保険料改定率
平成29年4月～平成31年3月	16,900円×保険料改定率
平成31年4月～	17,000円×保険料改定率

※令和6年度の保険料改定率は0.999で、保険料は16,980円である(→本冊P1、P31)。

最近の年金制度改正
3つのポイント

1 老齢基礎年金　令和６年度の基礎年金の額について

老齢基礎年金の額は、新規裁定者といわれる67歳以下の人は名目手取り賃金変動率によって改定され、既裁定者といわれる68歳以上の人は物価変動率によって改定されるのが原則です。現行制度となって以降、令和５年度に初めて新規裁定者と既裁定者の改定率が異なり、マクロ経済スライドによる調整が行われて、それぞれの年金額が決まりました。

令和６年度の老齢基礎年金の満額は、令和５年度の改定の影響を受け、既裁定者の年金額は２つの額となりました。今後、既裁定者の年金額はさらに枝分かれしていくことが見込まれています。このため本書では、令和６年度の年金額を生年月日で分けて記載します。

2 老齢基礎年金　令和６年度の基礎年金の満額は生年月日によって異なる

令和６年度の老齢基礎年金（満額）は、昭和31（1956）年４月２日以降生まれの人は前年度から21,000円引き上げられ、年額816,000円となりました。一方、昭和31（1956）年４月１日以前生まれの人は、前年度から21,100円引き上げられ、年額813,700円となりました。

3 国民年金　令和６年度の国民年金保険料は

令和６年度の国民年金保険料は前年度から460円引き上げられて月額16,980円、令和７年度の国民年金保険料は17,510円となります。現金払いで１年度分を前納する場合は3,620円割引、２年度分を前納する場合は15,290円の割引となります。口座振替の場合は、以下の割引制度もあります。

令和６年度の国民年金保険料の割引額（口座振替の場合）

振替方法	1回あたりの納付額	割引額	2年分の割引額	振替日
２年前納	39万7,290円	1万6,590円	－	４月末日
１年前納	19万9,490円	4,270円	8,540円	４月末日
６か月前納	10万0,720円	1,160円	4,640円	４月末日、10月末日
当月末振替（早割）	１万6,920円	60円	1,440円	当月末日
翌月末振替(割引なし)	１万6,980円	なし	なし	翌月末日

※本書の内容は、原則として令和６年４月１日現在の法律によっています。

PART 1 年金の基礎知識 11

付録

ONE・POINT

口絵デザイン／川上紀代子、本文デザイン／木村三枝子・川上紀代子
口絵・本文イラスト／くぼゆきお

PART 1

年金の基礎知識

PART-1

1 国 厚 年金とは

日本は急速に長寿社会となり、「人生 100 年」時代を迎えています。読者の皆さんは、働けなくなっても金銭面で一生誰にも頼ることなく、自力で生きていきたいと願っていることでしょう。あるいは、若い頃から会社員ではない働き方をしていきたいと考えている人もいるかもしれません。いろいろな選択肢のある時代です。しかし、どんな人にも「老後」は必ずきます。若いうちに「障害」をもったり、病気や事故で家族を「遺族」にしてしまったりするかもしれません。そのときに「こんなはずではなかった」と後悔しないために、そして普段から安心して生活するために、年金制度について知っておきましょう。

年金とは、どんな人がどこからもらうお金か

必ずくる老後、その老後の生活の糧として、また、障害状態になったときや家族を残して死亡したとき、年金収入は大切です。年金の意味はわかっていても、難しいのは年金制度の内容です。

年金には、老齢年金などの公的年金のほかに、企業年金や個人年金などの私的年金もあります。年金の制度内容を知ることで、余裕のある人生を送れるはずです。

年金は、保険料・掛金をきちんと支払ってきた人が、決められた要件に該当したときにもらえます。

それでは、年金はどこからもらえるお金なのでしょうか。

公的年金の場合には国（日本年金機構）ですが、企業年金の場合には、企業年金基金、企業年金連合会や会社が委託している保険会社や金融機関であり、民間の個人年金では契約先の保険会社や郵便局などとなっています。つまり、通常は保険料を支払っている先から年金が支払われるのです。

年金の種類はこうなっている

年金は、その管理運営を誰が実施しているかによって公的年金、企業年金、国民年金基金・iDeCo等、民間の個人年金の四つに分けられます。

法律により、国が管理運営しているものを「公的年金」といい、会社が、その社員の福利厚生として、信託会社・保険会社等に運営を委託しているものを「企業年金」といいます。また、生命保険会社・損害保険会社が、営利目的で独自に行っているものを「民間の個人年金」といっています。

年金の種類

年金

①公的年金	②企業年金等	③国民年金基金・iDeco等	④民間の個人年金
国が法律に基づき管理運営	会社が生命保険会社等に運営を委託	信託会社・保険会社等が運営	民間の保険会社等が営利目的で運営
加入するかしないかを自ら選ぶことはできない。	会社に企業年金があれば必ず加入する。	加入するかしないかを自ら決めることができる。	加入するかしないかを自ら決めることができる。

①公的年金

年金の中でも基本となるのが国が管理運営している公的年金です（P. 21参照）。

国民年金…………全国民共通の1階部分である基礎年金のための年金。

厚生年金保険……企業などに勤める人の2階部分の年金。

（共済年金※）……公務員や学校の職員などの2階部分の年金。

※「被用者年金一元化法」により、平成27年10月1日から厚生年金と共済年金が厚生年金に統一されました。

②企業年金

公的年金を補ったり、退職金の支払いを軽減したりする目的で、企業がその会社に勤める人の福利厚生として行っている年金を、企業年金といいます（会社によっては公的年金だけで、企業年金のないところもあります）。

確定給付企業年金………労使合意による年金規約に基づく年金で、規約型と基金型の２つの種類がある。全従業員対象。

自社年金…………………会社がすべて管理運営を行う年金。加入する資格や給付などは、会社が自由に決められる。

企業型確定拠出型年金…日本版401kとも呼ばれる企業年金で、企業や加入者があらかじめ定められた方式で拠出し、運用は加入者が自己責任で行う年金。

厚生年金基金……………厚生労働大臣の認可を受けて設立された法人（基金）が行う企業年金。2022年１月時点で全国に５つしかない。

③国民年金基金・iDeco等

公的年金と企業年金のほかに、老後の資金が不安な人が、自分の選択で加入するのが国民年金基金やiDeco等の年金で、最近とくに注目されています（詳しくはP52-53、P238-242を参照）。

④民間の個人年金

さらに老後の資金不足を不安に思う人が、自分の選択で加入する「私的な年金」が民間の個人年金です。生命保険会社等が営利目的で行っているものです。

公的年金の目的

公的年金は年をとったとき、障害の状態になったとき、不幸にして死亡したときに国が年金を支給し、その人および家族の生活を守ることを目的としている社会保障です。

公的年金は国民年金、厚生年金保険の２つのグループに分かれています。国民年金はすべての人を加入対象として、全国民共通の基礎年金を支給し、厚生年金保険は、会社員や公務員を加入対象として、基礎年金に上乗せする形で給与に比例した年金を支給するものです。

また公的年金では、若年人口の減少や長寿化に応じて給付水準を調整する「マクロ経済スライド制」が導入されることになりました。これは他の企業年金や個人年金にはない特徴の一つといえます。

公的年金の歴史

日本で最初の年金は、明治時代の軍人を対象とした恩給です。その後、大正になってから公務員対象の恩給法ができました。

一般の労働者は、昭和14年の船員保険法の制定により、海上労働者を対象とした年金制度が設立され、その後、昭和17年にブルーカラー対象の労働者年金保険法が施行されました。そしてこれは、昭和19年にホワイトカラーや女性にも対象を広げた厚生年金保険法に改定されました。

全国民を対象とした年金は、昭和36年の国民年金法が施行されてからで、これ以後、国民皆年金となりました。また、20歳以上60歳未満の人が強制加入となったのは、昭和61年からのことです。そのときから全国民共通の基礎年金をベースに、厚生年金や共済年金から給与に比例した年金を上乗せする、いわゆる2階建て構造になって今日に至っています。

公的年金の歴史

昭和14年	船員保険法制定
昭和17年	労働者年金保険法施行
昭和19年	厚生年金保険法に名称が改められる
	第二次世界大戦後
昭和22年	日本国憲法施行
昭和29年	厚生年金保険法改定
昭和34年	国民年金法制定　無拠出の福祉年金実施
昭和36年	国民皆年金
昭和48年	標準報酬月額の再評価・物価スライド制導入
昭和61年	年金制度大改正　２階建ての年金制度・専業主婦も強制加入
平成３年	20歳以上の学生の強制加入、学生の納付特例制度の導入
平成12年	老齢厚生年金（報酬比例部分）の５%削減
平成13年	厚生年金の「定額部分」の段階的廃止がスタート
平成15年	総報酬制の導入
平成16年	給付と保険料の改定、マクロ経済スライド制の導入
平成20年	離婚時に専業主婦の夫の厚生年金を「自動的」に分割する制度の導入
平成21年	国民年金の国庫負担割合を２分の１に引き上げ
平成22年	社会保険庁が廃止され、日本年金機構が発足
平成25年	厚生年金の「報酬比例部分」の段階的廃止（65歳未満）がスタート
平成27年	厚生年金と共済年金が厚生年金に統一
平成29年	老齢年金受給の資格期間が25年から10年に短縮
令和４年	厚生年金の繰下げ受給が75歳まで可能に、在職定時改定の導入、厚生年金の適用範囲の拡大

公的年金のシステムは

公的年金は加入している人や会社から保険料を徴収し、それをおもな原資として、給付要件に該当した人（老齢に達した人や障害状態になった人、死亡した人の遺族）に支払っています。この方式を「保険方式」といいます。

また、老齢年金をもらう人の原資を若い現役世代の人たちの保険料でまかなっていくというしくみを「世代間扶養」といいます。世代間扶養を維持するためには、現役世代が全員強制加入し、保険料を確実に支払っていくことが必要となります。

公的年金のおもな給付

年金の柱は公的年金です。年金といえば年をとったときの老齢給付だけが有名ですが、公的年金には「老齢」給付だけでなく、「障害」の状態になった場合や「遺族」になった場合の給付もあります。

公的年金のおもな種類

種類	どんなとき	どういう内容
老齢給付	年をとったとき	加入している制度により、老齢基礎年金、老齢厚生年金や特別支給の老齢厚生年金などが支給される。
障害給付	障害状態になったとき	法律で定められた障害等級に該当した場合に、加入している制度と等級により、障害基礎年金、障害厚生年金などが支給される。
遺族給付	死亡したとき	加入している制度の一定要件を満たしている人が死亡した場合、一定の遺族に遺族基礎年金、遺族厚生年金などが支給される。

公的年金を補完する企業年金

国からの公的年金だけでは豊かな暮らしをしていくのには十分とはいえず、それを補うために、余裕のある会社が個別に行うのが企業年金です。

福利厚生や退職金の軽減措置として実施するもので、企業年金には確定給付企業年金・自社年金・日本版401k・厚生年金基金などの種類があります。会社によっては、企業年金のないところがあります。

企業年金の種類

企業年金

確定給付型年金			確定拠出型年金
厚生年金基金	**確定給付企業年金**	**自社年金**	**日本版401ｋ**
厚生労働大臣の認可を受けて設立された法人。 加入員（パート、アルバイトも可）の老齢給付を行い、生活の安定と福祉の向上を図ることを目的とする。	規約型と基金型の２つの種類がある企業年金。 労使合意の年金規約に基づいて生保会社等と契約を結んで年金資産の運用・管理・給付を行うのが規約型、母体企業とは別の基金を設立して年金資産の運用・管理・給付を行うのが基金型である。	企業が独自に行う従業員のための退職年金。 税制上の優遇措置はないが、企業が自由に管理運営できる。	企業や加入者が前もって定められた方式（報酬の一定比率など）で拠出し、運用は加入者が自己責任で行う。 給付額については何ら約束がない年金。払い込まれた掛金を個人ごとの口座で管理するため、転職や退職の際も積み立てた資産を持ち運べる利点がある。

公的年金や企業年金だけでは足りない人は、iDeCo や民間個人年金に

公的年金や企業年金を足しても充実した老後が送れないという人は、iDeCo等の加入を考えます。他に生命保険会社・損害保険会社・銀行・信託銀行・郵便局などと契約するのが民間の個人年金があります。民間の個人年金は、保険料や年金額・受け取り期間などを自由に設定できるのが特色で、ゆとりのある人の選択肢といえるでしょう。

民間の個人年金の種類

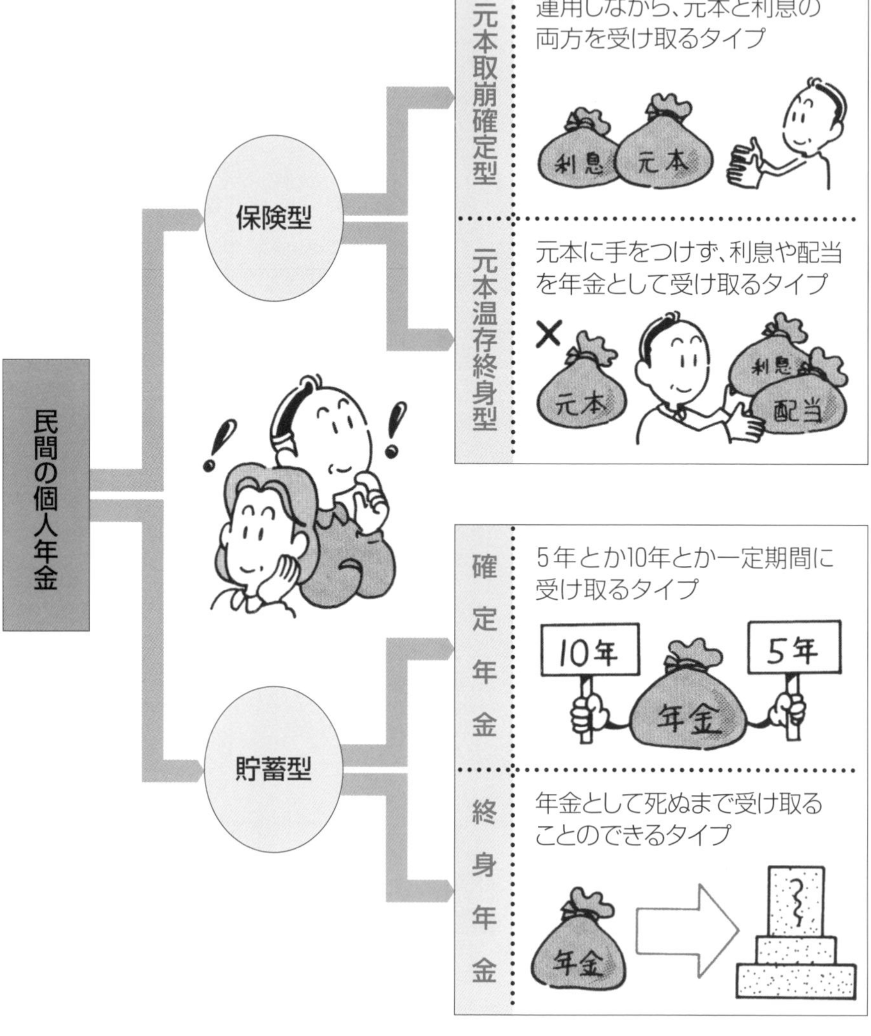

●民間の個人年金の受け取り方による分類

民間の個人年金は、加入者や受取人の生死に関係なく年金を受け取ることのできる「確定型」と、加入者が生存していないと受け取ることができない「生存型」の二つに分けられます。さらに「生存型」は、期間の決まっている「有期年金」と生涯受け取ることのできる「終身年金」とに分けられます。

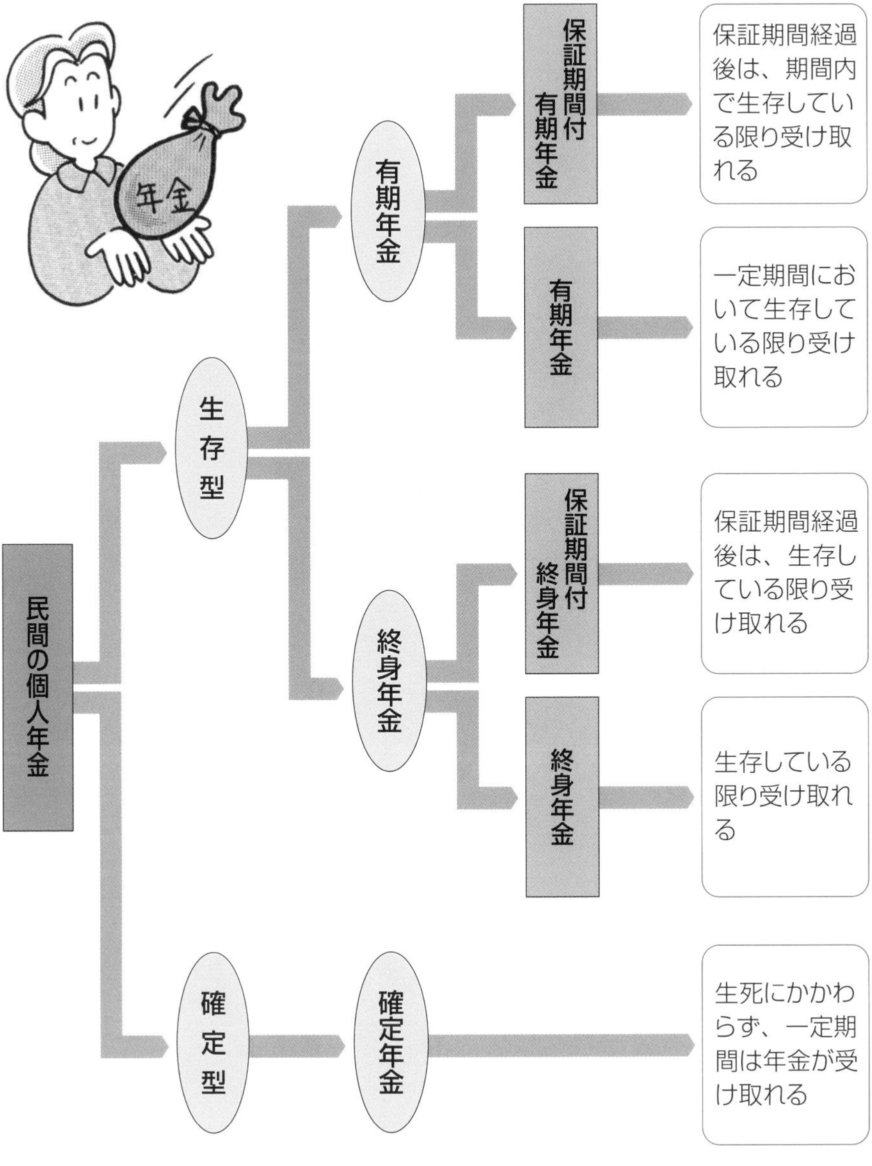

PART-1

2

国 厚

国民年金のしくみ
――加入と保険料のしくみ

国民年金の保険料を自ら納めなければならない人は、退職した人、自営業の人、学生、フリーターなどで20歳以上60歳未満の人です。会社員たちは、給料から天引きされている厚生年金保険料の中から、国民年金の保険料を支払っていることになります。扶養されている主婦（夫）の人も国民年金に加入はしていますが、保険料は自分では支払わなくてもよく、全国の会社員（独身者なども含む）に保険料を支えられているしくみになっているのです。

国民年金の加入者には 3 種類の人がいる

公的年金のうちの国民年金は､20歳になった人はみな強制加入になります。会社で厚生年金保険に入っている人や、会社員に扶養されている配偶者なども、国民年金に入っているのです。

会社員や専業主婦（夫）の人たちは、自分が国民年金に入っているにもかかわらず、そのことを知らない人が多いようです。このことは年金制度がいかに理解されていないかを物語っているのではないでしょうか。

国民年金の加入者（被保険者という）には、次の３種類の人たちがいます。

●第１号被保険者

自営業者・20歳以上の学生・家事手伝い・フリーター・定年退職した人の60歳未満の配偶者・弁護士など士業の人の一部・医師（勤務医でない）など

●第２号被保険者

会社員･公務員など

●第３号被保険者

会社員などの被扶養配偶者（主婦・主夫）

国民年金加入者の種別（加入者数は令和５年３月末現在。厚生労働省HPより）

国民年金			
	厚生年金保険第2～4号※	厚生年金保険第1号	
第1号被保険者 農林漁業・自営業者とその配偶者、学生など　1,405万人	第2号被保険者 厚生年金保険に加入している人 471万人	4,157万人	第3号被保険者 第2号被保険者に扶養されている配偶者　721万人

※平成26年度までの共済組合員は、平成27年度以降は厚生年金保険第2～4号被保険者となった。

公的年金制度は2階建て構造になっている

会社員・公務員は厚生年金保険に加入することになりますが、同時に国民年金の第2号被保険者にもなっています。つまり、現在の年金制度は2階建て方式で、1階部分は国民年金から支給され、2階部分は厚生年金保険から支給されるのです。

2階建て方式の年金制度

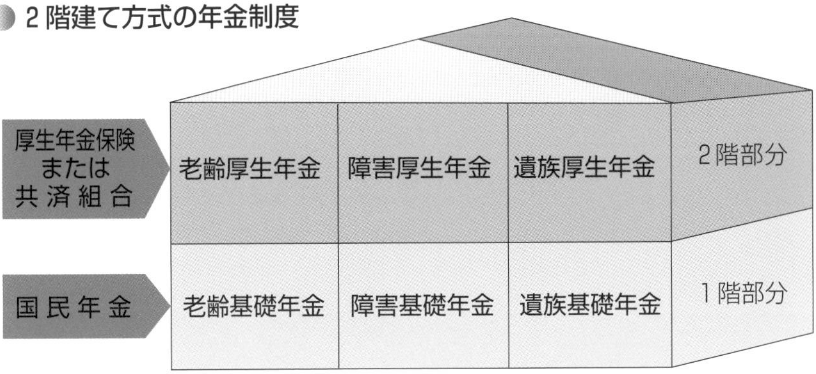

※共済年金は、平成27年10月1日から「被用者年金一元化法」により厚生年金に統一されました。

国民年金から支給される年金は、「基礎年金」という

「国民年金をもらって暮らしています」という人がいますが、これは少々省略したいい方です。

20歳以上の人が共通して加入するのを「国民年金」といいますが、国民年金から支給される年金は「基礎年金」といいます。つまり、正確にいうと「基礎年金をもらって暮らしています」となるのです。

「加入するのは国民年金、支給されるのは基礎年金」。これは国民年金を理解する上での基本中の基本ですので、覚えておきましょう。

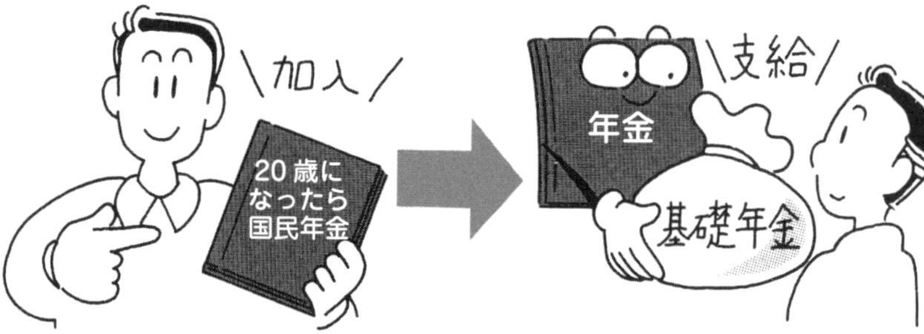

基本的に20歳以上の人は国民年金に加入する

国民年金に加入するのは、基本的に20歳以上の人は全員です。これは法律上の義務となっています。つまり、強制加入ということです。

会社員などは給与明細書の社会保険料控除欄を見て、年金は厚生年金保険料しか引かれていないので、自分が国民年金に加入していることを知らない人が

20歳以上の人は国民年金に加入するのが基本

多いかもしれませんが、厚生年金保険の加入者は、同時に国民年金にも加入しています。

年齢等の制限はありますが、国民年金はすべての人が加入しなければならないのです。

20歳になれば国民年金に加入

国民年金への加入時期は、通常20歳の誕生日の前日です。これは、満年齢に達するのは誕生日の前日と法律に定められているためです。

なぜ20歳に達したときに国民年金に加入するのかといえば、国民年金は60歳までが強制加入期間となっていて、40年は払い続けてもらおうということなのです。

それは、現行の法律では40年の加入期間がないと、老齢基礎年金は満額（P.68参照）もらえないしくみになっているからです。

20歳になって国民年金に加入し保険料を支払うということは、同時に年金受給の権利をもつということになるのです。

国民年金への加入時期の例をあげれば

加入というのは、今まで国民年金に加入したことのない人が、はじめて国民年金に入ることをいいます。会社をやめるなどして、第２号被保険者や第３号被保険者が第１号被保険者になるときなどは、種別変更といいます。

国民年金の加入時期は、被保険者が第何号に該当するかにより違ってきます。

国民年金第１号被保険者の加入時期の例

国民年金

20歳のバースデーイヴ

外国人が日本に住所を設けたとき（年間何日以上という決まりがあるわけではない。国民年金は１か月単位の加入である）

適用除外でなくなったとき＝法律で「特別に加入しなくてよい人」と定められた人でなくなったとき

帰国子女などが帰国したとき

実際多くはないが、そのほかにも例がある

国民年金第２号被保険者の加入時期の例

20歳に達する前に入社したとき

退職後の国民年金も忘れずに！

会社に勤務していた人が60歳未満で退職すると、国民年金の種別が変わります。勤務中は国民年金の第２号被保険者でしたから、退職後は国民年金の第１号被保険者への加入手続きが必要となります。

手続きは退職日の翌日から14日以内に、住所地の市区町村役場の国民年金担当窓口に、「国民年金被保険者関係届書(申出書)」と基礎年金番号のわかるもの、マイナンバーのわかるもの、厚生年金保険資格喪失証明書を添えて提出します。この届け出を怠ると年金額が減ったり、年金の受給権に重大な影響を与えることがありますので注意してください。14日以内という届け出期限に遅れても、叱られませんから、必ず手続きをしてください。

ただし、保険料を払いたくないからといって延ばし延ばしにしていると、保険料支払いの時効（２年）がきてしまい、後になってから支払いたくても支払えなくなります。その空白期間が保険料滞納期間となり、年金をもらう際に不利益を被ることになります。

ONE-POINT

65歳になっても老齢基礎年金の受給資格がない人

65歳になっても老齢基礎年金の受給資格がない人は、老齢基礎年金も老齢厚生年金ももらえません。そんなときの対策として、①70歳までの間に勤務して厚生年金保険に加入する、②勤務せず国民年金に任意加入する、の二つの方法があります。②の場合、受給資格を満たすために国民年金に任意加入できるのは通常65歳までですが、70歳まで任意加入できます。また受給資格はあるけれども、保険料滞納期間があるため老齢基礎年金が満額もらえない人については、年金額を増やすための任意加入も65歳までできます。

再就職日までに空白があれば原則手続きが必要である

退職しても翌月再就職するから「年金の手続き」は不要だと思っている人が多いようですが、この場合にも必ず市区町村役場で届け出を行ってください。届け出ないと受給権に影響することもあります。特に障害・遺族給付では空白が命取りになることもあります。万一のことを考えれば、きちんと手続きをして保険料も納めて、安心した生活を送りたいものです。

●60歳未満で退職し、60歳まで再就職しなかった人の例

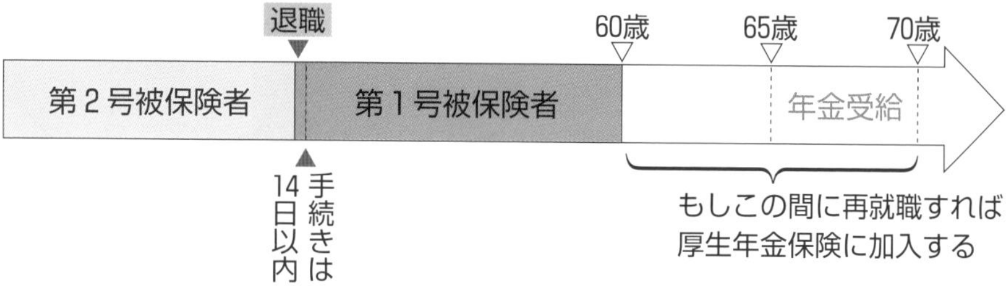

●60 歳未満で退職し、その後再就職した人の例

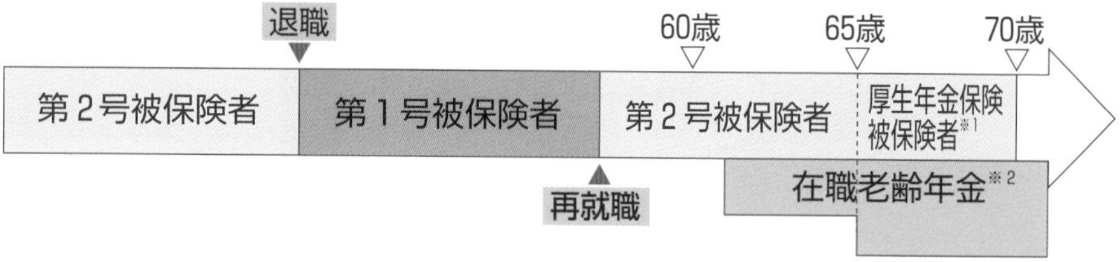

※1　65歳以上の厚生年金保険被保険者で、老齢または退職を支給事由とする年金給付の受給権がなければ第2号被保険者となる。

※2　60歳以上の在職者が対象で、給与額に応じて減額された年金（P.84参照）

会社員は退職・就職ごとに、配偶者の種別変更も忘れずに！

60歳以上で退職した人の中には、自分が国民年金に加入する必要がないので国民年金は関係ないと思っている人がいますが、例えば退職時に奥さん（被扶養者）が60歳未満であった場合には、奥さんが60歳になるまでは、今までの第３号被保険者（保険料を納めなくても年金の受給権を得られる人→P.20参照）から、第１号被保険者（自営業者などと同じように保険料を支払う人）への種別変更が必要です。これらの手続きを怠り放置しておくと、後々奥さんの年金額が減ったり、年金の受給権が得られなくなったりします。

国民年金の種別変更の時期

（例）

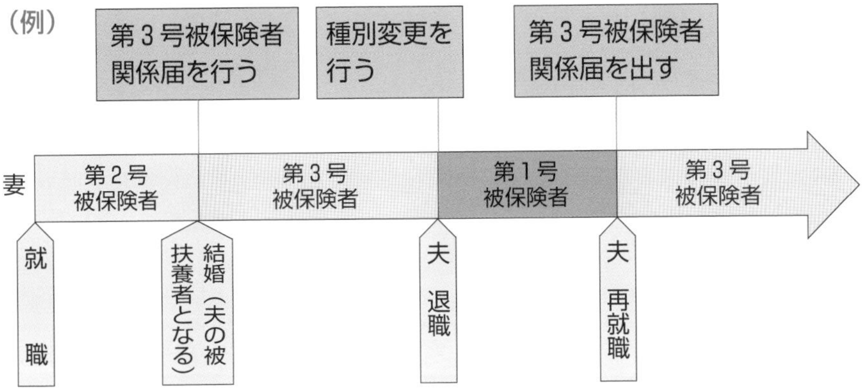

※第１号被保険者の届出は、市区町村の国民年金係に、第３号被保険者の届出は、配偶者が勤務している事業主へそれぞれ提出する。

第３号被保険者の届を出せば保険料を支払わずに年金が…

第２号被保険者（厚生年金保険や共済組合に入っている人）の被扶養配偶者（専業主婦・主夫）は、国民年金の第３号被保険者となります。第３号被保険者になったときは、健康保険の被扶養者届と一緒に、勤務している事業主に提出し、その事業主が年金事務所や健保組合等に届出を行います。また、現在では第３号被保険者の届出漏れに対して救済措置が講じられるようになっています（詳細については口絵28ページ参照）。

届出をすると実質、無料で年金受給の権利を得ることになり、お得です。

どんなひとが第３号被保険者？

○ 配偶者が会社で厚生年金保険に入り（第２号被保険者）、自分は収入がない→第３号被保険者となる

×配偶者が自営業者（第１号被保険者）→第１号被保険者となる

×自分も働いていて、会社で厚生年金保険に入っている
→第２号被保険者となる

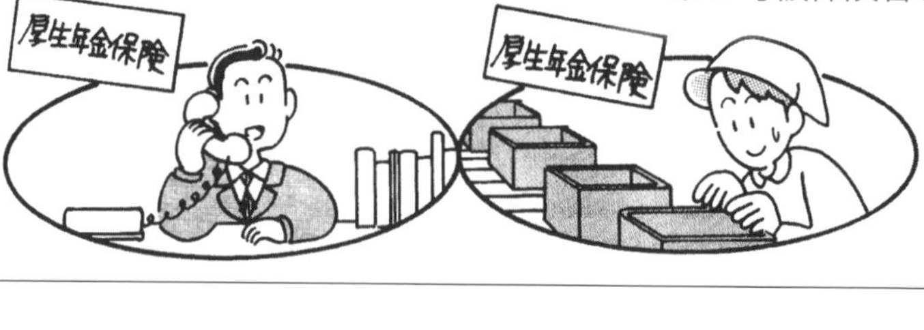

保険料納付が困難な人は免除申請を

生活が苦しくて保険料の納付が困難な人は、申請により、保険料が免除されることがあります。免除には、生活保護を受けている人や障害年金１級・２級の受給者のための「法定免除」と、所得が少なくて生活が困難な人のための全額免除、半額免除、４分の１免除、４分の３免除の制度、そして、学生納付特例や退職（失業）者、一定のDV被害者などの「申請免除」があります。

国民年金保険料の免除対象者と納付特例制度

免除を受けた期間は、受給資格期間（10年）には、それぞれ１か月分として含まれますが、年金額は、例えば全額免除の期間は８分の４か月分納付したとして計算した額（通常の８分の４）、半額免除の期間は８分の６か月分納付したとして計算した額（通常の８分の６）などとなります。ただし、各免除月から10年以内に免除額を追納すれば、追納した月分は通常に納めた場合の１か月分として年金額が計算されます。

また、学生（夜間、通信教育課程の学生も対象）で、本人の所得が一定額の場合に、申請をして承認を受ければ、在学中の保険料を後払いできる学生納付特例制度もあります。毎年手続きが必要です。学生納付特例の猶予期間で追納がない期間は年金額に反映されませんが、各猶予月から10年以内に追納することにより、保険料納付猶予期間（P.63参照）を保険料納付済期間に転換することも可能です。

また、所得が一定額以下であれば保険料の免除申請はできますが、世帯主の所得が多く免除対象とならない者であっても50歳未満で本人（配偶者を含む）の前年の所得が一定額以下であれば、申請により納付猶予となることがあります。

ONE-POINT

学生の納付特例の要件は本人の所得による

学生本人の所得が 128 万円＋扶養親族等の数× 38 万円＋社会保険料控除等の所得基準以下の場合には、申請をして承認を受ければ、在学中の保険料は猶予されます。

なお、猶予された期間分については、各猶予月から10年以内に追納することができます。つまり「出世払い」が可能となっています。

このままだと、老齢基礎年金の額が少ない…という人へ

本来なら国民年金に加入しなくてもいいと法律で定められている人でも、若いころの保険料滞納などで加入期間が足りず年金がもらえない人や、年金の受給資格を満たしていても満額の年金がもらえない人は、希望すれば任意に加入し、年金受給権を獲得したり年金額を増やしたりすることができます。これを「任意加入」といいます。ただし、この国民年金の任意加入は、誰でもできるわけではありません。

●国民年金に任意加入できる例

1

日本に在住する63歳のBさん……60歳以上65歳未満の日本在住の人で、加入期間が短いために満額もらえない人

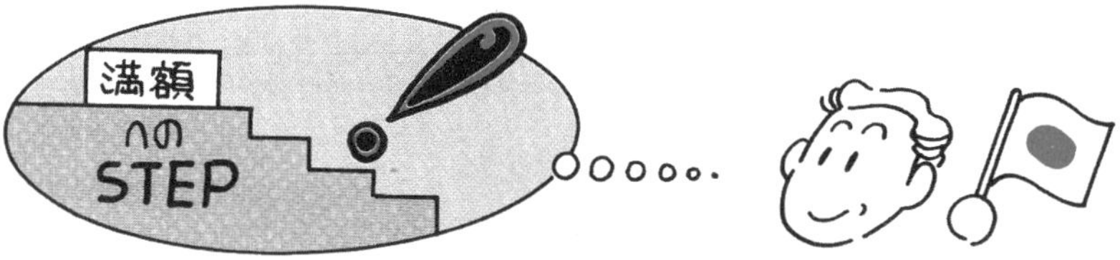

2

日本国籍でフランス在住の45歳のCさん……20歳以上65歳未満で、海外在住の国民年金第2号被保険者でない人※

※海外に在住している人、勉強のために海外に行っている人、現地採用の日本人などが任意加入の対象である。

(注)日本の会社から海外の支店・工場に在籍のまま派遣されて勤務する人のほとんどは第2号被保険者であるので、任意加入の必要はない。

国民年金の毎月の保険料はいくらか

国民年金の保険料は、令和６年度は月額16,980円（17,000円×保険料改定率。令和６年度の保険料改定率＝0.999）となります。

保険料は平成17（2005）年度から毎年280円ずつ引き上げられてきましたが、平成29（2017）年度以降は月額16,900円（×保険料改定率）で固定され、さらに平成31年度分より、平成16年度価格水準で月額100円引き上げられ、月額17,000円（×保険料改定率）となりました。

●付加保険料：第１号被保険者が対象

月　額	400円

付加保険料とは国民年金の第１号被保険者が、もらえる年金の額を増やすために付加して支払う保険料のことです。付加保険料を支払った期間分は、通常の老齢給付に付加年金がつきます（P.69参照）。

付加保険料は月額400円で、付加年金は200円×払込月数となります。簡単にいうと年金をもらいだして２年経過した後には、得になるということです。ただし、この付加保険料は国民年金基金に加入している人は支払えません。また、この付加保険料にはスライド改定がなく定額の400円なので、受け取る付加年金にもスライド改定はありません。

ONE・POINT

保険料免除期間の追納制度について

法定免除または申請免除を受けた免除期間分の保険料は、現時点から10年以内の期間であれば、遡って納めることができます。これを「追納」といいます。追納により、保険料免除期間は保険料を普通に支払った保険料納付済期間として扱われます。ただし、保険料は３年以上前のものに関しては額を再計算し、金利分を上乗せした額に直して支払わなければならないことになります。

また、一括して免除分のすべてを追納できないときは、古いものから順に追納するように決められています。

PART-1
3
国 厚

厚生年金保険のしくみ
――加入と保険料のしくみ

「会社から毎月もらう給料……税金や社会保険料を引かれるとずいぶん手取りが減ってしまう。これさえなければ、あと３回飲んでゴルフにも行けるのに、どうしても払わなければならないのだろうか、もう少し安くしたいけど、民間の保険みたいに自分で保険料を決められないのか」

給与明細書を見るたびに、誰しもこのような疑問がわくのではないでしょうか。ここでは、その疑問にズバリお答えします。

厚生年金保険に加入するのは自由か

まず厚生年金保険については、会社単位で考えなければなりません。なぜなら厚生年金保険は、個人が単独で加入するものではないからです。

就職した会社が厚生年金保険の適用事業所であれば、従業員は任意に加入を選べません。つまり強制加入ということになりますので、厚生年金保険の加入を会社や個人が選択する自由はないのです。

社保完備は優良会社の条件なのか

求人欄でよく「社保完備」という言葉が見受けられますが、会社は社会保険を備えても備えなくてもよいのでしょうか。そうではありません。現在では一部の個人経営の事業（法人になっていない事業所）を除き、ほとんどの会社が社会保険に強制加入することになっています。

以前は法人（株式会社・有限会社など）でも規模によっては備えなくてよいケースもありましたが、今は法的にも「社保完備」が会社の条件ですから、加入しているのは当たり前の話です。

したがって、社会保険完備はもはや優良会社の条件にはなりません。社会保険のない会社が今でもあること自体が問題なのです。

厚生年金保険の適用事業所

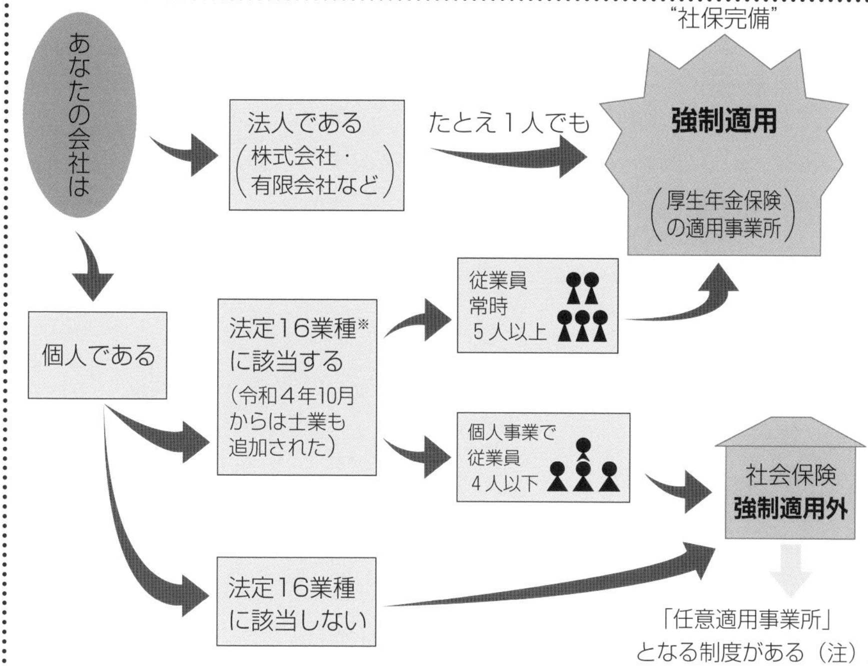

（注）上記の個人経営で、社会保険がなくてもよい会社または事業所であっても、任意に加入する方法がある。これは「任意加入制度」といって、従業員のうち被保険者となるべき人の2分の1以上の同意により事業主が認可申請することができる（この場合でも個人事業主自身は加入できない）。

※法定16業種とは以下の業種をいいます。

①物の製造、加工、選別、包装、修理または解体の事業
②土木、建築その他工作物の建設、改造、保存、修理、変更、破壊、解体またはその準備の事業
③鉱物の採掘または採取の事業
④電気または動力の発生、伝導または供給の事業
⑤貨物または旅客の運送の事業
⑥貨物積み降ろしの事業
⑦焼却、清掃またはと殺の事業
⑧物の販売または配給の事業
⑨金融または保険の事業
⑩物の保管または賃貸の事業
⑪媒介周旋の事業
⑫集金、案内または広告の事業
⑬教育、研究または調査の事業
⑭疾病の治療、助産その他医療の事業
⑮通信または報道の事業
⑯社会福祉法に定める社会福祉事業及び更生保護事業法に定める更生保護事業

〈令和4(2022)年10月施行の見直し内容〉
弁護士・税理士・社会保険労務士等の法律・会計事務を取り扱う士業※が適用業種に追加されました。
（※弁護士・司法書士・行政書士・土地家屋調査士・公認会計士・税理士・社会保険労務士・弁理士・公証人・海事代理士）
参考資料:厚生労働省年金局「年金制度の機能強化のための国民年金法等の一部を改正する法律参考資料集(令和2年法律第40号、令和2年6月5日公布)」より

厚生年金保険は会社に勤務する人ならみんな加入する

前述のように、厚生年金保険は厚生年金保険の適用事業所（会社）に勤務する70歳未満の人なら、基本的に全員加入しなければなりません。

以下に加入する人の例をあげます。

厚生年金保険に加入する人（基本的には全員加入）

正社員

アルバイト

●短期の契約などで、加入しなくてもよい人がいる（P.36参照）。

パートタイマー

●１日に働く時間が短く、週２日程度の人で、入らなくてもよい人がいる（P.36参照）。

試用期間中の人

●見習いでも社員は社員。

フリーター

●名称がフリーターでも、基本的には加入する（P.36参照）。

（注）正社員、フリーター、アルバイト、見習いなどの名称（呼び名）を問わず、勤務時間や勤務日数等が正社員と比べてある程度以上なら、加入することが義務づけられている（詳しくは、P.36参照）。

厚生年金保険への加入日は基本的には勤務をはじめた日

厚生年金保険への加入日は、基本的にはその人が働き出した初日となります（同時に健康保険にも加入）。では次の人たちはどうなるでしょうか。

厚生年金保険の加入日

a. 3月27日に面接をし、4月1日から採用となった人

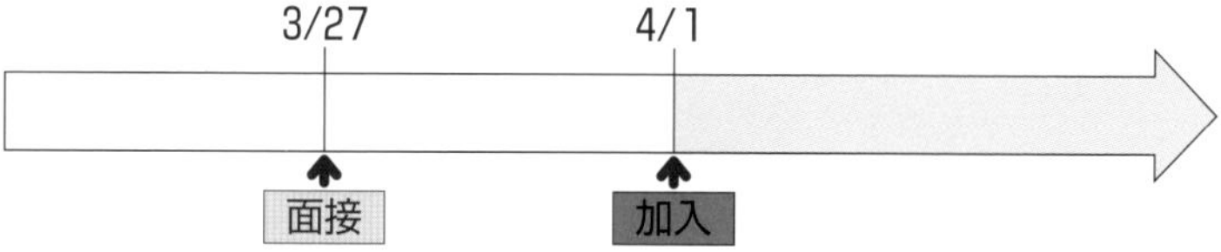

b. 4月1日に採用されたが、試用期間が3か月ある人

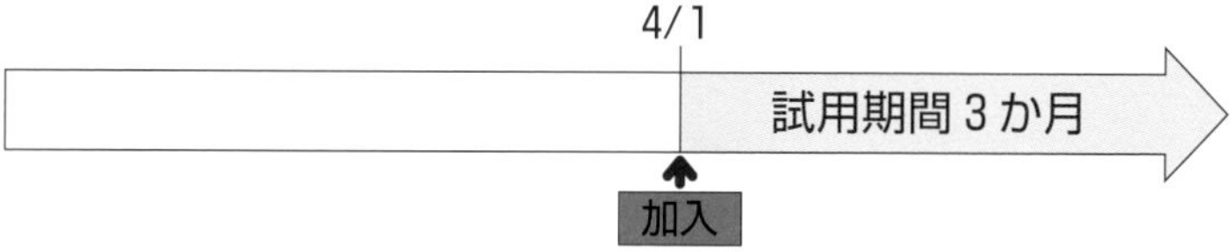

c. 4月1日から見習いという形で雇われた人

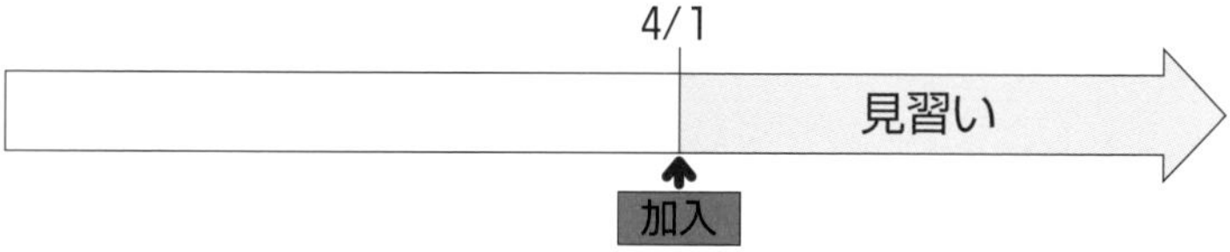

➡いずれの場合も、4月1日が厚生年金保険に加入する日となる。

ONE・POINT

70歳以上の人の社会保険加入は？

在職中であれば70歳になるまで厚生年金保険に加入することになり、保険料の納付が必要です。また、70歳以上75歳未満の人は、在職中であれば健康保険にのみ加入し、厚生年金保険には加入しませんが、「在職老齢年金」のしくみにより、収入額に応じて厚生年金月額が調整されます（口絵P.23参照）。ただし、老齢基礎年金は調整対象とはならず、全額支給されます。厚生年金保険料を納付する必要はありません。また、75歳以上の人は健康保険を脱退することとなり、「後期高齢者医療制度」に移行します。

パート・アルバイトでも加入するのが原則である

会社で働く人は、正社員・パート・アルバイトなどの名称（呼び名）にかかわらず、「正社員とたいして変わらずに働く人」であれば、基本的に厚生年金に加入します。

パート・アルバイトで正社員とたいしてかわらずに働く人とは？

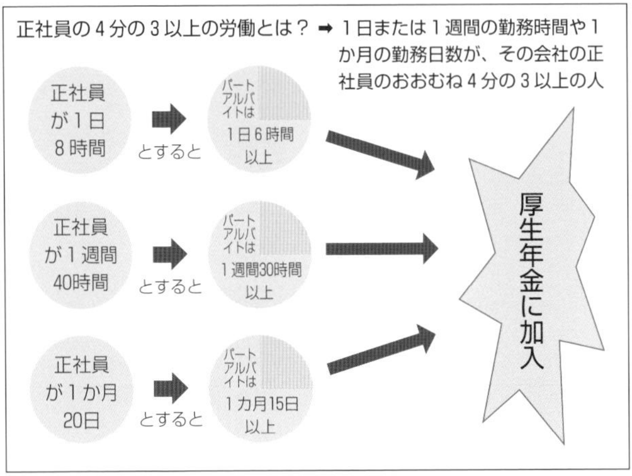

（注１） 勤務時間および勤務日数が４分の３以上という基準は一つの目安であって、一律にこの基準を適用するのではなく、本人の実際の就労の形態内容を総合的に勘案し、会社との使用関係が常用的であると判断されれば、パートであっても加入しなければならない。

（注２） 勤務時間・勤務日数というのは、所定労働時間と所定労働日数をいう。つまり実際の勤務時間・勤務日数ではなく、雇用契約上において働くべき労働時間および労働日数をいう。

適用の拡大

パート･アルバイトのうち、短時間労働の人でも、適用条件に該当すれば、厚生年金（健康保険）に加入することになりました。対象となるのは以下の会社の場合です。

- 平成28(2016)年10月から、従業員501人以上規模の会社
- 平成29(2017)年４月から、従業員500人以下規模で労使の合意がある会社
- 令和４(2022)年10月から、従業員101人規模の会社
- 令和６(2024)年10月から、従業員51人以上規模の会社

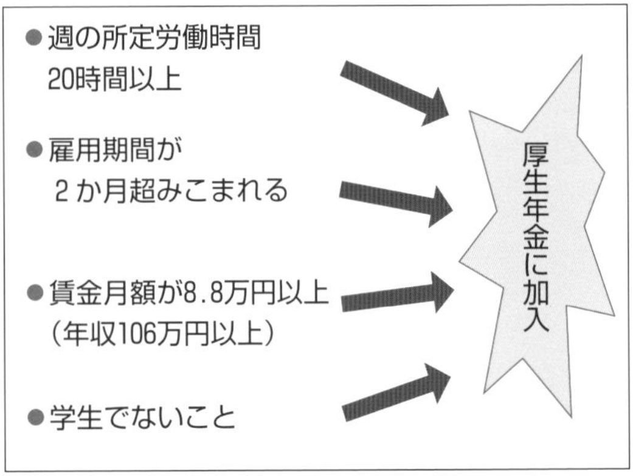

年金と総報酬制

毎月の給料から控除される厚生年金保険料、厚生年金基金掛金、健康保険料（40歳以上の人は介護保険料）、雇用保険料などの社会保険料が、どのように計算されているかを説明しましょう。

総報酬制による保険料額の計算（厚生年金基金に未加入の場合）

平成15年３月までは、毎月の税込の総支給額を元に仮の給与月額（標準報酬月額）に置き換えて、その月額に17.35％を掛けた額（労使折半で負担）を毎月支払い、賞与からは１％の特別保険料（労使折半で負担）を支払っていました。賞与分の特別保険料を支払っていても、賞与については年金額（報酬比例部分）には反映されていませんでした。

法改正により、平成15年４月から総報酬制が導入されたことで、厚生年金保険料の計算方法は給与と賞与から同率（平成20年９月からは保険料率15.350％～18.30％を労使折半で負担）で負担するとともに、給付される年金額（報酬比例部分）にも賞与が反映されることになりました。総報酬制の導入後も給与については標準報酬月額が維持され、原則として４、５、６月の平均給与で決定されますが、賞与については、標準賞与額に保険料率（毎月のものと同率）を乗じた保険料を負担します。

総報酬制による年金額の計算

平成15年４月からの年金額の計算は、平成15年３月までの被保険者期間の分と平成15年４月以降の被保険者期間の分とを分けて計算し、それぞれを合算して算出します。

報酬比例部分の計算は、平成15年３月までの被保険者期間分は「平均標準報酬月額」を用い、平成15年４月以降の分の計算は「平均標準報酬額」を用います。平成15年４月以降の分として用いる「平均標準報酬額」とは、被保険者期間の計算の基礎となる各月の標準報酬額（再評価後）と標準賞与額（再評価後。年３回以内支給される賞与の額の1,000円未満を切り捨てた額。ただし賞与の額は１回あたり150万円が上限額。）の合計額を、平成15年４月以降の被保険者期間の月数で割って得た額をいいます。

なお、ここでいう賞与とは、賃金、給与、俸給、手当、賞与その他どのような名称かを問わず、労務の対償として受けるすべてのもののうち、３か月を超える期間ごとに受けるものをいいます。

厚生年金保険料

下記計算式の額の2分の1ずつを会社と労働者で負担している。

厚生年金保険料	＝	標準報酬月額 × 保険料率

保険料率＝1000分の183.0

※厚生年金基金に加入している場合の保険料率
＝1000分の133.0～1000分の159.0（令和6年4月現在）

ONE·POINT

健康保険料・介護保険料

厚生年金保険料とならび、社会保険料として給与から天引きされるものに健康保険料と介護保険料がありますが、保険料は下記のように計算され、その金額の2分の1ずつを会社と労働者で負担しています。

健康保険料	＝	標準報酬月額 × 保険料率

全国健康保険協会管掌健康保険の保険料率＝1000分の93.5～104.2（都道府県ごと）
組合管掌健康保険の保険料率＝1000分の30～1000分の130
※基本的には、上記の保険料は労使折半。（健康保険組合によっては、従業員負担が少ないところもある）
（注）上記の保険料は令和6年4月現在。

介護保険料	＝	標準報酬月額 × 保険料率

全国健康保険協会管掌介護保険の保険料率＝1000分の16.0（全国一律）
組合管掌介護保険の保険料率＝組合の規定による率
※基本的には、上記の保険料は労使折半。
（注）上記の保険料率は令和6年4月現在。

産休期間中と育児休業期間中の保険料は免除される

少子時代の育児を支援するため、子どもが3歳になるまでの育児休業期間中に加え、産前・産後休業期間中も、厚生年金保険料が本人負担分・事業主負担分（子ども・子育て拠出金を含む）とも免除されます。また、健康保険料と介護保険料も同様に免除されます（口絵P.27参照）。

育児休業期間とは

対　　象：育児休業法により、育児休業をしている厚生年金保険の被保険者
免除期間：育児休業開始年月日の属する月から、育児休業終了年月日の翌日が属する月の前月まで

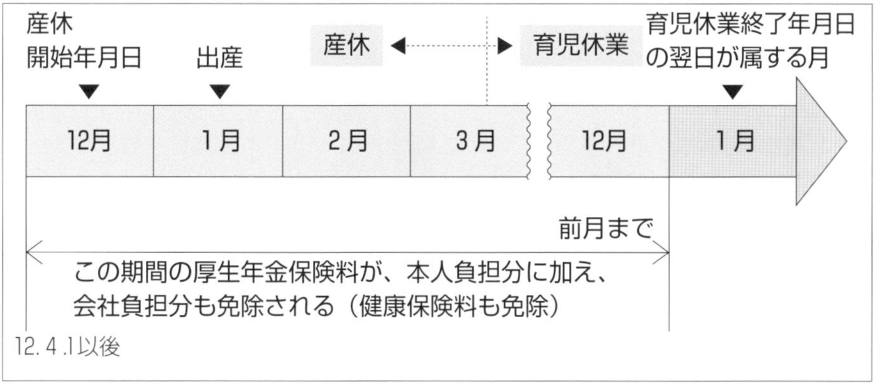

（注）育児休業法の正式名称は「育児休業、介護休業等育児または家族介護を行う労働者の福祉に関する法律」。令和4年10月より、男性の育休取得に対応しやすくするため、①月内に2週間以上の育休を取得した場合には当該月の保険料を免除、賞与の保険料は1か月を超える育休取得の場合に免除、となった。

産前産後期間の国民年金保険料の免除制度

国民年金保険料の納付について、平成31年4月1日より、出産日が平成31年2月1日以降の国民年金第1号被保険者を対象に産前産後期間の国民年金保険料が免除されることになりました。

対　　象：国民年金第1号被保険者で、出産日が平成31年2月1日以降の人
免除期間：出産予定日または出産日が属する月の前月から4か月間（「産前産後期間」という。）。なお、多胎妊娠の場合は、出産予定日または出産日が属する月の3か月前から6か月間
※出産とは、妊娠85日（4か月）以上の出産をいい、死産、流産、早産された人を含む。
施 行 日：平成31年4月1日

健康保険料額表（協会けんぽ 東京支部の場合）

協会けんぽの健康保険料は都道府県により異なる。
健康保険組合の健康保険料・介護保険料は、各組合により異なる。

（東京都）　　　　　　　　　　　　　　　　　　　　　　　　（単位：円）

標準報酬		報酬月額		全国健康保険協会管掌健康保険料			
				介護保険第2号被保険者に該当しない場合		介護保険第2号被保険者に該当する場合	
				9.98%		11.58%	
等級	月額	円以上	円未満	全額	折半額	全額	折半額
1	58,000	〜	63,000	5,788.4	2,894.2	6,716.4	3,358.2
2	68,000	63,000 〜	73,000	6,786.4	3,393.2	7,874.4	3,937.2
3	78,000	73,000 〜	83,000	7,784.4	3,892.2	9,032.4	4,516.2
4	88,000	83,000 〜	93,000	8,782.4	4,391.2	10,190.4	5,095.2
5	98,000	93,000 〜	101,000	9,780.4	4,890.2	11,348.4	5,674.2
6	104,000	101,000 〜	107,000	10,379.2	5,189.6	12,043.2	6,021.6
7	110,000	107,000 〜	114,000	10,978.0	5,489.0	12,738.0	6,369.0
8	118,000	114,000 〜	122,000	11,776.4	5,888.2	13,664.4	6,832.2
9	126,000	122,000 〜	130,000	12,574.8	6,287.4	14,590.8	7,295.4
10	134,000	130,000 〜	138,000	13,373.2	6,686.6	15,517.2	7,758.6
11	142,000	138,000 〜	146,000	14,171.6	7,085.8	16,443.6	8,221.8
12	150,000	146,000 〜	155,000	14,970.0	7,485.0	17,370.0	8,685.0
13	160,000	155,000 〜	165,000	15,968.0	7,984.0	18,528.0	9,264.0
14	170,000	165,000 〜	175,000	16,966.0	8,483.0	19,686.0	9,843.0
15	180,000	175,000 〜	185,000	17,964.0	8,982.0	20,844.0	10,422.0
16	190,000	185,000 〜	195,000	18,962.0	9,481.0	22,002.0	11,001.0
17	200,000	195,000 〜	210,000	19,960.0	9,980.0	23,160.0	11,580.0
18	220,000	210,000 〜	230,000	21,956.0	10,978.0	25,476.0	12,738.0
19	240,000	230,000 〜	250,000	23,952.0	11,976.0	27,792.0	13,896.0
20	260,000	250,000 〜	270,000	25,948.0	12,974.0	30,108.0	15,054.0
21	280,000	270,000 〜	290,000	27,944.0	13,972.0	32,424.0	16,212.0
22	300,000	290,000 〜	310,000	29,940.0	14,970.0	34,740.0	17,370.0
23	320,000	310,000 〜	330,000	31,936.0	15,968.0	37,056.0	18,528.0
24	340,000	330,000 〜	350,000	33,932.0	16,966.0	39,372.0	19,686.0
25	360,000	350,000 〜	370,000	35,928.0	17,964.0	41,688.0	20,844.0
26	380,000	370,000 〜	395,000	37,924.0	18,962.0	44,004.0	22,002.0
27	410,000	395,000 〜	425,000	40,918.0	20,459.0	47,478.0	23,739.0
28	440,000	425,000 〜	455,000	43,912.0	21,956.0	50,952.0	25,476.0
29	470,000	455,000 〜	485,000	46,906.0	23,453.0	54,426.0	27,213.0
30	500,000	485,000 〜	515,000	49,900.0	24,950.0	57,900.0	28,950.0
31	530,000	515,000 〜	545,000	52,894.0	26,447.0	61,374.0	30,687.0
32	560,000	545,000 〜	575,000	55,888.0	27,944.0	64,848.0	32,424.0
33	590,000	575,000 〜	605,000	58,882.0	29,441.0	68,322.0	34,161.0
34	620,000	605,000 〜	635,000	61,876.0	30,938.0	71,796.0	35,898.0
35	650,000	635,000 〜	665,000	64,870.0	32,435.0	75,270.0	37,635.0
36	680,000	665,000 〜	695,000	67,864.0	33,932.0	78,744.0	39,372.0
37	710,000	695,000 〜	730,000	70,858.0	35,429.0	82,218.0	41,109.0
38	750,000	730,000 〜	770,000	74,850.0	37,425.0	86,850.0	43,425.0
39	790,000	770,000 〜	810,000	78,842.0	39,421.0	91,482.0	45,741.0
40	830,000	810,000 〜	855,000	82,834.0	41,417.0	96,114.0	48,057.0
41	880,000	855,000 〜	905,000	87,824.0	43,912.0	101,904.0	50,952.0
42	930,000	905,000 〜	955,000	92,814.0	46,407.0	107,694.0	53,847.0
43	980,000	955,000 〜	1,005,000	97,804.0	48,902.0	113,484.0	56,742.0
44	1,030,000	1,005,000 〜	1,055,000	102,794.0	51,397.0	119,274.0	59,637.0
45	1,090,000	1,055,000 〜	1,115,000	108,782.0	54,391.0	126,222.0	63,111.0
46	1,150,000	1,115,000 〜	1,175,000	114,770.0	57,385.0	133,170.0	66,585.0
47	1,210,000	1,175,000 〜	1,235,000	120,758.0	60,379.0	140,118.0	70,059.0
48	1,270,000	1,235,000 〜	1,295,000	126,746.0	63,373.0	147,066.0	73,533.0
49	1,330,000	1,295,000 〜	1,355,000	132,734.0	66,367.0	154,014.0	77,007.0
50	1,390,000	1,355,000 〜		138,722.0	69,361.0	160,962.0	80,481.0

厚生年金保険料額表

（単位：円）

標準報酬		報酬月額		一般・坑内員・船員（厚生年金基金加入員を除く）	
				全額	折半額
等級	月額	円以上	円未満	18.300%	9.150%
1	88,000	～	93,000	16,104.00	8,052.00
2	98,000	93,000 ～	101,000	17,934.00	8,967.00
3	104,000	101,000 ～	107,000	19,032.00	9,516.00
4	110,000	107,000 ～	114,000	20,130.00	10,065.00
5	118,000	114,000 ～	122,000	21,594.00	10,797.00
6	126,000	122,000 ～	130,000	23,058.00	11,529.00
7	134,000	130,000 ～	138,000	24,522.00	12,261.00
8	142,000	138,000 ～	146,000	25,986.00	12,993.00
9	150,000	146,000 ～	155,000	27,450.00	13,725.00
10	160,000	155,000 ～	165,000	29,280.00	14,640.00
11	170,000	165,000 ～	175,000	31,110.00	15,555.00
12	180,000	175,000 ～	185,000	32,940.00	16,470.00
13	190,000	185,000 ～	195,000	34,770.00	17,385.00
14	200,000	195,000 ～	210,000	36,600.00	18,300.00
15	220,000	210,000 ～	230,000	40,260.00	20,130.00
16	240,000	230,000 ～	250,000	43,920.00	21,960.00
17	260,000	250,000 ～	270,000	47,580.00	23,790.00
18	280,000	270,000 ～	290,000	51,240.00	25,620.00
19	300,000	290,000 ～	310,000	54,900.00	27,450.00
20	320,000	310,000 ～	330,000	58,560.00	29,280.00
21	340,000	330,000 ～	350,000	62,220.00	31,110.00
22	360,000	350,000 ～	370,000	65,880.00	32,940.00
23	380,000	370,000 ～	395,000	69,540.00	34,770.00
24	410,000	395,000 ～	425,000	75,030.00	37,515.00
25	440,000	425,000 ～	455,000	80,520.00	40,260.00
26	470,000	455,000 ～	485,000	86,010.00	43,005.00
27	500,000	485,000 ～	515,000	91,500.00	45,750.00
28	530,000	515,000 ～	545,000	96,990.00	48,495.00
29	560,000	545,000 ～	575,000	102,480.00	51,240.00
30	590,000	575,000 ～	605,000	107,970.00	53,985.00
31	620,000	605,000 ～	635,000	113,460.00	56,730.00
32	650,000	635,000 ～		118,950.00	59,475.00

● P40 と P41 の保険料額表について

1．本表の料率・保険料は令和 6 年 4 月現在の数値である。
2．40 歳以上 65 歳未満の者は健康保険料に介護保険料として標準報酬月額の 1.6%が加算され事業主と被保険者が半分ずつ負担する。
3．標準報酬の等級は、健康保険が 1 等級～ 50 等級、厚生年金保険が 1 等級～ 32 等級となっている。
4．厚生年金保険の保険料率は、一般が 18.30% で事業主と被保険者が半分ずつ負担する。
5．厚生年金保険の高齢任意加入被保険者は、事業主の同意がないときは全額自己負担となる。
7．厚生年金は、標準報酬月額が 650,000 円を超えるときは 650,000 円に対する保険料となる。
8．厚生年金基金加入員の保険料率は、厚生年金基金ごとに定められている免除保険料率（2.4% ～ 5.0%）を控除した率になり、保険料は事業主と被保険者が半分ずつ負担する。

社会保険料の計算の具体例

●例1 出版社に勤務する Aさん(59歳)の場合	・扶養家族は3人（妻と16歳以上の子2人。4月より子1人）。 ・健康保険は健康保険組合に加入している。 ・厚生年金基金は解散し、代行部分を返上した。 ・当初の標準報酬月額は28等級の440,000円であった。 ・4月に昇給があった。

●Aさんの給与台帳（令和6年）

※数値は参考例。

給与支払月	1月	2月	3月	4月	5月	6月
基本給	330,000	330,000	330,000	335,000	335,000	335,000
役職手当	50,000	50,000	50,000	50,000	50,000	50,000
家族手当	5,000	5,000	5,000	5,000	5,000	5,000
住宅手当	25,000	25,000	25,000	25,000	25,000	25,000
技能手当	20,000	20,000	20,000	20,000	20,000	20,000
調整手当	0	0	0	0	0	0
営業手当	0	0	0	0	0	0
運転手当	0	0	0	0	0	0
残業手当	0	9,717	6,478	16,385	13,108	9,831
休日手当	0	0	0	0	0	0
通勤手当	23,100	23,100	23,100	23,100	23,100	23,100
総支給額	453,100	462,817	459,578	474,485	471,208	467,931
非課税額	23,100	23,100	23,100	23,100	23,100	23,100
課税給与	430,000	439,717	436,478	451,385	448,108	444,831
健康保険料	19,140	19,140	19,140	19,580	19,580	19,580
介護保険料	3,960	3,960	3,960	3,960	3,960	3,960
厚年保険料	40,260	40,260	40,260	40,260	40,260	40,260
確定拠出	12,000	12,000	12,000	12,000	12,000	12,000
雇用保険料	2,718	2,776	2,757	2,846	2,827	2,807
社保合計	78,078	78,136	78,117	78,646	78,627	78,607
課税対象額	351,922	361,581	358,361	372,739	369,481	366,224
所得税	7,210	7,580	7,450	11,070	10,820	10,580
住民税	11,100	11,100	11,100	11,100	11,100	12,000
財形積立	20,000	20,000	20,000	20,000	20,000	20,000
控除合計	116,388	116,816	116,667	120,816	120,547	121,187
差引支給額	336,712	346,001	342,911	353,669	350,661	346,744

※1 標準報酬月額は、原則として、4、5、6月に支払われる給与総額（基本給のみならず、各種手当、通勤手当、残業手当・休日手当なども含む。ただし年3回までの賞与は標準報酬月額の算定からは除かれる。）をもとに決定する。つまり4月、5月、6月の給与の総支給額を合計し3で割った額（1か月平均の額）を健康保険は50等級、厚生年金保険は32等級に区分されている標準報酬月額表のうち、どの等級に該当するかをみる。

Aさんのケースでは4、5、6月の総支給額の合計は1,413,624円であり、3で割ると471,208円になるので、この額を40ページの標準報酬月額表でみると、健康保険

給与の締め切り日を20日、支払い日を当月25日とした場合。住民税額は概算。年末調整は考慮していない。

7月	8月	9月	10月	11月	12月	夏季賞与	冬季賞与
335,000	335,000	335,000	335,000	335,000	335,000	670,000	837,500
50,000	50,000	50,000	50,000	50,000	50,000		
5,000	5,000	5,000	5,000	5,000	5,000		
25,000	25,000	25,000	25,000	25,000	25,000		
20,000	20,000	20,000	20,000	20,000	20,000		
0	0	0	0	0	0		
0	0	0	0	0	0		
0	0	0	0	0	0		
16,385	22,939	16,385	19,662	16,385	13,108		
0	24,780	0	24,780	0	24,780		
23,100	23,100	23,100	23,100	23,100	23,100		
474,485	505,819	474,485	502,542	474,485	495,988	670,000	837,500
23,100	23,100	23,100	23,100	23,100	23,100		
451,385	482,719	451,385	479,442	451,385	472,888	670,000	837,500
19,580	19,580	19,580	20,915	20,915	20,915	29,815	37,246
3,960	3,960	3,960	4,230	4,230	4,230	6,030	7,533
40,260	40,260	40,260	43,005	43,005	43,005	61,305	76,585
12,000	12,000	12,000	12,000	12,000	12,000	0	0
2,846	3,034	2,846	3,015	2,846	2,975	4,020	5,025
78,646	78,834	78,646	83,165	82,996	83,125	101,170	126,389
372,739	403,885	372,739	396,277	368,389	389,763	568,830	711,111
11,070	13,520	11,070	13,030	10,820	12,540	58,077	72,604
11,800	11,800	11,800	11,800	11,800	11,800		
20,000	20,000	20,000	20,000	20,000	20,000	30,000	30,000
121,516	124,154	121,516	127,995	125,616	127,465	189,247	228,993
352,969	381,665	352,969	374,547	348,869	368,523	480,753	608,507

の29等級の470,000円の標準報酬月額になる。もとの等級（28等級）に対し４、５、６月の平均によって該当する等級（29等級）は２等級以上の変動がないため、原則どおり、その年の９月分から適用（10月に支払われる給料から控除）される。

※2 雇用保険料とは違い、給与総額に多少の変動があっても毎月決まった額が控除される。

※3 賞与から控除される社会保険料は、総報酬制により、賞与の額（1,000円未満切り捨てた額）に毎月の保険料率と同一の率を掛けて算出する。

※4 本例では、定額減税は反映していない。

●例 2 IT関連会社に勤務する Bさん(44歳)の場合	・扶養家族なし。 ・健康保険は全国健康保険協会（協会けんぽ東京支部）である。 ・会社は厚生年金基金に加入していない。 ・当初の標準報酬月額は340,000円（24等級）であった。 ・3月に昇給があった。

●Bさんの給与台帳（令和6年）

※数値は参考例。

給与支払月	1月	2月	3月	4月	5月	6月
基本給	265,000	265,000	280,000	280,000	280,000	280,000
役職手当	20,000	20,000	35,000	35,000	35,000	35,000
家族手当	0	0	0	0	0	0
住宅手当	10,000	10,000	10,000	10,000	10,000	10,000
技能手当	0	0	0	0	0	0
資格手当	0	0	5,000	5,000	5,000	5,000
営業手当	30,000	30,000	40,000	40,000	40,000	40,000
運転手当	5,000	5,000	5,000	5,000	5,000	5,000
残業手当	0	0	0	0	0	0
休日手当	0	0	0	0	0	0
通勤手当	19,500	19,500	19,500	19,500	19,500	19,500
総支給額	349,500	349,500	394,500	394,500	394,500	394,500
非課税額	19,500	19,500	19,500	19,500	19,500	19,500
課税給与	330,000	330,000	375,000	375,000	375,000	375,000
健康保険料	17,000	17,000	17,000	16,966	16,966	16,966
介護保険料	3,094	3,094	3,094	2,720	2,720	2,720
厚年保険料	31,110	31,110	31,110	31,110	31,110	31,110
雇用保険料	1,747	1,747	1,972	2,367	2,367	2,367
社保合計	53,301	53,301	53,571	53,163	53,163	53,163
課税対象額	276,699	276,699	321,429	321,837	321,837	321,837
所得税	7,490	7,490	10,140	10,140	10,140	10,140
住民税	9,800	9,800	9,800	9,800	9,800	10,000
財形積立	30,000	30,000	30,000	30,000	30,000	30,000
控除合計	100,591	100,591	103,511	103,103	103,103	103,303
差引支給額	248,909	248,909	290,989	291,397	291,397	291,197

※1 標準報酬月額は原則として、4、5、6月に支払われる給与の総支給額（基本給のみならず、そのほかの手当も含む。通勤手当や残業手当・休日手当も当然含まれる。ただし、年3回までの賞与は標準報酬月額の算定からは除かれる）をもとに決定する。つまり、4、5、6月の給与の総支給額を合計し3で割った額（1か月平均の額）を健康保険は50等級、厚生年金保険は32等級に区分されている標準報酬月額表のうち、どの等級に該当するかみる。

※2 ただし、※1にかかわらず途中で固定的賃金（基本給とか手当）に変動（昇給や降給）があった場合は4、5、6月に関係なく、以後3か月間は様子をみて、その平均額を標準報酬月額表の等級に照らし合わせて当初の等級より2等級以上変動する場合は、変動した最初の月から数えて4か月目（給与から控除される保険料は5か月目）から保険料が変わる。

給与の締め切り日を 20 日、支払い日を当月 25 日とした場合。住民税額は概算。年末調整は考慮していない。

7月	8月	9月	10月	11月	12月	夏季賞与	冬季賞与
280,000	280,000	280,000	280,000	280,000	280,000	560,000	700,000
35,000	35,000	35,000	35,000	35,000	35,000		
0	0	0	0	0	0		
10,000	10,000	10,000	10,000	10,000	10,000		
0	0	0	0	0	0		
5,000	5,000	5,000	5,000	5,000	5,000		
40,000	40,000	40,000	40,000	40,000	40,000		
5,000	5,000	5,000	5,000	5,000	5,000		
0	0	0	0	0	0		
0	0	0	0	0	0		
19,500	19,500	19,500	19,500	19,500	19,500		
394,500	394,500	394,500	394,500	394,500	394,500	560,000	700,000
19,500	19,500	19,500	19,500	19,500	19,500		
375,000	375,000	375,000	375,000	375,000	375,000	560,000	700,000
18,962	18,962	18,962	18,962	18,962	18,962	27,944	34,930
3,040	3,040	3,040	3,040	3,040	3,040	4,480	5,600
34,770	34,770	34,770	34,770	34,770	34,770	51,240	64,050
2,367	2,367	2,367	2,367	2,367	2,367	3,360	4,200
59,139	59,139	59,139	59,139	59,139	59,139	87,024	108,780
315,861	315,861	315,861	315,861	315,861	315,861	472,976	591,220
9,650	9,650	9,650	9,650	9,650	9,650	38,577	48,222
9,900	9,900	9,900	9,900	9,900	9,900		
30,000	30,000	30,000	30,000	30,000	30,000	50,000	50,000
108,689	108,689	108,689	108,689	108,689	108,689	175,656	207,070
285,811	285,811	285,811	285,811	285,811	285,811	384,344	492,930

Bさんのケースでは３月に昇給があり、３、４、５月の総支給額の合計は1,183,500円であり、３で割ると394,500円になる。この額を40ページの標準報酬月額表でみると、健康保険の26等級の380,000円の標準報酬月額になる。つまり当初の標準報酬月額が24等級の340,000円に対して５月の給与が出たところで、３、４、５月の３か月の平均をとると26等級（380,000円）になり、２等級の差が確定したので、翌月の６月分保険料（具体的に給与から控除されるのは７月支払分）から改定される。

※3 雇用保険料とは違い、給与総額に多少の変動があっても毎月決まった額が控除される。

※4 賞与から控除される社会保険料は、総報酬制により、賞与の額（1,000円未満切り捨てた額）に毎月の保険料率と同一の率を掛けて算出する。

※5 本例では、定額減税は反映していない。

4 国 厚 企業年金・個人年金のしくみ

企業年金・個人年金は、公的年金の上乗せ給付を行うことにより、従業員の老後の生活を手助けできる制度として会社が取り入れている福利厚生の一つです。

現在、企業年金等としてさまざまな制度が設けられており、企業や従業員、個人は、これらの中から各自のニーズに合った制度を選ぶことができます。

企業年金には「確定給付企業年金」や「企業型確定拠出年金」、「厚生年金基金」といった種類があります。また、個人型の年金には国民年金基金やiDeCoがあります。企業年金には、確定給付型と確定拠出型の2つのタイプがあります。確定給付型企業年金は、加入した期間などに基づいてあらかじめ給付額が定められている年金制度です。加入している従業員が老後の生活設計を立てやすい半面、運用の低迷などによって必要な積立水準が不足した場合は、企業などが追加拠出をしなければならないしくみになっています。確定拠出型企業年金は、拠出した掛金額とその運用収益との合計額を基に給付額が決定される年金制度です。企業が追加拠出をする必要が生じない代わりに、加入者が自らの責任で運用を行って老後の生活設計を立てることが必要です。

確定給付型企業年金制度（DB）のしくみ

確定給付企業年金制度は、労使が給付額などをあらかじめ定め、その内容に基づいた老齢給付はもちろん、障害給付、遺族給付も行うことができる年金制度です。給付内容があらかじめ定められていることからDB（Defined Benefit Plan＝給付建て年金）とよばれています。確定給付企業年金には規約型と基金型があり、その受給権は保護されています。

確定給付企業年金は「規約型」と「基金型」の2種類

規約型の確定給付企業年金は、確定給付企業年金を実施する厚生年金適用事業所の事業主が実施主体です。労使が合意した年金規約に基づいて、企業と信託会社・生命保険会社などとが契約を結び、母体の企業とは別の外部機関で年金資金を管理・運用して年金給付を行います。

基金型の確定給付企業年金は、母体企業とは別の法人格を持った企業年金基金を設立し、これが実施主体となる企業年金です。企業年金基金で年金資金を管理・運用し、年金給付を行います。

確定給付型企業年金制度

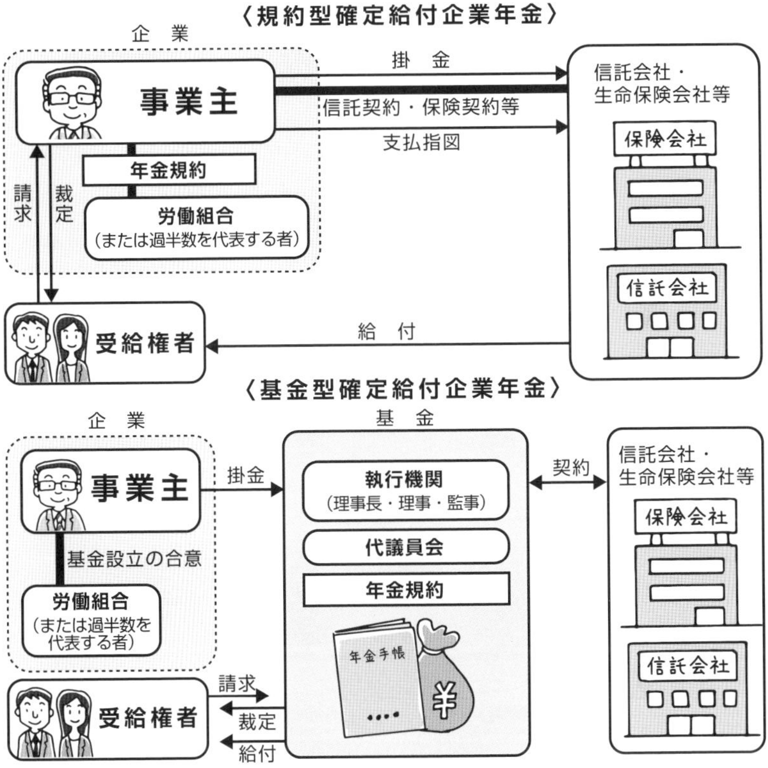

企業型確定拠出年金制度（DC）のしくみ

確定拠出年金制度は、拠出された掛金が加入者ごとに区分され、その掛金と加入者自らの指図による運用の運用益との合計額をもとに、給付額が決定される年金制度です。拠出額があらかじめ定められていることからDC（Defined Contribution Plan）確定給付型の企業年金を行うことが難しい中小企業の従業員や自営業者などのニーズに応え、離職・転職にも対応しやすくなることから、年々その規模を拡大しています。

◗確定拠出年金は「企業型」と「個人型（iDeco）」の２種類

企業型確定拠出年金は、会社が拠出する掛金によって運用を行う年金制度です。拠出限度額の枠内かつ会社の掛金を越えない範囲で、加入者が会社の掛金とは別に上乗せして拠出する「マッチング拠出」を行うことも可能です。掛金は、他の企業年金がある場合は年額33万円まで、他の企業年金がない場合は年額66万円までです（上記の拠出単位期間は前年12月から11月まで））。また、加入者が拠出するマッチング拠出の掛金額は給与から控除され、支払った掛金は全額が小規模企業共済等掛金控除の対象として所得控除されるため、年末調整や確定申告で税金が優遇されるという利点もあります。

ただし、掛金はマッチング拠出も含めて、原則として60歳までは引き出すことができません。

〈企業型確定拠出年金〉

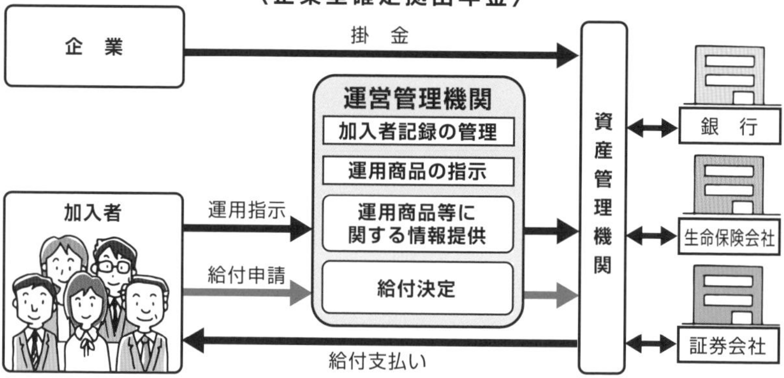

〈個人型確定拠出年金（iDeco）〉

iDeco の拠出限度額について

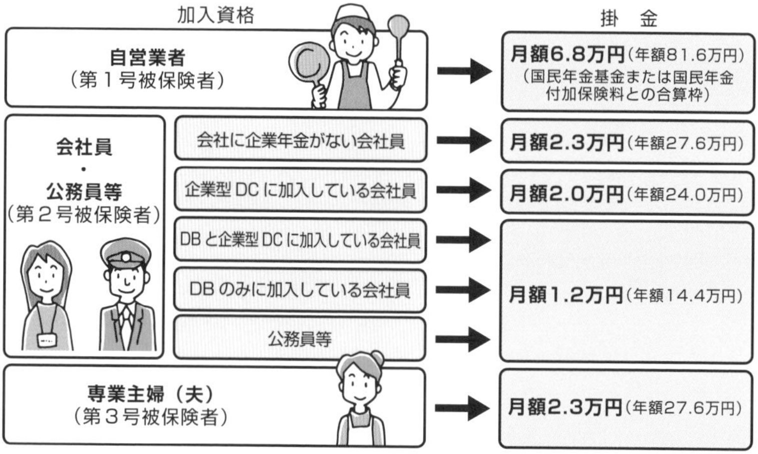

●会社員にとっての確定給付企業年金と企業型確定拠出年金の主な違い

	確定給付企業年金（DB）	企業型確定拠出年金（DC）
給付額	給付額があらかじめ約束されている	給付額は資金運用によって変わる
資金運用	自分では運用しない	自分で運用する
会社が破綻した場合	影響を受ける場合がある	影響を受けない
途中退職する場合	退職時に一時金を受け取れる場合が多い	原則、60 歳まで受け取れない

一方、個人型確定拠出年金（iDeCo）は、個人が拠出する掛金によって運用を行う年金制度です。加入を希望する場合には、国民年金基金連合会に加入申請する必要があります。加入者が拠出する掛金額は一定の金額が所得控除されるため、年末調整や確定申告で税金が優遇されます。詳しくは52ページ以下で説明します。

厚生年金基金制度とは

厚生年金基金制度は、国に代わって厚生年金の給付の一部を代行して行う（代行給付）とともに、企業の実情などに応じて独自の上乗せ給付を行うことができる制度です。ただし、平成26（2014）年４月１日以降、厚生年金基金の新規設立は認められていません。厚生年金基金について、詳しくは50ページ以下で説明します。

国民年金基金制度とは

国民年金基金制度は、自営業者やフリーランスなど国民年金の第1号被保険者が、老後の所得保障の充実を図るために、任意で加入する制度です。

国民年金基金には、「地域型国民年金基金」である全国国民年金基金と職種別に設立された３つの「職能型国民年金基金」があります。「地域型国民年金基金」の全国国民年金基金は、国民年金の第１号被保険者であれば住所地や業種を問わず加入することができます。「職能型国民年金基金」は、基金ごとに定められた事業または業務に従事する国民年金第１号被保険者が加入できます。国民年金基金制度について、詳しくは238ページ以下で説明します。

PART-1

5 国 厚 厚生年金基金は解散し、別の企業年金基金に移行する動き

厚生年金基金は、国が行う厚生年金保険の給付の一部を代行し、さらにプラスαの給付を行うことを目的としている企業年金の一種です。

平成26年4月に公的年金制度の健全性及び信頼性の確保のための厚生年金保険法等の一部を改正する法律が施行され、厚生年金基金を他の企業年金制度へ移行促進させつつ、特例的な解散制度の導入等を行う措置などが講じられています。この項では、かつて主流だった厚生年金基金について、そのしくみを説明します。

手厚い給付の厚生年金基金だが、見直しが進んでいる

厚生年金基金は、いろいろある企業年金の中の一つです。

厚生年金基金は、法律によって設立された特別の法人で、国の厚生年金保険の業務の一部を代行して独自に運営し、通常の老齢厚生年金に比べ、手厚く給付しようとするものです。基金が支給する年金額の努力目標は、代行部分（次ページ参照）の3.23倍となっています。

けれども、現在では厚生年金基金制度が見直され、以下の4つが実施されています。

①平成26年4月1日以後は、厚生年金基金の新設は認められない。

②特例解散制度が見直され、平成26年4月1日から平成31年3月31日までの5年間の時限措置として、分割納付における事業所間の連帯債務を外すなど、基金の解散時に国に納付する最低責任準備金の納付期限・納付方法の特例が設けられた。

③平成31年4月1日以降は、代行資産保全の観点から、設定した基準を満たさない基金については、厚生労働大臣が第三者委員会の意見を聴いて解散命令を発動できる。

④上乗せ給付の受給権保全を支援するため、厚生年金基金から他の企業年金等に積立金を移行する特例が設けられている。

厚生年金基金は代行返上し、企業年金基金へ移行する流れに

厚生年金基金があってもなくても、代行返上して企業年金基金へ移行したとしても、個人が負担する保険料（基金のある場合は保険料と掛金を足したもの）は基本的に同額ですが、給付には違いがあります。つまり、基金や企業年金基金があると保険料は同額支払っていても、３階の加算部分があるようなものなのです。

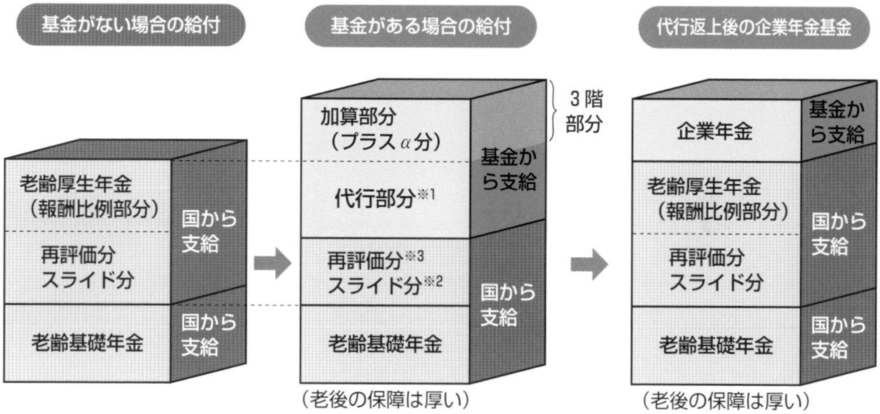

※１　代行部分とは、報酬比例部分に相当する部分から、物価のスライド分と標準報酬月額の再評価分を引いたものである。

※２　スライド分とは、消費者物価指数による変動分のこと。

※３　再評価分とは、標準報酬月額を支給時に合わせて再評価したときの差額のこと。

代行部分	＝	報酬比例相当部分	−	スライド分 ＋ 再評価分

（注）基金が代行する部分は、必ずプラスαの支給をしなければならないことになっている。プラスα部分の基準は、代行部分を、最低５割（平成17年３月以前の設立基準は１割）以上上回らなければならないとされている。

PART-1
6
国 厚

個人型確定拠出年金 iDecoのしくみ

厚生年金基金の新設が認められなくなり、基金の解散や他の企業年金への移行が進められています。

他の企業年金へ移行する際には、確定給付型と確定拠出型を併用する企業年金などもみられます。そこで、この項では確定拠出年金の特徴について説明します。

勤務先の企業に企業年金制度がない会社員などの場合には、個人型の確定拠出年金は魅力的な制度といえます。その理由は節税効果が大きいことです。確定拠出年金のしくみとその特徴を見ていきましょう。

確定拠出年金は高い節税効果がある

勤め先に年金制度がない会社員の場合、個人型の確定拠出年金は魅力的な制度の一つといえます。その理由は、節税効果が大きいことです。

まず、確定拠出年金の毎月の掛け金は全額、所得控除の対象となります。たとえば掛け金が月2万3,000円の場合、年間で27万6,000円を課税所得から差し引くことができます。所得税率が10%なら単純計算で2万7600円の負担減となり、さらに住民税も軽くなります。

また、確定拠出年金を運用している途中の売却益や配当も非課税となります。さらに、年金を受給する際も、一定額までは課税されません。資産運用に自信がない人も、元本確保型の商品を選べば、節税効果の分だけ銀行預金に比べて有利な運用手段になります。

ただし、確定拠出年金の掛け金は、60歳まで引き出すことができません。そのため、子育ての費用がかさむなど家計に余裕がなくなれば、掛け金を減らすのも選択肢です。掛け金の額は年に1回、変更することができます。

確定拠出年金のしくみと対象者、拠出限度額

確定拠出年金は、拠出された掛金を個人ごとにはっきり区分し、掛金とその運用収益との合計額をもとに年金の給付額が決まる年金制度です。

確定拠出年金の対象者と拠出限度額

	企業型年金	個人型年金
実施主体	企業型年金規約の承認を受けた企業	国民年金基金連合会
加入できる人	実施企業に勤務する従業員 （国民年金第２号被保険者）	・自営業者等（農業者年金の被保険者、国民年金の保険料を免除されている人を除く） （国民年金第１号被保険者） ・企業型年金加入者、厚生年金基金等の加入員等の対象となっていない企業の従業員 （国民年金第２号被保険者）
掛金の拠出	事業主が拠出（規約に定めた場合は加入者も拠出できる）	加入者個人が拠出する （企業は拠出できない）
拠出限度額	・厚生年金基金等の確定給付型の年金を実施していない場合：55,000円（月額） ・厚生年金基金等の確定給付型の年金を実施している場合：27,500円（月額）	・自営業者等：68,000円（月額） ※国民年金基金の限度額と枠を共有 ・企業型年金や厚生年金基金等の確定給付型年金を実施していない場合：23,000円（月額）

確定拠出年金の運用と主な給付の内容

・**確定拠出年金の運用**：運用は、加入者自身が預貯金、公社債、投資信託、株式、信託、保険商品等の運用商品の中から運用を指示して行う。

・**老齢給付金**：5年以上の有期または終身年金（規約の規定により一時金の選択が可能）で、原則として60歳到達した場合に受給できる。ただし、60歳時点で確定拠出年金への加入者期間が10年に満たない場合は、支給開始年齢が引き伸ばされる（8年以上10年未満→61歳、6年以上8年未満→62歳、4年以上6年未満→63歳、2年以上4年未満→64歳、1月以上2年未満→65歳）。

・**障害給付金**：5年以上の有期または終身年金（規約の規定により一時金の選択が可能）で、60歳到達前に傷病により一定以上の障害状態になった加入者が一定期間（1年6か月）を経過した場合に受給できる。

・**死亡一時金**：加入者が死亡したときに遺族が受給できる一時金。

・**脱退一時金**：一定の要件を満たした場合に受給できる一時金。

年金早わかり表

年金の種類	公的年金	企業年金	私的年金
どんなときに年金がもらえるか	老齢になったとき 障害になったとき 遺族になったとき	老齢になったとき	契約年齢になったとき
どんな人が加入するか	20歳以上の人、または20歳未満の会社員・公務員	企業年金のある会社に勤務する人	個人
保険料負担はあるか	○ ただし、保険料免除の人や専業主婦などは支払わなくてもよい	△ 一部負担あり	○
どこから支給されるか	国（日本年金機構）、各共済組合	基金、生保、損保、信託銀行ほか	生保、損保、郵便局、信託銀行、農協、共済ほか
自分で年金額や保険料額を選択できるか	× （国民年金基金（P.238参照）は除く）	×	○
任意に脱退できるか	×	△ （会社を退職したとき）	○
国庫補助はあるか	○	×	×
スライドはあるか	○	×	×

PART 2

老齢給付のしくみ

PART-2

1 公的年金の老齢給付 ――年をとったときの年金

国 厚

このパートでは、公的年金の老齢給付について説明します。「年金」と聞いて多くの人が頭に浮かべるのが、年をとったときにもらえる老齢給付のことでしょう。どんな人が、どんな条件を満たしたときに、いくらもらえるかは、加入していた制度、生年月日、加入期間、平均給与などで異なるのでやや複雑です。ここでは国民年金と厚生年金保険に加入していた人を中心に話を進めることにしましょう。

ちゃんと保険料を払っていれば年金はもらえる

「日本は高齢化が進み、年金はパンクするのでもらえなくなる」といって保険料を払わない人たちがいます。はっきりと保険料が高いから払えないというべきなのに、無責任にも年金がもらえなくなるなどともっともらしい理由付けをして払っていないのです。

かりに百歩譲って将来本当に年金がもらえなくなったらどうなるでしょう。国は重大な掟《おきて》破りをし、国民を裏切ったことになります。そうなれば年金どころの話ではなくなり、全国民の怒りは爆発し各地で反乱が起き、国家転覆ということになるかもしれません。そして、国そのものが破産し日本国は消滅に向かうでしょう。年金がパンクするといっている人たちは、日本がそのようになることを予測しているのでしょうか。確かに将来は、年金額が今よりも減額傾向にあることは否めません。しかし、もらえなくなるというのは国がある以上あり得ないことです。

今ハッキリと言えることは、払うべき保険料を払っていない人たちには将来、年金が出ないということです。

老齢給付は老齢基礎年金と老齢厚生年金に分けられる

現在の年金制度は、国民年金から全国民共通の老齢基礎年金が支給され、厚生年金保険（または共済組合）からそれに上乗せする形で報酬比例の老齢厚生（または退職共済）年金が支給される２階建て方式になっています。

老齢給付の２階建て構造

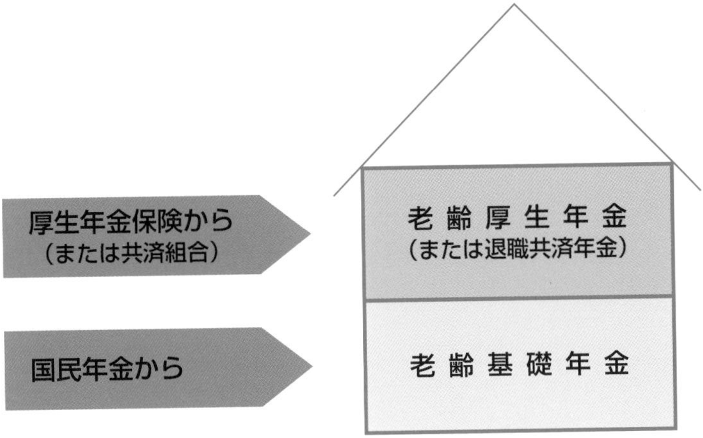

ONE·POINT

老齢給付と老齢年金

年をとったときにもらえる国民年金や厚生年金保険からの年金のことを「老齢年金」という人が多いようですが、現在の法律で「老齢年金」と称する年金はなく、一般的には「老齢給付」という言い方をします。

老齢給付の中には老齢基礎年金、老齢厚生年金、65歳になるまでの老齢厚生年金（P.72参照）等があり、それらをまとめて「老齢給付」といっています。しかし老齢年金のほうが理解しやすいので、老齢給付全体を老齢年金という言い方をしているようです。

PART-2
2
国 厚

老齢基礎年金の支給要件

年金を2階建ての家と考えた場合、その1階部分となるのが老齢基礎年金です。老齢基礎年金は国民年金の第1号被保険者、第2号被保険者、第3号被保険者の人で、年齢・加入期間などの条件を満たしていれば誰でももらえる老齢給付です。会社員が年金をもらうときに、基礎部分という言い方をするのが、この老齢基礎年金です。

老齢基礎年金をもらうには、年齢・加入期間などの要件がある

老齢基礎年金をもらう要件を簡単に図示すると、以下のようになります。老齢基礎年金は通常65歳からもらえる年金です。一定の条件を満たせば誰でももらえますが、「請求」しなければもらえません（請求についてはP.164参照）。

老齢基礎年金の支給要件

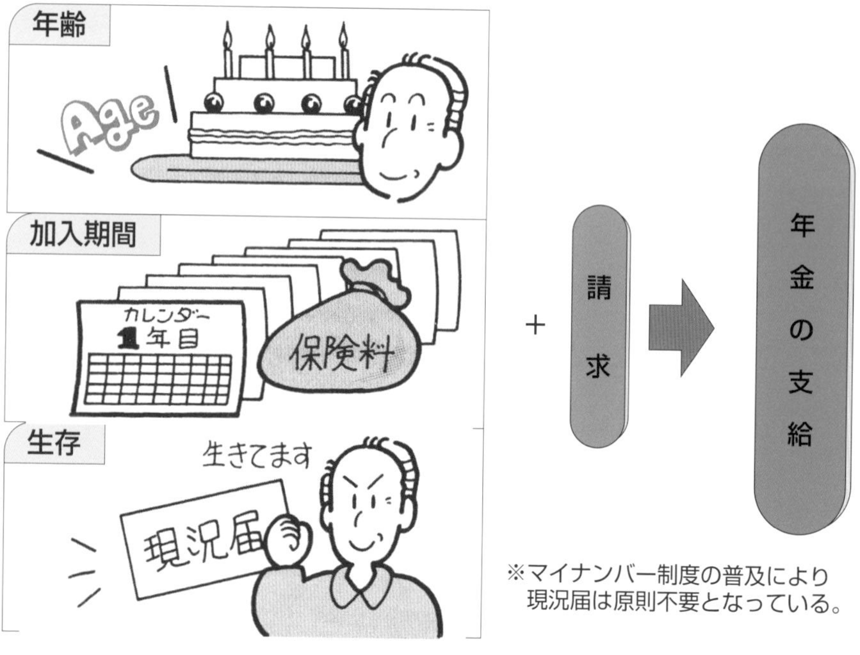

※マイナンバー制度の普及により
現況届は原則不要となっている。

老齢基礎年金は、10年以上の加入期間が必要

老齢基礎年金をもらうには、10年以上の加入期間がなければなりません（平成29年８月より[※]）。この10年以上の加入期間は、保険料を支払った期間（保険料納付済期間）と保険料免除期間（経済的な理由等で保険料を支払えない人が、法律または申請により保険料を免除された期間）、厚生年金の加入期間、または合算対象《がっさんたいしょう》期間《きかん》（国民年金への加入が任意であった人が、当時任意加入しなかった期間など）の合計です。

したがって、加入すべきなのに保険料を滞納してきた期間は、加入期間としてカウントされないのです。詳しくは以下のページへ。

➡保険料納付済期間……60ページ
➡保険料免除期間………63ページ
➡合算対象期間…………63～64ページ

※平成 29 年 7 月までに受給開始年齢に達している人は、原則 25 年以上の加入期間が必要。

支給要件を満たすための「10年以上」の組み合わせ例

すべて保険料納付済期間
←――――― 10年以上 ―――――→

または

学生納付特例期間	保険料納付済期間	保険料免除期間
←――――― 10年以上 ―――――→		

または

保険料納付済期間	保険料免除期間	合算対象期間
←――――― 10年以上 ―――――→		

※合算対象期間は期間には算入されるが、年金額には反映されないため、通称「カラ期間」といわれている（P.63参照）。
※平成29年８月１日より、年金の受給資格期間は25年から10年に短縮された。

保険料納付済期間とは

保険料は、20歳から60歳になるまでの40年間納めることになります。原則として、この間に保険料を納めた期間を保険料納付済期間といい、納めなかった期間を保険料滞納期間といいます。これらの期間は、年金をもらうための資格や年金額に大きく影響します。

保険料納付済期間となるのは、以下の図のような期間です。基本的には保険料を納めた期間ですが、③のように納めなくても保険料納付済期間となる場合もあります。

種別による保険料納付済期間

①第１号被保険者

自営業などの人が自ら国民年金保険料を支払った期間

②第２号被保険者

会社員
公務員 } が会社等を通して保険料を支払った期間

③第３号被保険者

会社員
公務員 } に扶養されている奥さん※だった期間

(P.20参照)

※保険料は奥さん自らは支払わない。ここでいう奥さんとは、正確には「配偶者」のことであるので、「夫」の場合もある。

第３号被保険者の届け出を怠ると、保険料納付済期間にならない

第２号被保険者の被扶養配偶者（扶養されている配偶者、男女は問わない）を第３号被保険者といい、年金事務所への手続きが必要になることはPART１で説明しました。

この第３号被保険者の届出は、扶養者（男女は問わない）が転職するごとに会社に届け出ることになります。会社は健康保険の被扶養者届と一緒に、第３号被保険者関係届を年金事務所に提出します。この届け出をすることによって、第３号被保険者は、実際には保険料を納めなくても国民年金では保険料納付済期間となります。この手続きを怠り２年経過すると、届け出から２年前より前の期間は保険料納付済期間とみなされないので注意が必要です。

ただし、第３号被保険者の特例届を行うことで、第３号被保険者の未届けの期間が保険料納付済期間とされることになっています（詳細については口絵28ページ参照）。

ONE・POINT　資格期間と保険料納付済期間

「資格期間」は、あくまでも年金がもらえる資格があるかをみるための期間です。年金をもらうための資格期間は、最低10年必要です。よく耳にする「カラ期間」（合算対象期間）は「資格期間」を計算する上で使える期間ですが、年金額の計算には反映されません。それに対し、年金額を決定する期間が「保険料納付済期間」です。その人が加入可能な全期間（法律に基づき保険料を支払わなければならない全期間）のうち何年（正確には何か月）保険料を支払ったかによって、按分した年金額が支払われます。保険料免除期間（ただし学生納付特例による納付猶予期間を除く）については、全額免除の期間は保険料納付済期間の８分の４（平成21年３月分までは６分の２）、４分の３免除の期間は８分の５（同６分の３）、半額免除の期間は８分の６（同６分の４）、４分の１免除の期間は８分の７（同６分の５）の額として計算されます。

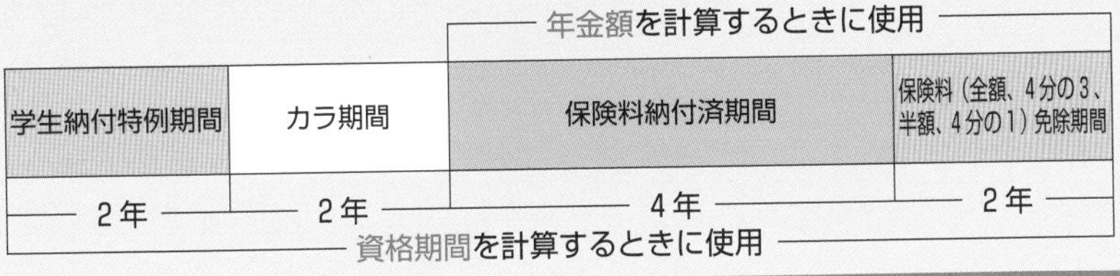

第３号被保険者になる日

第３号被保険者に該当した日とは、具体的には①会社員や公務員と結婚した日、②会社に勤務していた人が結婚して会社をやめ、専業主婦（夫）になった日、③夫（妻）が自営業者から会社員、公務員になった日などです。

第３号被保険者関係届（協会けんぽの場合は健康保険の被扶養者（異動）届と一緒になっている）

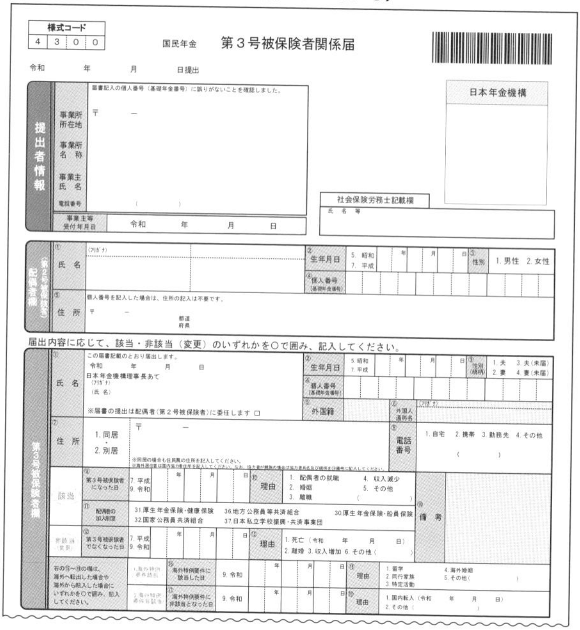

【第３号被保険者関係届を提出する時期の具体例】

（会社）印が「第３号被保険者関係届」を提出するところである

夫（本人）の年金

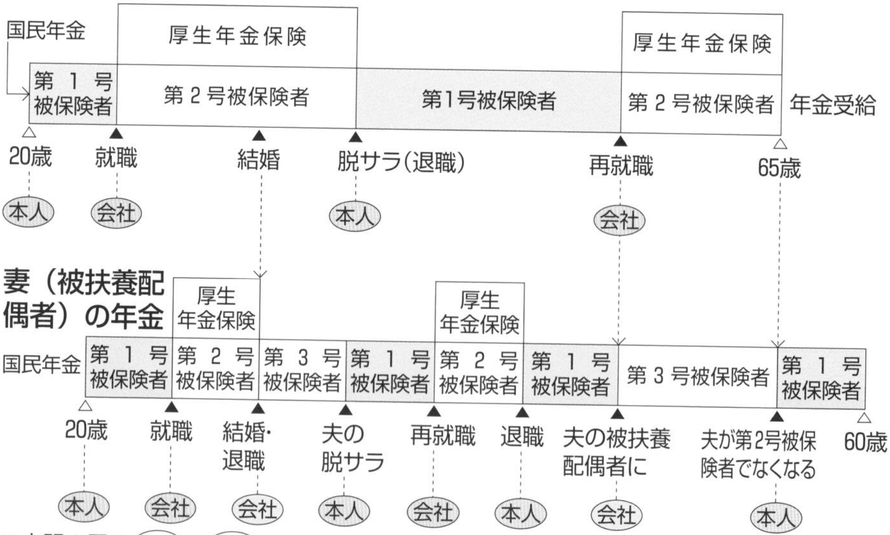

※上記の図の（本人）・（会社）は、手続きを行う義務者。

保険料が免除になる「保険料免除期間」とは？

PART １で説明した保険料免除制度は、生活保護を受けている人や障害年金１級・２級の受給者等のための「法定免除」と、所得が少なくて生活が困難な人や学生、一定のDV被害者、退職（失業）者などで納付が難しい人のための「申請免除」とがあります。

免除が承認されると、その期間分は受給するための資格期間（受給資格があるかないかをみる期間、10年以上必要）として算入されますが、給付時の年金額は、例えば全額免除の期間は通常の８分の４（平成21年３月までは６分２）、半額免除の期間は通常の８分の６（同６分の４）の額に減ります。また、現在では、これらに加えて４分の１納付、４分の３納付の段階が設けられています。ただし、学生納付特例や若年者納付猶予による納付猶予期間で追納がない期間は年金額に反映されません。いずれも市区町村への申請手続きが必要で、所得審査があります。なお、各免除月（猶予月）から10年以内に追納（遡って支払う）して保険料納付済期間とすることも可能です（P.29参照）。これらの「免除申請」は毎年度必要となります。

（注）追納の場合、３年以上前の保険料は当時の額そのままではなく金利を上乗せされた額になります。全額追納できない場合には、年度の古いほうから順に追納したことになります。ただし学生の納付特例による納付猶予期間と他の保険料免除期間が重なった場合は、学生の納付特例による納付猶予期間へ優先して追納されます。また、学生納付特例の期間より以前の他の保険料免除期間がある場合には、どちらの期間を優先して追納するかについていずれか一方を選択することができるようになりました。この制度は古いものから順に10年経つと時効になって支払えなくなっていくので、そのことを考慮したものです。

合算対象期間（カラ期間）とは

「合算対象期間」は、年金額には反映されないけれども、老齢基礎年金が受けられるかどうかをみるための加入期間（資格期間）としてカウントできるものをいいます。合算対象期間となるおもなものを図示すると、次頁のようになります（資格期間についてはP.61参照）。

合算対象期間の例

会社員の妻（または夫）で、国民年金に任意加入できた期間なのに任意加入しなかった期間
（第3号被保険者の制度になる前）

（昭和36年4月〜昭和61年3月までの間で20歳以上60歳未満だった人）

海外居住の日本人で、国民年金に任意加入できたのに任意加入しなかった期間

（昭和36年4月以降20歳以上60歳未満の間）

今は離婚していても当時そうであればよい

昭和36年4月以降の厚生年金保険（共済組合）加入期間のうち、20歳未満または60歳以降の期間

厚生年金保険の脱退手当金を受けた期間のうち、昭和36年4月以降の期間

（大正15年4月2日以降生まれで昭和61年4月から65歳になる間に保険料納付済期間または保険料免除期間のある人に限る）

平成3年3月までの学生で、国民年金に任意加入しなかった期間

（平成3年3月までの学生であった期間に20歳以上60歳未満の人に限る）

平成12年4月以降の学生時代の保険料納付特例期間

（10年以内に追納しなかった場合）

（注）上記期間の中でもいろいろと制限があるので、詳しくは年金事務所へ問い合わせること。また、上記以外のケースもあるので、10年に満たない人は、経歴書をもって年金事務所へ。

加入可能年数とは

「加入可能年数」とは、国民年金に加入しなければならない全期間のことをいい、現在は40年となっています。この加入可能年数のすべてについて保険料を支払ってきた人は、老齢基礎年金が満額（令和６年度＝816,000円。昭和31年４月１日以前生まれの人は813,700円）もらえます。つまり加入可能年数を分母にし、何年保険料を支払ってきたかという按分計算で老齢基礎年金が支払われるのです。もっとも厚生年金保険に40年以上加入している人であっても、加入可能年数は40年となります（P.68参照）。

しかし、この40年の加入可能年数は年金制度の成立時期や改訂時期により、人によっては不利になる場合が出てきます。そこで経過措置として、以下のように生年月日による加入可能年数の短縮が施されている人たちもいます。

加入可能年数一覧（生年月日により25～40年となっていた）

生　年　月　日	加入可能年数
昭和16年４月２日以降	40年
昭和15年４月２日～昭和16年４月１日	39年
昭和14年４月２日～昭和15年４月１日	38年
昭和13年４月２日～昭和14年４月１日	37年
昭和12年４月２日～昭和13年４月１日	36年
昭和11年４月２日～昭和12年４月１日	35年
昭和10年４月２日～昭和11年４月１日	34年
昭和９年４月２日～昭和10年４月１日	33年
昭和８年４月２日～昭和９年４月１日	32年
昭和７年４月２日～昭和８年４月１日	31年
昭和６年４月２日～昭和７年４月１日	30年
昭和５年４月２日～昭和６年４月１日	29年
昭和４年４月２日～昭和５年４月１日	28年
昭和３年４月２日～昭和４年４月１日	27年
昭和２年４月２日～昭和３年４月１日	26年
大正15年４月２日～昭和２年４月１日	25年

（注）加入可能年数のすべての期間が保険料納付済期間の人→老齢基礎年金は満額支給される

資格期間は10年に

老齢基礎年金の受給資格期間は原則として10年以上必要です。

この受給資格期間は、受給資格があるかないかをみるためのもので、年金額をみるためのものではありません。

なお、この受給資格期間は、平成29年８月に、それまでの25年から10年に短縮されました。

受給資格期間

①厚生年金保険の被保険者、または国民年金第１号被保険者の期間が10年以上ある。

受給資格期間	10年以上

受給資格期間とは？

・国民年金の保険料を納めた期間や、保険料を免除された期間
・会社員の期間(船員保険を含む厚生年金保険や共済組合等の加入期間)
・年金制度に加入していなくても資格期間に加えることができる期間（「カラ期間」と呼ばれる合算対象期間→P63 ～ 64）

これらの期間の合計が「資格期間」です。

資格期間が10年（120月）以上あると、年金を受け取ることができます。ただし、受け取れる年金の額は、納付した期間に応じて決まるため、保険料を40年間納付した人は満額の老齢基礎年金を受け取れますが、納付した期間が10年間の人はおおむねその４分の１の年金額になります。

なお、日本年金機構が保有する年金加入期間が10年未満の人は、以下の場合（複数の組み合わせによるものを含む）に、資格期間を満たすことが考えられます（詳細は年金事務所にお問い合わせください）。

①年金加入記録に漏れがある
②60歳から65歳まで任意加入する（昭和40年４月１日以前生まれの人は70歳まで）
③後納制度を使い、未納期間を解消する（５年後納は平成30年９月までの時限措置。現在は２年間）
④合算対象期間がある（合算対象期間についてはP63 ～ 64を参照）

60歳になっても老齢基礎年金の資格期間を満たしていない人の対策

60歳になっても、老齢基礎年金の受給資格を満たしていない人のための対策としては、次のものが考えられます。

①**会社に勤めて、厚生年金保険に加入**……勤めていれば、当然70歳まで厚生年金保険に加入しなければならない。

②**65歳まで国民年金に任意加入**……通常は60歳までだが、自ら望めば65歳まで加入できる。資格期間を満たしていても、年金額を増やすためでも可。

③**65歳以降、さらに70歳まで任意加入**……現在、特例として、65歳を過ぎても70歳まで任意加入が認められる（資格期間を満たしていない人のみ。金額を増やすための任意加入は認められない）。

厚生年金保険の高齢任意加入を利用する

厚生年金保険は70歳になるとやめることになりますが、70歳になっても老齢基礎年金の受給資格期間が足りない人（老齢基礎年金の受給資格がないと、老齢厚生年金ももらえない）は、受給資格を満たすまで厚生年金保険に加入でき、受給資格を得ることができます。これを、「高齢任意加入」といいます。

基本的に、保険料は本人が全額を年金事務所に納めることになりますが、勤務先の会社が保険料を負担し納付することに同意した場合は、70歳までと同様に半額ですみ、保険料の納付も会社が行ってくれます。

高齢任意加入の利用

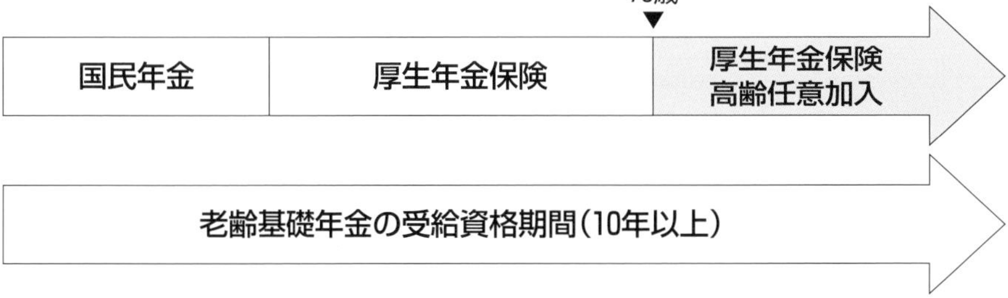

（注）必要な手続きは「高齢任意加入被保険者資格取得申出・申請書」を勤務先を管轄する年金事務所に提出することである（会社が未適用事業所の場合には、会社の同意が必要）。

PART-2

3 老齢基礎年金は40年かけて満額

国 厚

老齢基礎年金は、保険料納付済期間が40年（480月）あると満額支給されます。この40年のことを「加入可能年数」といいます。なお、昭和16年４月１日以前に生まれた人は、経過措置として39～25年まで段階的に加入可能年数が短縮されていました。この加入可能年数のすべての期間が保険料納付済期間である場合は、満額支給されることになります。一方、老齢厚生年金は、報酬に比例した部分が老齢基礎年金に上乗せされる形で支給されます。

老齢基礎年金の満額は816,000円（令和６年度）※

※昭和31年4月１日以前生まれの人は813,700円。

老齢基礎年金が満額支給されるのは、加入可能年数(P.65参照)のすべてが保険料納付済期間であることが条件です。

具体的に老齢基礎年金の計算方法は、次のようになります。

老齢基礎年金の計算式（昭和 31 年 4 月 2 日以降生まれの人の場合）

$$816{,}000\text{円}\times\left\{\frac{\text{保険料納付済期間の月数}+\text{保険料全額免除期間の月数}\times 8\text{分の}4^{※1}+\text{保険料4分の3免除期間の月数}\times 8\text{分の}5^{※1}+\text{保険料半額免除期間の月数}\times 8\text{分の}6^{※1}+\text{保険料4分の1免除期間の月数}\times 8\text{分の}7^{※1}}{480\text{月（}40\text{年}\times 12\text{か月）}^{※}}\right\}^{※2}$$

↑ 生年月日による経過措置がある（480月）

※1　平成21年3月分までの保険料免除期間（480月以内の月数）については、全額免除は6分の2、4分の1納付は6分の3、半額納付は6分の4、4分の3納付は6分の5（480月を超える月数についてはそれぞれ0、6分の1、6分の2、6分の3）で計算する。学生納付特例や若年者納付猶予の免除期間で追納がない期間は、年金額に反映されない。

※2　｛　｝内が１以上になる人は満額支給になる。令和６年４月からの金額。

(注) P.63～64の合算対象期間はここには入れない。つまり年金額には反映されない。

付加保険料を支払った人には付加年金がプラスされる

国民年金の第１号被保険者であった期間中に、付加保険料（月額400円）を支払った人が老齢基礎年金をもらうときは、次の計算による付加年金がプラスされます（P.31参照）。

付加年金の計算式

付加年金額＝200円×付加保険料の納付月数
（付加年金はスライドなし）

厚生年金保険に加入していた人には、「給与に応じた部分」の年金が老齢基礎年金にプラスされる

会社員や公務員は、老齢基礎年金にプラスして給与に応じた部分の年金が加算されます。

厚生年金保険加入者の年金の算出

老齢厚生年金
・
（退職共済年金）
（報酬に比例した額）

＋

老齢基礎年金
（昭和31年４月２日以降
生まれの人の令和６年度の
満額 816,000円）

PART-2 4

国 厚

老齢厚生年金とは
——年をとったらもらえる厚生年金

老齢厚生年金は厚生年金保険から支給される老齢給付のことですが、一般的に老齢厚生年金の中には、①60歳台前半の老齢厚生年金、②65歳からの本来の老齢厚生年金、の二つがあります。

老齢厚生年金は、今まで掛けてきた期間とその平均給与によって年金額が決まります。一般的に給与が高かった人は保険料もたくさん払っていますので、それだけ年金額も多くなります。

老齢厚生年金には２種類ある

老齢厚生年金には、65歳からの本来の老齢厚生年金のほかに、65歳になるまでの老齢厚生年金があります。この年金は現在、報酬比例部分のみとなっています。

特別支給の老齢厚生年金とは

60歳台前半の老齢厚生年金のことを特別支給の老齢厚生年金ともいいます。昭和61（1986）年の年金**大改定**により、本来の老齢厚生年金が65歳から支給されることとなり、既得権を保護するため段階的消滅にむけて定められたものです。

65歳までの老齢厚生年金は段階的になくなっていく

現在は特別支給の老齢厚生年金が段階的に消滅する途中の時期となっています。

これから60歳を迎える男性は、すでに60歳台前半の特別支給の老齢厚生年金はなくなっています。昭和36年４月２日以降生まれの男性と昭和41年４月２日以降生まれの女性には特別支給の老齢厚生年金はなく、本来の老齢厚生年金が65歳から支給されます。

※上記中、報酬比例部分とは、報酬比例部分相当の老齢厚生年金のこと。なお、色文字で示した生年月日は、令和６年度に60歳を迎える人が含まれている。

65歳までの老齢厚生年金
——65歳までの報酬比例年金

本来の老齢厚生年金額は、①加入していた期間、②平成15年３月までの平均標準報酬月額および平成15年４月以降は平均標準報酬額、③生年月日に応じた率、などをもとに計算されます。

ただ、65歳までの雇用継続が一般的にはなってきたものの、それまでより収入が減ったり、それまでと同様に働くことができない人の生活をどうするのかという問題が残ります。

そこで現在、一定の要件（P.71参照）に該当する人は、65歳になるまでの間は報酬比例の老齢厚生年金が支給されます。

会社員であった人は、電話予約のうえで年金事務所の年金相談室へ行き、それらを確認しましょう。また、同時に年金額の試算もしてもらえるので活用しましょう（P.251参照）。

65歳になるまでの老齢厚生年金はこのように計算する

現在では、65歳前にもらえる老齢厚生年金は、報酬比例部分のみの額となります。計算は、次のように行います。ただし、生年月日によって受給できる人とできない人がいます（P.71参照）。

65歳になるまでの老齢厚生年金の年金額

65歳になるまでの 老齢厚生年金	＝	①報酬比例部分

※①報酬比例部分をもらえる人のうち、加入期間44年以上の人、障害者特例の人には、定額部分（次ページの②）や加給年金（65歳未満の一定の配偶者がいる人）が支給される場合があります。

①報酬比例部分の計算（報酬額に関係する部分）

総報酬制導入後の年金額は、次のAとBに分けて算出した合計額となる。

A　平成15年３月までの被保険者期間分

（生年月日に応じて。P.92参照）

平均標準報酬月額[※1]×$\frac{9.5}{1000}$～$\frac{7.125}{1000}$×被保険者期間の月数

（新再評価率による再評価後）

B　平成15年４月以降の被保険者期間分

（生年月日に応じて。P.92参照）

平均標準報酬額[※2]×$\frac{7.308}{1000}$～$\frac{5.481}{1000}$×被保険者期間の月数

（新再評価率による再評価後）

従前保障　上式のAとBの計算方法によって算出された年金額が、次のCとDの計算方法によって算出された年金額の合計額を下回るときは、従前保障によりC＋Dの年金額が保障される。

C　平成15年３月までの被保険者期間分

（生年月日に応じて。P.92参照）

平均標準報酬月額[※1]×$\frac{10}{1000}$～$\frac{7.5}{1000}$×被保険者期間の月数×1.041[※3]

（旧再評価率による再評価後）

D　平成15年４月以降の被保険者期間分

（生年月日に応じて。P.92参照）

平均標準報酬額[※2]×$\frac{7.692}{1000}$～$\frac{5.769}{1000}$×被保険者期間の月数×1.041[※3]

（旧再評価率による再評価後）

②定額部分の計算（報酬額に関係ない部分）

定額単価[※4]×被保険者期間の月数[※5]（420月～480月を限度）

※１AとCの平均標準報酬月額（再評価後）とは、平成15年３月までの被保険者期間の平均給与額をいう。

※２BとDの平均標準報酬額（再評価後）とは、平成15年４月以降の各月の標準報酬月額の合計額と標準賞与額の合計額の総額を、平成15年４月以降の被保険者期間の月数で割った額である。

※３厚生年金の従前額改定率。昭和13年４月２日以後生まれの人の令和６年度の従前額改定率は1.041、昭和13年４月１日以前生まれの人は1.043である。

※４定額単価とは、昭和31年４月２日以後生まれの人の場合は「1,701円」×「生年月日に応じた乗率」の額（P.93参照）。

※５被保険者期間の月数とは、実際に厚生年金保険に加入した期間であるが、定額部分の計算では生年月日によって上限月数が決められている（P.93参照）。

報酬比例部分の年金額の基礎となる報酬額は

老齢厚生年金の報酬比例部分を算出するための報酬額は、厚生年金保険に加入していた被保険者期間が平成15年３月以前と平成15年４月以降で算定方法が異なります。

平成15年３月以前に加入していた被保険者期間の報酬額を平均したものは「平均標準報酬月額」となり、賞与額は反映されていません。しかし、平成15年４月以降に加入していた被保険者期間の報酬額は賞与額も反映して平均額を計算するようになり、名称も「平均標準報酬額」となります。

また、過去の報酬額をそのまま単純に平均すると現在の給与水準に合わないことにもなりますので、一定率を乗じて再評価したもので計算します。(次項P.75参照)

平均標準報酬月額の最低限度額

平均標準報酬月額の計算の原則を、以下に詳しく説明してみましょう。

①10,000円に満たない標準報酬月額があるときは、10,000円として平均標準報酬月額を計算する。

②実質賃金の伸びに応じた再評価をするために、次ページの表の左欄の期間区分に応じて、標準報酬月額に、次ページの再評価率（従前保障の計算では旧再評価率）をかけたものを、その期間の標準報酬月額として平均標準報酬月額を計算する。

③昭和32年９月以前の被保険者期間がある人は、過去の低い標準報酬月額が平均を低くしてしまうので、その部分を除いて平均を出す。具体的には、

⑴昭和32年10月から昭和51年７月までの被保険者期間が、３年以上ある人については、昭和32年９月以前のものは計算の対象としない。

⑵昭和32年10月から昭和51年７月までの被保険者期間が、３年未満の人については、昭和32年９月以前を含めた昭和51年７月までの直近の３年間の標準報酬月額で計算する。

④昭和32年９月以前と昭和51年８月以後の被保険者期間がある人は、「退職後低額の給料で再就職した場合でも、年金額が下がらないように定めた特別な計算」により、平均標準報酬月額を決定する。

⑤①から④の方法で計算した結果、平成15年４月１日前に被保険者であった者の平均標準報酬月額が70,477円×改定率に満たないときは、平均標準報酬月額を70,477円×改定率(昭和12年４月２日以降生まれの人)などとする。

以上の原則を基に、厚生年金保険の被保険者期間の平均標準報酬月額を計算していきます。年金相談では、すでにコンピュータに入力されているこれらの原則の数値に、個人のデータを入れ、老齢厚生年金額を計算するのです。

標準報酬月額の再評価率の表（令和６年４月～令和７年３月の数値）

期間	旧再評価率	新再評価率（一般）										
	従前額保証の年金額計算に用いる再評価率	昭和４年度以前生まれ	昭和５年度生まれ	昭和６年度生まれ	昭和７年度生まれ	昭和８年度生まれ～昭和９年度生まれ	昭和10年度生まれ	昭和11年度生まれ	昭和12年度生まれ	昭和13年度生まれ～昭和30年度生まれ	昭和31年度生まれ	昭和32年度以降生まれ
昭和33年３月以前	13.960	14.563	14.711	15.025	15.102	15.102	15.165	15.273	15.400	15.414	15.459	15.459
昭和33年４月~昭和34年３月	13.660	14.250	14.392	14.705	14.776	14.776	14.837	14.946	15.068	15.081	15.126	15.126
昭和34年４月~昭和35年４月	13.470	14.052	14.192	14.497	14.572	14.572	14.634	14.738	14.858	14.874	14.918	14.918
昭和35年５月~昭和36年３月	11.140	11.622	11.739	11.989	12.052	12.052	12.100	12.186	12.289	12.300	12.337	12.337
昭和36年４月~昭和37年３月	10.300	10.746	10.853	11.084	11.142	11.142	11.188	11.271	11.360	11.373	11.407	11.407
昭和37年４月~昭和38年３月	9.300	9.701	9.801	10.009	10.060	10.060	10.102	10.177	10.259	10.270	10.301	10.301
昭和38年４月~昭和39年３月	8.540	8.910	8.994	9.195	9.239	9.239	9.277	9.345	9.421	9.429	9.457	9.457
昭和39年４月~昭和40年４月	7.850	8.188	8.270	8.451	8.491	8.491	8.526	8.589	8.659	8.668	8.694	8.694
昭和40年５月~昭和41年３月	6.870	7.166	7.237	7.395	7.431	7.431	7.461	7.515	7.579	7.584	7.606	7.606
昭和41年４月~昭和42年３月	6.310	6.584	6.649	6.789	6.826	6.826	6.853	6.903	6.960	6.966	6.987	6.987
昭和42年４月~昭和43年３月	6.140	6.403	6.470	6.611	6.645	6.645	6.670	6.719	6.772	6.777	6.797	6.797
昭和43年４月~昭和44年10月	5.430	5.665	5.723	5.843	5.875	5.875	5.898	5.940	5.989	5.996	6.013	6.013
昭和44年11月~昭和46年10月	4.150	4.329	4.373	4.467	4.490	4.490	4.510	4.541	4.578	4.582	4.596	4.596
昭和46年11月~昭和48年10月	3.600	3.755	3.793	3.874	3.894	3.894	3.911	3.941	3.972	3.976	3.988	3.988
昭和48年11月~昭和50年３月	2.640	2.753	2.779	2.842	2.856	2.856	2.867	2.889	2.915	2.918	2.926	2.926
昭和50年４月~昭和51年７月	2.250	2.347	2.370	2.424	2.435	2.435	2.445	2.465	2.481	2.483	2.490	2.490
昭和51年８月~昭和53年３月	1.860	1.940	1.961	2.003	2.013	2.013	2.021	2.034	2.051	2.053	2.059	2.059
昭和53年４月~昭和54年３月	1.710	1.783	1.802	1.840	1.851	1.851	1.859	1.872	1.887	1.888	1.894	1.894
昭和54年４月~昭和55年９月	1.620	1.690	1.707	1.742	1.751	1.751	1.758	1.771	1.786	1.788	1.794	1.794
昭和55年10月~昭和57年３月	1.460	1.523	1.538	1.572	1.580	1.580	1.586	1.596	1.608	1.610	1.615	1.615
昭和57年４月~昭和58年３月	1.390	1.448	1.466	1.497	1.505	1.505	1.511	1.521	1.533	1.534	1.538	1.538
昭和58年４月~昭和59年３月	1.340	1.400	1.414	1.442	1.448	1.448	1.455	1.467	1.480	1.481	1.485	1.485
昭和59年４月~昭和60年９月	1.290	1.346	1.361	1.389	1.396	1.396	1.403	1.413	1.424	1.424	1.429	1.429
昭和60年10月~昭和62年３月	1.220	1.273	1.284	1.313	1.319	1.319	1.325	1.335	1.346	1.347	1.352	1.352
昭和62年４月~昭和63年３月	1.190	1.241	1.254	1.280	1.286	1.286	1.291	1.300	1.311	1.313	1.317	1.317
昭和63年４月~平成元年11月	1.160	1.210	1.221	1.249	1.255	1.255	1.260	1.269	1.279	1.280	1.284	1.284
平成元年12月~平成３年３月	1.090	1.138	1.148	1.173	1.178	1.178	1.183	1.192	1.202	1.203	1.206	1.206
平成３年４月~平成４年３月	1.040	1.085	1.097	1.120	1.126	1.126	1.131	1.139	1.147	1.148	1.151	1.151
平成４年４月~平成５年３月	1.010	1.054	1.064	1.087	1.093	1.093	1.098	1.107	1.115	1.116	1.119	1.119
平成５年４月~平成６年３月	0.990	1.033	1.043	1.065	1.071	1.071	1.076	1.083	1.092	1.093	1.096	1.096
平成６年４月~平成７年３月	0.990	1.025	1.025	1.045	1.051	1.051	1.055	1.062	1.071	1.071	1.075	1.075
平成７年４月~平成８年３月	0.990	1.024	1.024	1.024	1.029	1.029	1.033	1.040	1.049	1.050	1.053	1.053
平成８年４月~平成９年３月	0.990	1.020	1.020	1.020	1.015	1.015	1.020	1.028	1.036	1.037	1.040	1.040
平成９年４月~平成10年３月	0.990	0.998	0.998	0.998	0.998	1.001	1.005	1.013	1.023	1.024	1.027	1.027
平成10年４月~平成11年３月	0.990	0.992	0.992	0.992	0.992	0.992	0.996	1.001	1.010	1.011	1.014	1.014
平成11年４月~平成12年３月	0.990	0.995	0.995	0.995	0.995	0.995	0.995	1.000	1.009	1.010	1.013	1.013
平成12年４月~平成13年３月	0.917	1.000	1.000	1.000	1.000	1.000	1.000	1.000	1.009	1.010	1.013	1.013
平成13年４月~平成14年３月	0.917	1.007	1.007	1.007	1.007	1.007	1.007	1.007	1.007	1.009	1.012	1.012
平成14年４月~平成15年３月	0.917	1.017	1.017	1.017	1.017	1.017	1.017	1.017	1.017	1.015	1.018	1.018
平成15年４月~平成16年３月	0.917	1.022	1.022	1.022	1.022	1.022	1.022	1.022	1.022	1.018	1.021	1.021
平成16年４月~平成17年３月	0.917	1.023	1.023	1.023	1.023	1.023	1.023	1.023	1.023	1.020	1.022	1.022
平成17年４月~平成18年３月	0.923	1.024	1.024	1.024	1.024	1.024	1.024	1.024	1.024	1.022	1.024	1.024
平成18年４月~平成19年３月	0.926	1.024	1.024	1.024	1.024	1.024	1.024	1.024	1.024	1.022	1.024	1.024
平成19年４月~平成20年３月	0.924	1.022	1.022	1.022	1.022	1.022	1.022	1.022	1.022	1.018	1.021	1.021
平成20年４月~平成21年３月	0.924	1.003	1.003	1.003	1.003	1.003	1.003	1.003	1.003	1.001	1.004	1.004
平成21年４月~平成22年３月	0.914	1.016	1.016	1.016	1.016	1.016	1.016	1.016	1.016	1.014	1.017	1.017
平成22年４月~平成23年３月	0.927	1.023	1.023	1.023	1.023	1.023	1.023	1.023	1.023	1.020	1.022	1.022
平成23年４月~平成24年３月	0.934	1.025	1.025	1.025	1.025	1.025	1.025	1.025	1.025	1.023	1.025	1.025
平成24年４月~平成25年３月	0.937	1.026	1.026	1.026	1.026	1.026	1.026	1.026	1.026	1.024	1.027	1.027
平成25年４月~平成26年３月	0.937	1.028	1.028	1.028	1.028	1.028	1.028	1.028	1.028	1.026	1.029	1.029
平成26年４月~平成27年３月	0.932	0.998	0.998	0.998	0.998	0.998	0.998	0.998	0.998	0.996	0.999	0.999
平成27年４月~平成28年３月	0.909	0.993	0.993	0.993	0.993	0.993	0.993	0.993	0.993	0.991	0.994	0.994
平成28年４月~平成29年３月	0.909	0.996	0.996	0.996	0.996	0.996	0.996	0.996	0.996	0.994	0.997	0.997
平成29年４月~平成30年３月	0.910	0.992	0.992	0.992	0.992	0.992	0.992	0.992	0.992	0.990	0.993	0.993
平成30年４月~平成31年３月	0.910	0.983	0.983	0.983	0.983	0.983	0.983	0.983	0.983	0.981	0.984	0.984
平成31年４月~令和２年３月	0.903	0.980	0.980	0.980	0.980	0.980	0.980	0.980	0.980	0.978	0.981	0.981
令和２年４月~令和３年３月	0.899	0.980	0.980	0.980	0.980	0.980	0.980	0.980	0.980	0.978	0.978	0.978
令和３年４月~令和４年３月	0.900	0.983	0.983	0.983	0.983	0.983	0.983	0.983	0.983	0.981	0.981	0.981
令和４年４月~令和５年３月	0.904	0.958	0.958	0.958	0.958	0.958	0.958	0.958	0.958	0.956	0.956	0.956
令和５年４月~令和６年３月	0.879	0.928	0.928	0.928	0.928	0.928	0.928	0.928	0.928	0.926	0.926	0.926
令和６年４月~令和７年３月	0.853	0.928	0.928	0.928	0.928	0.928	0.928	0.928	0.928	0.926	0.926	0.926

65歳からの老齢厚生年金

昭和61年の年金法の改正では、それまで60歳から支給されていた厚生年金を、老齢基礎年金と老齢厚生年金に分け、両方とも65歳から支給するように改められました。しかし、いきなり65歳からにするのは既得権の侵害になるので、段階的に65歳にしていくために経過的な特別支給の老齢厚生年金という制度がつくられ、現在でも支給されている人がいます。したがって、本来の老齢厚生年金は65歳からもらえる年金をいい、老齢基礎年金に上乗せして支給されます。

65歳からの老齢厚生年金は加入期間が１か月以上あればもらえる

65歳からの老齢厚生年金は、老齢基礎年金の受給資格のある人で、厚生年金保険の加入期間が１か月以上ある場合に支給されます。

65歳からの老齢厚生年金がもらえる人

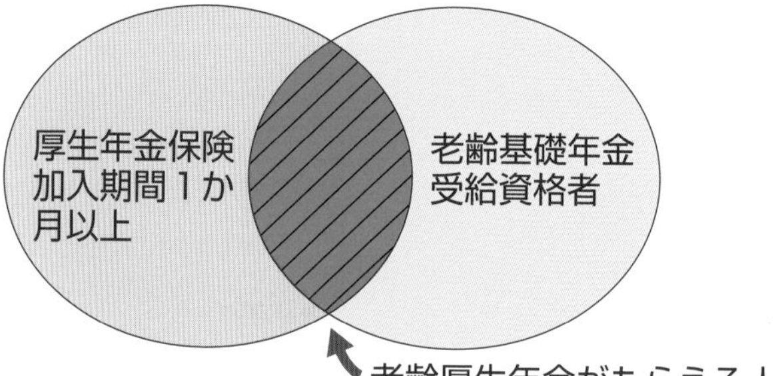

65歳からの老齢厚生年金はこのように計算する

65歳から支給される本来の老齢厚生年金は、老齢基礎年金に上乗せされて支給されます。年金額は現役時代の平均給与（平均標準報酬月額という）に比例した額（報酬比例）となります。ただし、現段階では65歳までの間に特別支給の老齢厚生年金を受けられますので、その額を下回らないように経過的加算も行われます。

65歳からの老齢厚生年金（報酬比例部分）の年金額の計算

A　平成15年３月までの被保険者期間分

（生年月日に応じて）

$$\text{平均標準報酬月額}^{※1}_{（再評価後）} \times \frac{9.5}{1000} \sim \frac{7.125}{1000} \times \text{被保険者期間の月数}^{※2}$$

B　平成15年４月以降の被保険者期間分

（生年月日に応じて）

$$\text{平均標準報酬額}^{※1}_{（再評価後）} \times \frac{7.308}{1000} \sim \frac{5.481}{1000} \times \text{被保険者期間の月数}^{※2}$$

※１　平均標準報酬月額、平均標準報酬額、従前保障については P.73 参照。
※２　被保険者期間の月数とは、実際に厚生年金保険に加入した期間で、生年月日による上限はない。

経過的加算とは制度改正で目減りした分の補てん

65歳から支給される老齢給付には、基礎年金と老齢厚生年金があります。老齢厚生年金は、給与に比例した年金(報酬比例部分)のことです。しかし、過去の老齢厚生年金の制度では、報酬比例部分のほかに定額部分もありました。

年金制度の改正により、この定額部分のかわりに老齢基礎年金が取り入れられましたが、老齢基礎年金は20歳未満と60歳以上の厚生年金保険加入期間は年金額の計算対象とされないため、老齢基礎年金の額が定額部分の額に届かず、年金額が目減りしてしまう人がいます。そこで当面の間、その差額を経過的加算として補てんするようになっています。この経過的加算は差額加算ともいわれています。

経過的加算とは定額部分と老齢基礎年金の差額のこと

65歳

報酬比例部分	老齢厚生年金
定額部分相当額	経過的加算 老齢基礎年金

経過的加算の算出方法

$$\text{定額部分相当額}^{※1} - \left(\text{816,000円} \times \frac{\text{昭和36年４月以降で20歳以上60歳未満の厚生年金保険の被保険者期間の月数}}{\text{加入可能年数}^{※2} \times 12} \right)$$

（令和６年４月現在。昭和31年４月２日以降生まれの人の場合）

※１定額部分についてはP.73参照。　※２加入可能年数はP.65参照。

65歳以降の老齢給付の計算法

65歳以降の老齢給付の額は、本来65歳から支給される老齢厚生年金額に加給年金額、経過的加算、老齢基礎年金額を足して算出されます。その計算式は以下のとおりです。

老齢給付額の算出方法

老齢厚生年金額（A＋Bの額） ＝

A　平成15年3月までの被保険者期間分

（生年月日に応じて）

平均標準報酬月額 × $\frac{9.5}{1000}$ ～ $\frac{7.125}{1000}$ × 被保険者期間の月数

B　平成15年4月以降の被保険者期間分

（生年月日に応じて）

平均標準報酬額 × $\frac{7.308}{1000}$ ～ $\frac{5.481}{1000}$ × 被保険者期間の月数

従前保障計算はP.73参照

＋

加給年金額 ＝ P.80参照

＋

経過的加算 ＝

1,701円×〔生年月日に応じた定額乗率〕×被保険者期間の月数※1

−816,000円× $\frac{\text{昭和36年4月以降で20歳以上60歳未満の厚生年金保険の被保険者期間の月数}}{\text{加入可能年数×12}}$

（昭和31年4月2日以降生まれの人の令和6年度価額）

＋

老齢基礎年金額 ＝ 816,000円（昭和31年4月2日以降生まれの人の令和6年度満額の場合）

（注）平均標準報酬月額はP.74、老齢基礎年金額はP.68をそれぞれ参照。
※1　生年月日により上限あり。P.92参照。

老齢厚生年金の受給例

　では、実際に長年会社勤めをしてきた夫（第２号被保険者）とその妻（第３号被保険者）の場合、どのような年金になるのでしょうか？　２人の年齢差などでも、節目節目に給付は変わってきます。

　以下に例をあげてみましょう。

老齢厚生年金給付の例

夫	妻
生年月日　昭和37年8月15日生 2022年8月、38年間勤めた会社を60歳で定年退職 厚生年金保険の加入期間　38年(456月)	生年月日　昭和39年5月18日生 専業主婦 昭和61年３月31日以前の国民年金への任意加入なし。結婚前の就職歴もなし(昭和60年に結婚)

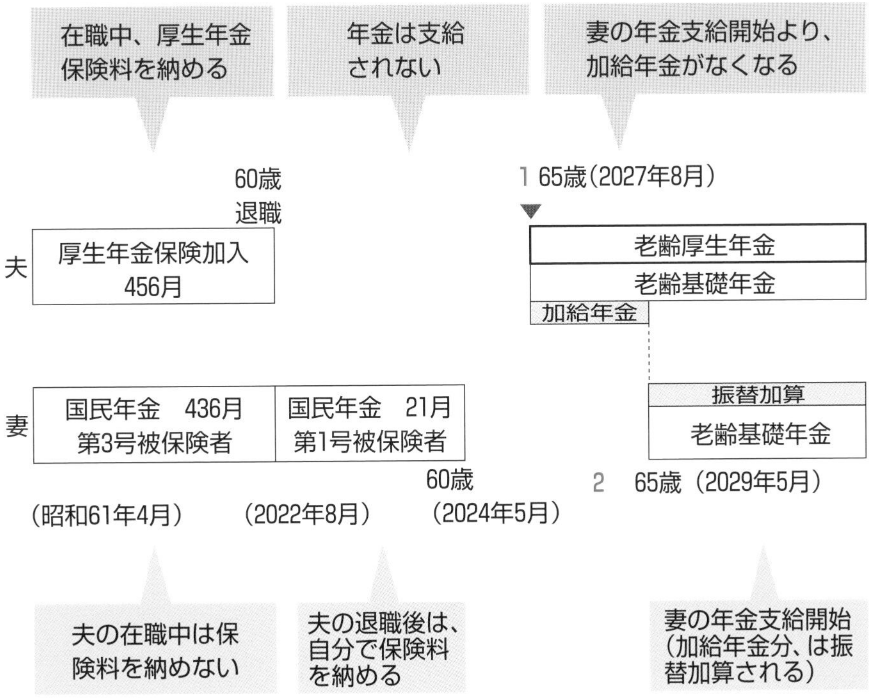

PART-2 7 国 厚

20年以上の厚生年金保険加入者には加給年金がつく

加給年金は生活資金というものを世帯単位で考えた制度であり、年金受給者に生計を維持されている65歳未満の配偶者や、18歳未満の子がある場合に生活の手助けとして一定額を支給するものです。

加給年金は、加入期間が原則として20年以上ある年金受給者に対し、通常の年金にプラスして一定額が支給されます。(注1)

加給年金は誰がいくらもらえるか

加給年金は、厚生年金保険に20年以上加入している年金受給者(注1)に支給されます。

加給年金は自分が年金をもらっている間、ずっともらえるわけではありません。子の分は子が18歳に達した年度末で打ち切られます。また配偶者の分は、配偶者が65歳になれば配偶者自身の老齢基礎年金がもらえることになるので、自分の年金にはつかなくなりますが、一定額が配偶者のほうの老齢基礎年金に振替加算される場合があります（P.82参照）。加給年金の対象となる人の範囲および加給年金の額は、次のとおりです。

加給年金は誰がいくらもらえるか

年金受給者に加給年金がつくかどうかは、年金の受給権発生日において、その人に生計を維持されている配偶者または子がいるかどうかによります。

配偶者については、配偶者の年収が850万円未満であることが要件です（P.82参照）。子については、18歳に到達した年度末までにあるか、20歳未満で１級または２級の障害者に該当すること（いずれの場合も現に婚姻していないこと）が要件です。

(注1) ただし、報酬比例部分（部分年金）のみの受給権者には加給年金はつきません。また、配偶者自身の厚生年金保険の加入期間が原則20年以上あり、一定の場合には、加給年金はつきません。

加給年金の額（昭和31年４月２日以降生まれの人の令和６年度価額）

対　象　者	年　額	月　額　換　算
配偶者	234,800円	19,566円
子の1人目	234,800円	19,566円
子の2人目	234,800円	19,566円
子の3人目	78,300円	6,525円

加給年金の対象である配偶者には、内縁関係の人も含まれる

加給年金の対象である配偶者には、事実婚の関係にある人も含まれます。事実婚とはいわゆる内縁関係のことで、事実婚として認められるためには次の条件を満たしていることが必要です。

①当事者間に、社会通念上、夫婦の共同生活と認められる事実関係を成立させようとする合意があること。

②当事者間に、社会通念上、夫婦の共同生活と認められる事実関係が存在すること。

なお、上記①②を満たしても、近親婚や養親子間の婚姻にあたる場合等は認められません。また、ほかに届け出による婚姻関係があるときはそちらが優先されますが、その婚姻関係が実態を失っているときは、内縁関係が事実婚として認められる場合もあります。

配偶者にかかる加給年金額は受給権者の生年月日によって特別加算される

昭和９年４月２日以降に生まれた受給権者に支給される配偶者にかかる加給年金には、次の額が加算されます。

加給年金額の特別加算額（令６年度価額）

受給権者の生年月日	年　額	月額換算
昭和 9年4月2日～昭和15年4月1日	34,700円	2,891円
昭和15年4月2日～昭和16年4月1日	69,300円	5,775円
昭和16年4月2日～昭和17年4月1日	104,000円	8,666円
昭和17年4月2日～昭和18年4月1日	138,600円	11,550円
昭和18年4月2日～	173,300円	14,441円

昭和41年４月１日以前生まれの加給年金対象者である配偶者が65歳になると、加給年金は配偶者自身の年金に振り替えられる

加給年金の対象者である配偶者が65歳になると、配偶者自身の老齢基礎年金がもらえることになるので、加給年金は打ち切られます。

しかし、配偶者自身が昭和41年４月１日以前生まれなら、それに代わる額として配偶者の老齢基礎年金に、生年月日ごとに定められた額が加算されます。これを「振替加算」といいます。

ただし、配偶者自身の厚生年金保険の加入期間が20年以上あり、老齢厚生年金を受ける場合には、加給年金も支給されませんので、この振替加算も行われません。

ONE-POINT

加給年金の対象となる配偶者の年収制限とは？

年金受給権者が65歳に達したとき、受給権者と生計を同一にしていて、給与850万円以上の収入を将来にわたって得られない配偶者は加給年金の対象となりますが、具体的な扱いは次のようになります。

①年金の請求時の給与が850万円以上であっても、おおむね５年以内に850万円未満になると認められるときは、対象となります。

②年間所得金額（収入から必要経費をさしひいたもの）が655万５千円未満（令和５年度）であれば対象となります。

振替加算額一覧表（令和６年度価額）

□ 令和６年度に対象になる人

配偶者の生年月日	年　額	月額換算
大正15年4月2日～昭和 2年4月1日	234,100円	19,508円
昭和 2年4月2日～昭和 3年4月1日	227,779円	18,981円
昭和 3年4月2日～昭和 4年4月1日	221,693円	18,474円
昭和 4年4月2日～昭和 5年4月1日	215,372円	17,947円
昭和 5年4月2日～昭和 6年4月1日	209,051円	17,420円
昭和 6年4月2日～昭和 7年4月1日	202,965円	16,913円
昭和 7年4月2日～昭和 8年4月1日	196,644円	16,387円
昭和 8年4月2日～昭和 9年4月1日	190,323円	15,860円
昭和 9年4月2日～昭和10年4月1日	184,237円	15,353円
昭和10年4月2日～昭和11年4月1日	177,916円	14,826円
昭和11年4月2日～昭和12年4月1日	171,595円	14,299円
昭和12年4月2日～昭和13年4月1日	165,509円	13,792円
昭和13年4月2日～昭和14年4月1日	159,188円	13,265円
昭和14年4月2日～昭和15年4月1日	152,867円	12,738円
昭和15年4月2日～昭和16年4月1日	146,781円	12,231円
昭和16年4月2日～昭和17年4月1日	140,460円	11,705円
昭和17年4月2日～昭和18年4月1日	134,139円	11,178円
昭和18年4月2日～昭和19年4月1日	128,053円	10,671円
昭和19年4月2日～昭和20年4月1日	121,732円	10,144円
昭和20年4月2日～昭和21年4月1日	115,411円	9,617円
昭和21年4月2日～昭和22年4月1日	109,325円	9,110円
昭和22年4月2日～昭和23年4月1日	103,004円	8,583円
昭和23年4月2日～昭和24年4月1日	96,683円	8,056円
昭和24年4月2日～昭和25年4月1日	90,597円	7,549円
昭和25年4月2日～昭和26年4月1日	84,276円	7,023円
昭和26年4月2日～昭和27年4月1日	77,955円	6,496円
昭和27年4月2日～昭和28年4月1日	71,869円	5,989円
昭和28年4月2日～昭和29年4月1日	65,548円	5,462円
昭和29年4月2日～昭和30年4月1日	59,227円	4,935円
昭和30年4月2日～昭和31年4月1日	53,141円	4,428円
昭和31年4月2日～昭和32年4月1日	46,960円	3,913円
昭和32年4月2日～昭和33年4月1日	40,620円	3,385円
昭和33年4月2日～昭和34年4月1日	34,516円	2,876円
昭和34年4月2日～昭和35年4月1日	28,176円	2,348円
昭和35年4月2日～昭和36年4月1日	21,836円	1,819円
昭和36年4月2日～昭和41年4月1日	15,732円	1,311円
昭和41年4月2日以降	－	－

PART-2

8

国 厚

給与収入と年金の関係
――在職老齢年金

年金は以前は70歳以上になれば収入に関係なく全額もらえましたが、平成19年４月からは70歳以上の場合もその人の収入に応じて老齢厚生年金がカットされるしくみになっています。そもそも老齢厚生年金は、働いている人には支給しないというのが基本ですから、収入が高ければ支給しないのが通常です。

しかし、年金をもらう権利があるのに収入が高いばかりにもらえないのでは、働かないほうがいいという人も出てくるでしょう。これでは高齢者の勤労意欲をなくすことになり、国にとっても高齢者にとってもマイナスです。そこで高齢者の高い勤労意欲に応え、知識・経験が生かされるように給与収入があっても、その増加額に応じて「年金と給与の合計額」も増えるように改善されました。これが「在職老齢年金」といわれるものです。

給与収入が増加しても「手取り額」は減らない

かつては在職老齢年金は給与収入が多くなると年金額がかなり減らされ、金銭的にみると結果的に働かないほうがよいという不合理な面がありました。

そこで平成７年４月からはこのような不合理を減らし、高齢者の勤労意欲に応えるため、働いて給与収入が増えても全体の収入が減らないしくみに改善されました。

しかし、平成19年４月１日からは70歳以上の人は、在職中であれば厚生年金保険の被保険者にはなりませんが、収入額に応じて老齢厚生年金（報酬比例部分）の全部または一部について支給停止され

ます。ただし、基礎年金は全額受けられます。

なお、平成17年４月から一律２割カットがなくなったことにより、給与、年金ともに低い場合は、老齢厚生年金は全額支給されることも可能となりました。

在職老齢年金額と給与の関係はこうなっている

65歳未満で在職中の被保険者に支給される老齢厚生年金月額は、以下のⒶとⒷの２つのパターンに分かれています。

在職老齢年金月額の計算式

1．総報酬月額相当額とは、標準報酬月額に標準賞与額の12分の１を加えた額。

2．基本月額とは年金月額のこと。

総報酬月額相当額と基本月額の合計が50万円以下 → 基本月額＝年金額×$\frac{1}{12}$（全額支給） Ⓐ

総報酬月額相当額と基本月額の合計が50万円を超える → 基本月額−（総報酬月額相当額＋基本月額−50万円）×$\frac{1}{2}$ Ⓑ

60〜65歳までの在職老齢年金を試算するとこうなる

上の図のパターンごとに、基本的なケースをあげてみますので、参考にしてください。また、65歳以上の人の計算式は、口絵の23ページを参照してください。

65 歳未満の在職老齢年金の具体例

①年金額＝毎年の老齢厚生年金の額
②年金月額＝①の年金額を12で割った額
③基本月額＝年金月額
④給与月額＝勤務先から受ける給与の総額
（通勤手当なども含む）
⑤標準報酬月額＝P.40、41参照
標準賞与額＝過去１年間に受取った賞与の合計額
⑥総報酬月額相当額＝標準報酬月額＋標準賞与額×$\frac{1}{12}$
⑦在職老齢年金の支給額＝P.85の計算式参照
注：在職中、雇用保険の高年齢雇用継続給付を受けられる人は、⑤の標準報酬月額の６％（令和６年４月１日現在）を上限に、⑦の在職老齢年金の支給額から控除されます。

Ⓐの例（総報酬月額相当額と基本月額の合計が500,000円以下）

①年　金　額　1,200,000 円
②年 金 月 額　100,000 円
③基 本 月 額　100,000 円
④給 与 月 額　130,000 円
⑤標準報酬月額　134,000 円、標準賞与額　360,000 円
⑥総報酬月額相当額　164,000 円
⑦在職老齢年金の支給額　③と同じ 100,000 円

（在職していない場合にもらえる年金月額）＝ 100,000 円

（在職している場合にもらえる給与と年金の総月額）＝ 100,000 円（年金支給月額）＋ 130,000 円（給与月額）＝ 230,000 円

Ⓑの例（総報酬月額相当額と基本月額の合計が500,000円を超える）

①年　金　額　1,800,000 円
②年 金 月 額　150,000 円
③基 本 月 額　150,000 円
④給 与 月 額　290,000 円
⑤標準報酬月額　300,000 円、標準賞与額　720,000 円
⑥総報酬月額相当額　360,000 円
⑦在職老齢年金の支給額

$$150{,}000\text{円} - (360{,}000\text{円} + 150{,}000\text{円} - 500{,}000\text{円}) \times \frac{1}{2} = 145{,}000\text{円}$$

（在職していない場合にもらえる年金月額）＝ 150,000 円

（在職している場合にもらえる給与と年金の総月額）＝ 145,000 円（年金支給月額）＋ 290,000 円（給与月額）＝ 435,000 円

在職時改定の導入

「人生100年」時代といわれる現在、自立した生活を送ることができる健康寿命は男性72.68年、女性は75.38年（令和元年時点）と言われています。65歳以上の人でも元気に働ける時代となってきていて、国は70歳までの雇用延長を企業に奨励しています。

65歳以降も働き続けている人は年々増加していて、一定要件に該当する人は在職していても老齢厚生年金が支給されます。老齢厚生年金の額はこれまで、退職するか70歳になるまで再計算されませんでしたが、令和４年度の制度改定により、65歳以降は70歳になるまで毎年再計算して老齢厚生年金額を増やすことになりました。これを在職定時改定といい、会社を辞めなくても老齢厚生年金が毎年増額改定されることになります。

在職定時改定により、65歳から70歳になるまでの老齢厚生年金は在職中であっても毎年９月に再計算され、10月から増額して支給されます。

在職定時改定により老齢厚生年金額はいくら増えるのか

厚生年金の被保険者として65歳以降70歳までの間に１年就労すると、増える額は次のようになっています（厚生労働省調べによる）。

65 歳以降の給与月額	増加年金額	厚生年金の加入期間が40 年未満の場合の増加年金額
月額 10 万円	年 7,000 円程度（月 500 円程度）	１年間就労した場合 年 20,000 円程度 （月 1,600 円程度）
月額 20 万円	年 13,000 円程度（月 1,100 円程度）	
月額 30 万円	年 20,000 円程度（月 1,600 円程度）	

注１　総報酬月額相当額は、標準報酬月額と１年間の標準賞与額の総額を 12 で除して得た額とを合算した額。
注２　厚生年金の加入期間が 480 月（40 年）に満たない場合は、更に経過的加算が加算される（１年間就労した場合、＋ 20,000 円程度 / 年）。

【計算方法】
経過的加算額＝イ（定額部分）－ロ（「厚年加入期間に係る」基礎年金部分）
　イ：1, 628 円×改定率×厚生年金の被保険者期間の月数（480 月上限）
　ロ：780,900 円×改定率×昭和 36 年４月以後の 20 歳以上 60 歳未満の厚生年金の被保険者期間の月数÷ 480 月（昭和 16 年４月２日以降生まれの場合）

注３　略　　注４　略

出典：年金制度の機能強化のための国民年金法等の一部を改正する法律の概要　参考資料集（令和２年法律第 40 号、令和２年６月５日公布）p.37 在職定時改定の導入

PART-2
9
国 厚

老齢給付の具体例

PART 2 では老齢給付について細かく説明してきましたが、ここでは具体的な四つの事例をあげて、実際に計算してみることにしましょう。

老齢給付はこのように計算する

▼大学卒業後会社員を35年間勤めたAさん。2023年1月に定年退職
Aさんの生年月日：昭和38年1月25日生　加給年金対象者：妻（昭和41年3月28日生）
厚生年金加入期間：420月（平成15年3月まで　183月　平成15年4月以降　237月）
平成15年3月までの平均標準報酬月額（例）：360,000円
平成15年4月以降の平均標準報酬額（例）：519,383円

●Aさんの65歳からの老齢給付の予定額（定年後再就職しない場合）

①報酬比例部分 ＝ A（平成15年3月まで）＋B（平成15年4月以降）＝ 1,253,601円（円未満四捨五入）

A＝360,000円×1000分の7.50×183月×1.041≒514,358円
B＝519,383円×1000分の5.769×237月×1.041≒739,243円

②配偶者加給年金 ＝ 408,100円

③経過的加算 ＝1,701円×1.000×420月－816,000円× $\frac{420月}{480月}$
＝714,420円－714,000円＝420円

④老齢基礎年金 ＝816,000円× $\frac{420月}{480月}$ ＝714,000円

【合計額】

①＋③＝1,254,021円（円未満四捨五入）
＋　②＝　408,100円
④＝　714,000円（円未満四捨五入）

年金の受給額➔ 2,376,121円 （月額換算≒198,010円）

※上記計算は従前保障で計算してある。
※配偶者加給年金は、妻が65歳になるまで支給される。
※令和6年度価額による試算。

▼会社員から自営業に転職したＢさん。

Ｂさんの生年月日：昭和37年12月19日
配偶者　妻：昭和39年８月15日生
厚生年金加入月数：120月（すべて平成15年３月までの期間）
平成15年３月までの平均標準報酬月額（例）：380,000円
国民年金加入期間：324月

●Ｂさんの65歳からの老齢給付の予定額（60歳以降廃業し再就職しない場合）

①報酬比例部分	＝Ａ（平成15年３月まで）＋Ｂ（平成15年４月以降）＝356,022円(円未満四捨五入)

Ａ＝380,000円×1000分の7.50×120月×1.041＝356,022円
Ｂ＝　　　0円×1000分の5.769×０月×1.041＝　　　0円

②配偶者加給年金	＝なし（厚生年金保険の加入期間が20年以上ないので、加給年金はつかない。

③経過的加算	$=1{,}701円 \times 1.000 \times 120月 - 816{,}000円 \times \frac{120月}{480月}$ $=204{,}120円 - 204{,}000円 = 120円$

④老齢基礎年金	$=816{,}000円 \times \frac{444月}{480月} = 754{,}800円$

【合計額】

①＋③＝356,142円(円未満四捨五入)
＋　②＝　　0円
④＝754,800円(円未満四捨五入)

年金の受給額➔ **1,110,942円** （月額換算≒92,578円）

※上記計算は従前保障で計算してある。
※令和６年度価額による試算。

▼高卒後会社員一筋で42年間勤めたＣさん。2023年３月に退職

Ｃさんの生年月日：昭和38年３月18日
加給年金対象者：妻（昭和40年３月28日生）
厚生年金加入期間：504月（平成15年３月まで　265月　平成15年４月以降　239月）
平成15年３月までの平均標準報酬月額（例）：360,000円
平成15年４月以降の平均標準報酬額（例）：564,860円

●Ｃさんの65歳からの老齢給付の予定額（定年後再就職しない場合）

①報酬比例部分　＝　Ａ（平成15年３月まで）＋Ｂ（平成15年４月以降）＝1,555,592円（円未満四捨五入）

Ａ＝360,000円×1000分の7.50×265月×1.041＝744,836円
Ｂ＝564,860円×1000分の5.769×239月×1.041≒810,756円

②配偶者加給年金　＝　408,100円

③経過的加算　＝1,701円×1.000×480月－816,000円×$\frac{480月}{480月}$
＝816,480円－816,000円＝480円

④老齢基礎年金　＝816,000円×$\frac{480月}{480月}$＝816,000円

【合計額】

	①＋③＝1,556,072円（円未満四捨五入）
	②＝　408,100円
＋	④＝　816,000円
年金の受給額➔	2,780,172円　（月額換算＝231,681円）

※上記計算は従前保障で計算してある。
※実加入期間は504月だが、定額部分には上限月数がある（詳しくはP.93参照）。
※配偶者加給年金は、妻が65歳になるまで支給される。
※令和６年度価額による試算。

▼自営業から会社員に転職したDさん。2023年２月に定年退職

Dさんの生年月日：昭和38年２月25日
加給年金対象者：妻（昭和41年10月３日生）
厚生年金加入期間：240月（平成15年３月まで　2月　平成15年４月以降　238月）
国民年金加入期間：180月
平成15年３月までの平均標準報酬月額（例）：390,000円
平成15年４月以降の平均標準報酬額（例）：580,159円

●Dさんの65歳からの老齢給付の予定額(定年後再就職しない場合)

①報酬比例部分 ＝ A（平成15年３月まで）＋B（平成15年４月以降）＝835,320円(円未満四捨五入)

A＝390,000円×1000分の7.50×2月×1.041≒6,090円
B＝580,159円×1000分の5.769×238月×1.041≒829,230円

②配偶者加給年金 ＝ 408,100円

③経過的加算 ＝1,701円×1.000×240月−816,000円×$\frac{240月}{480月}$
＝408,240円－408,000円＝240円

④老齢基礎年金 ＝816,000円×$\frac{420月}{480月}$＝714,000円

【合計額】

①＋③＝	835,560円(円未満四捨五入)
②＝	408,100円
＋　④＝	714,000円(円未満四捨五入)

年金の受給額➔ 1,957,660円 (月額換算≒163,138円)

※上記計算は従前保障で計算してある。
※配偶者加給年金は、妻が65歳になるまで支給される。
※令和６年度価額による試算。

年齢による経過措置一覧

令６年度に達する年齢	昭61年4月1日現在の年齢	生年月日	老齢基礎年金						
			加入可能年数	厚生年金期間特例	中高年特例（厚生年金）	国年を含む場合の特例	配偶者の振替加算（１年分）	報酬比例	
								旧	新
98	59	大15.04.02～昭02.04.01	25	20	15	21	234,100	10.00	9.500
97	58	昭02.04.02～昭03.04.01	26	20	15	22	227,779	9.86	9.367
96	57	昭03.04.02～昭04.04.01	27	20	15	23	221,693	9.72	9.234
95	56	昭04.04.02～昭05.04.01	28	20	15	24	215,372	9.58	9.101
94	55	昭05.04.02～昭06.04.01	29	20	15	25	209,051	9.44	8.968
93	54	昭06.04.02～昭07.04.01	30	20	15	25	202,965	9.31	8.845
92	53	昭07.04.02～昭08.04.01	31	20	15	25	196,644	9.17	8.712
91	52	昭08.04.02～昭09.04.01	32	20	15	25	190,323	9.04	8.588
90	51	昭09.04.02～昭10.04.01	33	20	15	25	184,237	8.91	8.465
89	50	昭10.04.02～昭11.04.01	34	20	15	25	177,916	8.79	8.351
88	49	昭11.04.02～昭12.04.01	35	20	15	25	171,595	8.66	8.227
87	48	昭12.04.02～昭13.04.01	36	20	15	25	165,509	8.54	8.113
86	47	昭13.04.02～昭14.04.01	37	20	15	25	159,188	8.41	7.990
85	46	昭14.04.02～昭15.04.01	38	20	15	25	152,867	8.29	7.876
84	45	昭15.04.02～昭16.04.01	39	20	15	25	146,781	8.18	7.771
83	44	昭16.04.02～昭17.04.01	40	20	15	25	140,460	8.06	7.657
82	43	昭17.04.02～昭18.04.01	40	20	15	25	134,139	7.94	7.543
81	42	昭18.04.02～昭19.04.01	40	20	15	25	128,053	7.83	7.439
80	41	昭19.04.02～昭20.04.01	40	20	15	25	121,732	7.72	7.334
79	40	昭20.04.02～昭21.04.01	40	20	15	25	115,411	7.61	7.230
78	39	昭21.04.02～昭22.04.01	40	20	15	25	109,325	7.50	7.125
77	38	昭22.04.02～昭23.04.01	40	20	16	25	103,004	7.50	7.125
76	37	昭23.04.02～昭24.04.01	40	20	17	25	96,683	7.50	7.125
75	36	昭24.04.02～昭25.04.01	40	20	18	25	90,597	7.50	7.125
74	35	昭25.04.02～昭26.04.01	40	20	19	25	84,276	7.50	7.125
73	34	昭26.04.02～昭27.04.01	40	20	—	25	77,955	7.50	7.125
72	33	昭27.04.02～昭28.04.01	40	21	—	25	71,869	7.50	7.125
71	32	昭28.04.02～昭29.04.01	40	22	—	25	65,548	7.50	7.125
70	31	昭29.04.02～昭30.04.01	40	23	—	25	59,227	7.50	7.125
69	30	昭30.04.02～昭31.04.01	40	24	—	25	53,141	7.50	7.125
68	29	昭31.04.02～昭32.04.01	40	25	—	25	46,960	7.50	7.125
67	28	昭32.04.02～昭33.04.01	40	25	—	25	40,620	7.50	7.125
66	27	昭33.04.02～昭34.04.01	40	25	—	25	34,516	7.50	7.125
65	26	昭34.04.02～昭35.04.01	40	25	—	25	28,176	7.50	7.125
64	25	昭35.04.02～昭36.04.01	40	25	—	25	21,836	7.50	7.125
63	24	昭36.04.02～昭37.04.01	40	25	—	25	15,732	7.50	7.125
62	23	昭37.04.02～昭38.04.01	40	25	—	25	15,732	7.50	7.125
61	22	昭38.04.02～昭39.04.01	40	25	—	25	15,732	7.50	7.125
60	21	昭39.04.02～昭40.04.01	40	25	—	25	15,732	7.50	7.125
59	20	昭40.04.02～昭41.04.01	40	25	—	25	15,732	7.50	7.125
58	19	昭41.04.02～	40	25	—	25	—	7.50	7.125

＊老齢基礎年金の振替加算および遺族年金の経過的寡婦加算は配偶者の生年月日による。
＊昭和61年４月１日における年齢が60歳以上の人（大正15年４月１日以前に生まれた人）は、この経過措置は適用されない（旧法による）。
＊昭和21年４月１日以前生まれ（施行日に40歳以上）で、老齢基礎年金の資格期間を満たした人が死亡したときは、乗率について老齢厚生年金と同じ経過措置がある。

（令和６年度）

老齢厚生年金											遺族厚生年金
報酬比例		部分年金開始年齢		特老厚開始年齢			定額単価1,701円（1,696）				経過的寡婦加算
総報酬(旧)	総報酬(新)	男	女	男	女	特例・女	船員・坑内員	定額乗率	定額上限	加給年金加算	610,300
7.692	7.308	－	－	60	60	55	55	1.875	420	234,800	610,300
7.585	7.205	－	－	60	60	55	55	1.817	420	234,800	579,004
7.477	7.103	－	－	60	60	55	55	1.761	420	234,800	550,026
7.369	7.001	－	－	60	60	55	55	1.707	432	234,800	523,118
7.262	6.898	－	－	60	60	55	55	1.654	432	234,800	498,066
7.162	6.804	－	－	60	60	55	55	1.603	432	234,800	474,683
7.054	6.702	－	－	60	60	56	55	1.553	432	234,800	452,810
6.954	6.606	－	－	60	60	56	55	1.505	432	234,800	432,303
6.854	6.512	－	－	60	60	57	55	1.458	444	269,500	413,039
6.762	6.424	－	－	60	60	57	55	1.413	444	269,500	394,909
6.662	6.328	－	－	60	60	58	55	1.369	444	269,500	377,814
6.569	6.241	－	－	60	60	58	55	1.327	444	269,500	361,669
6.469	6.146	－	－	60	60	59	55	1.286	444	269,500	346,397
6.377	6.058	－	－	60	60	59	55	1.246	444	269,500	331,929
6.292	5.978	－	－	60	60	60	55	1.208	444	304,100	318,203
6.200	5.890	60～61	－	61	60	60	55	1.170	444	338,800	305,162
6.108	5.802	60～61	－	61	60	60	55	1.134	444	373,400	284,820
6.023	5.722	60～62	－	62	60	60	55	1.099	444	408,100	264,477
5.938	5.642	60～62	－	62	60	60	55	1.065	456	408,100	244,135
5.854	5.562	60～63	－	63	60	60	55	1.032	468	408,100	223,792
5.769	5.481	60～63	60～61	63	61	－(60)	56	1.000	480	408,100	203,450
5.769	5.481	60～64	60～61	64	61	－(60)	56	1.000	480	408,100	183,107
5.769	5.481	60～64	60～62	64	62	－(60)	57	1.000	480	408,100	162,765
5.769	5.481	60	60～62	－(60)	62	－(60)	57	1.000	480	408,100	142,422
5.769	5.481	60	60～63	－(60)	63	－(60)	58	1.000	480	408,100	122,080
5.769	5.481	60	60～63	－(60)	63	－(60)	58	1.000	480	408,100	101,737
5.769	5.481	60	60～64	－(60)	64	－(60)	59	1.000	480	408,100	81,395
5.769	5.481	61	60～64	－(61)	64	－(60)	59	1.000	480	408,100	61,052
5.769	5.481	61	60	－(61)	－	－(60)	60	1.000	480	408,100	40,710
5.769	5.481	62	60	－(62)	－	－(60)	60	1.000	480	408,100	20,367
5.769	5.481	62	60	－(62)	－	－(60)	60	1.000	480	408,100	－
5.769	5.481	63	60	－(63)	－	－(60)	60	1.000	480	408,100	－
5.769	5.481	63	61	－(63)	－	－(61)	61	1.000	480	408,100	－
5.769	5.481	64	61	－(64)	－	－(61)	61	1.000	480	408,100	－
5.769	5.481	64	62	－(64)	－	－(62)	62	1.000	480	408,100	－
5.769	5.481	－	62	－	－	－(62)	62	1.000	480	408,100	－
5.769	5.481	－	63	－	－	－(63)	63	1.000	480	408,100	－
5.769	5.481	－	63	－	－	－(63)	63	1.000	480	408,100	－
5.769	5.481	－	64	－	－	－(64)	64	1.000	480	408,100	－
5.769	5.481	－	64	－	－	－(64)	64	1.000	480	408,100	－
5.769	5.481	－	－	－	－	－	－	1.000	480	408,100	－

＊特別支給の老齢厚生年金の開始年齢欄の（　）内の年齢は、障害者･長期加入者の支給開始年齢である。
＊特例・女とは、厚生年金保険に原則20年以上加入している人。
＊定額単価の（　　）内の金額は昭和31年４月１日以前生まれの人。

PART-2

10 老齢年金の繰り上げ支給と繰り下げ支給

国 厚

老齢基礎年金・老齢厚生年金（以下、老齢年金といいます）は、本来65歳から支給されますが、本人が希望すれば60 ～ 64歳の間で早めに受けることができます。これを「繰り上げ支給」といいます。反対に、65歳からの支給を遅らせて75歳※までの間で受けることを希望する「繰り下げ支給」の制度もあります。繰り上げ支給は本来受け取る年金額より少ない額を一生受け取ることになり、反対に「繰り下げ支給」は本来受け取る年金額より増えた額を一生受け取ることができます。

※令和４年４月より 75 歳までに拡大された。

繰り上げ支給と繰り下げ支給の逓増減率

老齢年金の繰り上げ支給の減額率と繰り下げ支給の増額率は、次の図のようになっています。

老齢基礎年金の減額率と増額率

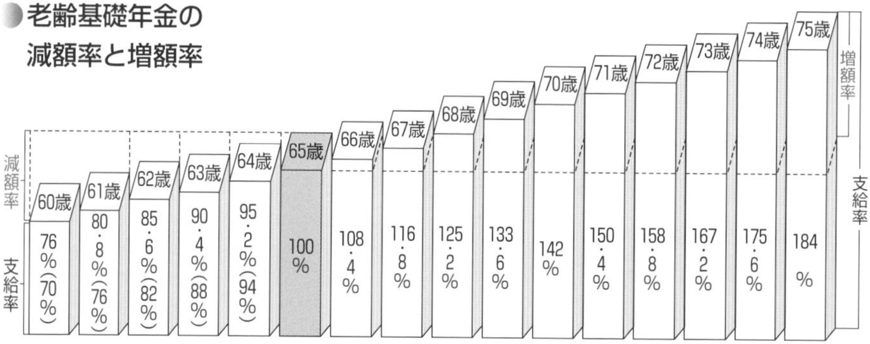

老齢年金の繰り上げ支給申請時の減額率は、令和４年度に60歳になる人から、65歳を基準として１か月早めるごとに0.4%の率が減額されることになり、60歳で支給を受ける場合の減額率は24%で、支給率は76%になります。

逆に65歳を過ぎ75歳までに繰り下げて老齢基礎年金を申請する人の増額率も月単位に変更され、１か月遅く申請するごとに0.7%の率で増額され、70歳で繰り下げ支給の申請をすると42%増の老齢年金となり、75歳まで繰り下げると84%増の老齢年金を受け取ることになります。なお、年金を繰り下げることで年金額は増えますが、社会保険料や税金も通常増えるので、手取り額はそこまで増えないでしょう。

※繰り上げ減額率が１か月あたり 0.4% になるのは昭和 37 年４月２日以降生まれの人、75 歳まで繰り下げ支給の請求ができるのは昭和 27 年４月２日以降生まれの人である。

繰り上げ支給・繰り下げ支給の損得表①（令和４年改正後）

□ の範囲内であれば65歳支給よりも累計額が多く（得に）なる。

	繰り下げ支給										通常	繰り上げ支給				
支給開始	75歳	74歳	73歳	72歳	71歳	70歳	69歳	68歳	67歳	66歳	65歳	64歳	63歳	62歳	61歳	60歳
年齢	累計											累計				
60歳																0.760
61歳															0.808	1.520
62歳														0.856	1.616	2.280
63歳													0.904	1.712	2.424	3.040
64歳												0.952	1.808	2.568	3.232	3.800
65歳											1.000	1.904	2.712	3.424	4.040	4.560
66歳										1.084	2.000	2.856	3.616	4.280	4.848	5.320
67歳									1.168	2.168	3.000	3.808	4.520	5.136	5.656	6.080
68歳								1.252	2.336	3.252	4.000	4.760	5.424	5.992	6.464	6.840
69歳							1.336	2.504	3.504	4.336	5.000	5.712	6.328	6.848	7.272	7.600
70歳						1.420	2.672	3.756	4.672	5.420	6.000	6.664	7.232	7.704	8.080	8.360
71歳					1.504	2.840	4.008	5.008	5.840	6.504	7.000	7.616	8.136	8.560	8.888	9.120
72歳				1.588	3.008	4.260	5.344	6.260	7.008	7.588	8.000	8.568	9.040	9.416	9.696	9.880
73歳			1.672	3.176	4.512	5.680	6.680	7.512	8.176	8.672	9.000	9.520	9.944	10.272	10.504	10.640
74歳		1.756	3.344	4.764	6.016	7.100	8.016	8.764	9.344	9.756	10.000	10.472	10.848	11.128	11.312	11.400
75歳	1.840	3.512	5.016	6.352	7.520	8.520	9.352	10.016	10.512	10.840	11.000	11.424	11.752	11.984	12.120	12.160
76歳	3.680	5.268	6.688	7.940	9.024	9.940	10.688	11.268	11.680	11.924	12.000	12.376	12.656	12.840	12.928	12.920
77歳	5.520	7.024	8.360	9.528	10.528	11.360	12.024	12.520	12.848	13.008	13.000	13.328	13.560	13.696	13.736	13.680
78歳	7.360	8.780	10.032	11.116	12.032	12.780	13.360	13.772	14.016	14.092	14.000	14.280	14.464	14.552	14.544	14.440
79歳	9.200	10.536	11.704	12.704	13.536	14.200	14.696	15.024	15.184	15.176	15.000	15.232	15.368	15.408	15.352	15.200
80歳	11.040	12.292	13.376	14.292	15.040	15.620	16.032	16.276	16.352	16.260	16.000	16.184	16.272	16.264	16.160	15.960
81歳	12.880	14.048	15.048	15.880	16.544	17.040	17.368	17.528	17.520	17.344	17.000	17.136	17.176	17.120	16.968	16.720
82歳	14.720	15.804	16.720	17.468	18.048	18.460	18.704	18.780	18.688	18.428	18.000	18.088	18.080	17.976	17.776	17.480
83歳	16.560	17.560	18.392	19.056	19.552	19.880	20.040	20.032	19.856	19.512	19.000	19.040	18.984	18.832	18.584	18.240
84歳	18.400	19.316	20.064	20.644	21.056	21.300	21.376	21.284	21.024	20.596	20.000	19.992	19.888	19.688	19.392	19.000
85歳	20.240	21.072	21.736	22.232	22.560	22.720	22.712	22.536	22.192	21.680	21.000	20.944	20.792	20.544	20.200	19.760
86歳	22.080	22.828	23.408	23.820	24.064	24.140	24.048	23.788	23.360	22.764	22.000	21.896	21.696	21.400	21.008	20.520
87歳	23.920	24.584	25.080	25.408	25.568	25.560	25.384	25.040	24.528	23.848	23.000	22.848	22.600	22.256	21.816	21.280
88歳	25.760	26.340	26.752	26.996	27.072	26.980	26.720	26.292	25.696	24.932	24.000	23.800	23.504	23.112	22.624	22.040
89歳	27.600	28.096	28.424	28.584	28.576	28.400	28.056	27.544	26.864	26.016	25.000	24.752	24.408	23.968	23.432	22.800
90歳	29.440	29.852	30.096	30.172	30.080	29.820	29.392	28.796	28.032	27.100	26.000	25.704	25.312	24.824	24.240	23.560

※係数に老齢基礎年金の額816,000円（昭和31年４月１日以前生まれの人は813,700円）を乗じれば、およその累計額が算出される。

繰り上げ支給・繰り下げ支給の損得表②（令和４年改正前）

	繰り下げ支給					通常	繰り上げ支給				
支給開始	70歳	69歳	68歳	67歳	66歳	65歳	64歳	63歳	62歳	61歳	60歳
年齢	累計						累計				
60歳											0.700
61歳										0.760	1.400
62歳									0.820	1.520	2.100
63歳								0.880	1.640	2.280	2.800
64歳							0.940	1.760	2.460	3.040	3.500
65歳						1.000	1.880	2.640	3.280	3.800	4.200
66歳					1.084	2.000	2.820	3.520	4.100	4.560	4.900
67歳				1.168	2.168	3.000	3.760	4.400	4.920	5.320	5.600
68歳			1.252	2.336	3.252	4.000	4.700	5.280	5.740	6.080	6.300
69歳		1.336	2.504	3.504	4.336	5.000	5.640	6.160	6.560	6.840	7.000
70歳	1.420	2.672	3.756	4.672	5.420	6.000	6.580	7.040	7.380	7.600	7.700
71歳	2.840	4.008	5.008	5.840	6.504	7.000	7.520	7.920	8.200	8.360	8.400
72歳	4.260	5.344	6.260	7.008	7.588	8.000	8.460	8.800	9.020	9.120	9.100
73歳	5.680	6.680	7.512	8.176	8.672	9.000	9.400	9.680	9.840	9.880	9.800
74歳	7.100	8.016	8.764	9.344	9.756	10.000	10.340	10.560	10.660	10.640	10.500
75歳	8.520	9.352	10.016	10.512	10.840	11.000	11.280	11.440	11.480	11.400	11.200
76歳	9.940	10.688	11.268	11.680	11.924	12.000	12.220	12.320	12.300	12.160	11.900
77歳	11.360	12.024	12.520	12.848	13.008	13.000	13.160	13.200	13.120	12.920	12.600
78歳	12.780	13.360	13.772	14.016	14.092	14.000	14.100	14.080	13.940	13.680	13.300
79歳	14.200	14.696	15.024	15.184	15.176	15.000	15.040	14.960	14.760	14.440	14.000
80歳	15.620	16.032	16.276	16.352	16.260	16.000	15.980	15.840	15.580	15.200	14.700
81歳	17.040	17.368	17.528	17.520	17.344	17.000	16.920	16.720	16.400	15.960	15.400
82歳	18.460	18.704	18.780	18.688	18.428	18.000	17.860	17.600	17.220	16.720	16.100
83歳	19.880	20.040	20.032	19.856	19.512	19.000	18.800	18.480	18.040	17.480	16.800
84歳	21.300	21.376	21.284	21.024	20.569	20.000	19.740	19.360	18.860	18.240	17.500
85歳	22.720	22.712	22.536	22.192	21.680	21.000	20.680	20.240	19.680	19.000	18.200

老齢年金の繰り上げ請求の注意点

老齢年金を繰り上げ請求すると、年金を早く受け取れるメリットがある一方で、いくつかのデメリットがあります。デメリットの内容を十分理解した上で、繰り上げ請求するかどうかを決める必要があります。

繰り上げ請求の注意点

1. 老齢年金を繰上げ請求すると、繰上げする期間に応じて年金額が減額されます。生涯にわたり減額された年金を受給することになります。

2. 繰上げ請求すると、請求した日の翌月分から、年金が支給されます。

3. 老齢年金を繰上げ請求した後は、繰上げ請求を取消しすることはできません。

4. 老齢年金を繰上げ請求すると、国民年金の任意加入や、保険料の追納はできなくなります。

5. 共済組合加入期間がある場合、共済組合から支給される老齢年金についても、原則同時に繰上げ請求することとなります。

6. 繰上げ請求すると、厚生年金基金から支給される年金も減額される場合があります。

7. 65歳になるまでの間、雇用保険の基本手当や高年齢雇用継続給付が支給される場合は、老齢厚生年金の一部または全部の年金額が支給停止となります。(老齢基礎年金は支給停止されません。)

8. 厚生年金保険に加入した場合のほか、国会議員や地方議員になった場合には、給与や賞与の額に応じて、老齢厚生年金の一部または全部が支給停止となる場合があります。(繰上げ請求した老齢基礎年金は支給停止されません。)

9. 繰上げ請求した老齢年金は、65歳になるまでの間、遺族厚生年金や遺族共済年金などの他の年金と併せて受給できず、いずれかの年金を選択することになります。

10. 繰上げ請求した日以後は、国民年金の寡婦年金は支給されません。寡婦年金を受給中の方は、寡婦年金の権利がなくなります。

11. 繰上げ請求した日以後は、事後重症などによる障害基礎（厚生）年金を請求することができません。（治療中の病気や持病がある方は注意してください。）

12. 老齢厚生年金の繰上げ請求をした場合、厚生年金保険の長期加入者や障害者の特例措置を受けることができなくなります。

13. 老齢厚生年金や退職共済年金を受給中の方が繰上げ請求すると、これらの年金に定額部分の支給がある場合は、定額部分は支給停止されます。

※以上、１～13の繰り上げ請求の注意点は、日本年金機構ホームページより抜粋。

老齢年金の繰り下げ請求の注意点

老齢年金を繰り下げ請求すると、増額された年金を受け取れる一方で、いくつかの注意点があります。注意点の内容を十分理解した上で、繰り下げ請求するかどうかを決める必要があります。

●繰り下げ請求の注意点

1. 加給年金額や振替加算額は増額の対象になりません。また、繰下げ待機期間（年金を受け取っていない期間）中は、加給年金額や振替加算を受け取ることができません。

2. 65歳に達した時点で老齢基礎年金を受け取る権利がある場合、75歳に達した月（75歳の誕生日の前日の属する月）を過ぎて請求を行っても増額率は増えません。増額された年金は、75歳までさかのぼって決定され支払われます。昭和27年4月1日以前に生まれた方は、70歳に達した月までとなります。

3. 日本年金機構と共済組合等から複数の老齢厚生年金（退職共済年金）を受け取ることができる場合は、すべての老齢厚生年金について同時に繰下げ受給の請求をしなくてはいけません。

4. 65歳の誕生日の前日から66歳の誕生日の前日までの間に、障害給付や遺族給付を受け取る権利があるときは、繰下げ受給の申出ができません。ただし、「障害基礎年金」または「旧国民年金法による障害年金」のみ受け取る権利のある方は、老齢厚生年金の繰下げ受給の申出ができます。

5. 66歳に達した日以降の繰下げ待機期間中に、他の公的年金の受給権（配偶者が死亡して遺族年金が発生した場合など）を得た場合には、その時点で増額率が固定され、年金の請求の手続きを遅らせても増額率は増えません。このとき、増額された年金は、他の年金が発生した月の翌月分から受け取ることができます。

6. 厚生年金基金または企業年金連合会（基金等）から年金を受け取っている方が、老齢厚生年金の繰下げを希望する場合は、基金等の年金もあわせて繰下げとなりますので、年金の支払元である基金等にご確認ください。

7. このほか、年金生活者支援給付金、医療保険・介護保険等の自己負担や保険料、税金に影響する場合があります。

8. 繰下げ請求は、遺族が代わって行うことはできません。繰下げ待機中に亡くなった場合で、遺族の方からの未支給年金の請求が可能な場合は、65歳時点の年金額で決定したうえで、過去分の年金額が一括して未支給年金として支払われます。ただし、請求した時点から5年以上前の年金は時効により受け取れなくなります。

※以上、1から8の繰り下げ請求の注意点は、日本年金機構ホームページより抜粋。

9. 令和４年度から導入された65歳以上の「在職定時改定」で65歳時の年金額よりも増額した部分の年金額は、これまでの退職時改定で増額した年金額と同じく、繰下げ請求をしても、増額された部分の額は繰り下げ増額の対象となりません。

10. 老齢年金を繰り下げることで年金額は増えますが、社会保険料や税金も通常増えますので、手取り額はそこまで増えないと考えられます。

ONE-POINT

65歳未満の人の失業給付と年金の重複受給は可能か

雇用保険の失業給付は失業した人の生活を守るための保障ですから、年金収入がある人にまで失業給付を支給するのはおかしいという考え方から、65歳未満の人は年金との重複受給はできません。

老齢厚生年金の受給権が発生している65歳未満の人が、会社を退職した後でハローワークへ行って雇用保険の失業給付を受ける手続きをしたときは、その翌月から失業給付を受け終わるまで、老齢厚生年金の支給が止まります。

以前は、「老齢厚生・退職共済年金受給権者支給停止事由該当届」の届け出が必要でしたが、平成25年10月1日以降は届け出が原則不要となりました。

PART 3

障害給付のしくみ

PART-3
1
国 厚

公的年金の障害給付
――障害が残ったときの年金

公的年金に加入している人が、何らかの病気や事故で一定の障害状態になった場合、支給要件を満たしていれば「障害給付」が受けられます。この障害給付も老齢給付と同じく２階建てになっていて、１階部分が障害基礎年金、２階部分が障害厚生年金となります。

国民年金の第１号被保険者の人は１階部分だけ、厚生年金保険の被保険者（国民年金第２号被保険者）は１階部分と２階部分の両方受けられます。

ふつう公的年金というと、年をとってからの老齢給付だけを考えがちですが、老齢にならなくても、万一障害の状態になったときにも公的年金は役立つのです。民間の保険とは違い、基本的に年金で支給され、その状態が続いている限り一生もらえるものです。

障害給付も老齢給付と同じく２階建て

障害給付も老齢給付と同じように２階建ての構造になっています。ただし、２階部分は厚生年金保険に加入している人（＝国民年金第２号保険者）が対象となっています。

●障害給付も２階建て

２階部分	障害厚生年金 1級	加給年金	障害厚生年金 2級	加給年金	障害厚生年金 3級	障害手当金 (一時金)
１階部分	障害基礎年金 1級	子の加算	障害基礎年金 2級	子の加算		
障害の等級	↑ 第１級障害		↑ 第２級障害		↑ 第３級障害	↑ その他の障害

どんな人が「障害給付」をもらえるか

障害給付は、病気や事故で障害状態になったすべての人がもらえるわけではありません。所定の条件を満たした人だけがもらえる給付なのです。

公的年金加入期間中に初診日がある	＋	保険料支払い条件を満たしている	＋	治ゆまたは症状固定またはは初診日から1年6か月経過した	＋	障害認定	→	障害給付

障害給付はどの程度の障害状態ならもらえるか

障害は重いものから１級、２級、３級……となっています。公的年金から受けられる障害給付の等級は、国民年金では１級と２級だけですが、厚生年金保険では１級、２級に加え３級および障害手当金の対象であるその他障害があります。障害の程度は、次のようになっています。

級別の障害の程度

障害等級１級	障害等級２級	障害等級３級	障害手当金の対象となる障害
日常生活にも他人の介護を必要とする程度のもの	必ずしも他人の介護は必要ではないが、日常生活が困難で、労働して収入を得ることができない程度のもの	労働するのに著しい困難があり、労働が制限される程度のもの	障害等級１級から３級には値しないが、生活が制限される程度のもの

（注）障害手当金は、３級より軽い、「障害手当金の対象となる障害」として定められた状態に該当した人が受けられる、一時金の障害給付。詳しくは P.118 参照

ONE·POINT

障害給付と障害年金

障害の状態になったときにもらえる給付には、年金と一時金とがあります。そのため、これらの給付をまとめて「障害給付」と呼んでいます。「障害年金」といってしまうと、一時金は入らなくなり、年金のみのことになってしまうからです。障害給付には障害手当金という一時金の給付もあるのです。

障害状態の基準は障害等級表による

公的年金の障害給付における障害状態を判断する基準は、政令（国民年金法、厚生年金保険法）によって定められています。

それぞれの等級の障害の程度は、次の「障害等級表」のとおりです。ここで注意することは、福祉事務所の障害手帳を交付する際の障害等級（「身体障害者福祉法」による）と、公的年金の障害給付の障害等級とは別個のものだということです。

●障害等級表　1級・2級・3級

障害の程度	障　害　の　状　態
1級　1	両眼の視力がそれぞれ0.03以下のもの・他
2	両耳の聴力レベルが100デシベル以上のもの
3	両上肢の機能に著しい障害を有するもの
4	両上肢のすべての指を欠くもの
5	両上肢のすべての指の機能に著しい障害を有するもの
6	両下肢の機能に著しい障害を有するもの
7	両下肢を足関節以上で欠くもの
8	体幹の機能に座っていることができない程度または立ち上がることができない程度の障害を有するもの
9	前各号に掲げるもののほか、身体の機能の障害または長期にわたる安静を必要とする病状が前各号と同程度以上と認められる状態であって、日常生活の用を弁ずることを不能ならしめる程度のもの
10	精神の障害であって、前各号と同程度以上と認められる程度のもの
11	身体の機能の障害もしくは病状または精神の障害が重複する場合であって、その状態が前各号と同程度以上と認められる程度のもの
2級　1	両眼の視力がそれぞれ0.07以下のもの・他
2	両耳の聴力レベルが90デシベル以上のもの
3	平衡機能に著しい障害を有するもの
4	そしゃくの機能を欠くもの
5	音声または言語機能に著しい障害を有するもの
6	両上肢の親指および人差し指または中指を欠くもの
7	両上肢の親指および人差し指または中指の機能に著しい障害を有するもの
8	1上肢の機能に著しい障害を有するもの
9	1上肢のすべての指を欠くもの
10	1上肢のすべての指の機能に著しい障害を有するもの
11	両下肢のすべての指を欠くもの
12	1下肢の機能に著しい障害を有するもの
13	1下肢を足関節以上で欠くもの

障害の程度	障害の状態
14	体幹の機能に歩くことができない程度の障害を有するもの
15	前各号に掲げるもののほか、身体の機能の障害または長期にわたる安静を必要とする病状が前各号と同程度以上と認められる状態であって、日常生活が著しい制限を受けるか、または日常生活に著しい制限を加えることを必要とする程度のもの
16	精神の障害であって、前各号と同程度以上と認められる程度のもの
17	身体の機能の障害もしくは病状または精神の障害が重複する場合であって、その状態が前各号と同程度以上と認められる程度のもの
3級 1	両眼の視力が0.1以下に減じたもの・他
2	両耳の聴力が、40センチメートル以上では通常の話し声を解することができない程度に減じたもの
3	そしゃくまたは言語の機能に相当程度の障害を残すもの
4	脊《せき》柱の機能に著しい障害を残すもの
5	1上肢の3大関節のうち、2関節の用を廃したもの
6	1下肢の3大関節のうち、2関節の用を廃したもの
7	長管状骨に偽関節を残し、運動機能に著しい障害を残すもの
8	1上肢の親指および人差し指を失ったものまたは親指もしくは人差し指を併せ1上肢の3指以上を失ったもの
9	親指および人差し指を併せ1上肢の4指の用を廃したもの
10	1下肢をリスフラン関節以上で失ったもの
11	両下肢の十趾《し》の用を廃したもの
12	前各号に掲げるもののほか、身体の機能に、労働が著しい制限を受けるか、または労働に著しい制限を加えることを必要とする程度の障害を残すもの
13	精神または神経系統に、労働が著しい制限を受けるか、または労働に著しい制限を加えることを必要とする程度の障害を残すもの
14	傷病が治らないで、身体の機能または精神もしくは神経系統に、労働が制限を受けるか、または労働に制限を加えることを必要とする程度の障害を有するものであって、厚生労働大臣が定めるもの

障害給付はケガや病気が治ゆしたことが基本条件

障害給付はケガや病気で療養中の人には基本的に支給されず、その傷病が治ゆしたことが条件です。つまりその傷病が治ったか、あるいは症状が固定し治療の効果が期待できない状態に至ったことが、支給要件となっているのです。

病気・ケガ ▶ 治ゆ または 症状固定 ▶ 障害認定 ▶ 障害等級該当 ▶ 障害給付

障害給付がもらえずに泣くのは、未加入者や保険料滞納者

会社員や公務員（国民年金第２号被保険者）は、給料から社会保険料（共済組合の場合は掛金）が天引きされているので、未加入とか保険料滞納という問題は通常ありませんが、自営業者・フリーランス・学生・家事手伝いの人たち（国民年金第１号被保険者）の中には、未加入者や保険料滞納者がかなりいます。これらの人が、障害の状態になった場合、障害給付がもらえないことがあります。保険料を納付すべき義務があるのに支払っていないのだからしかたのないことです。

もしどうしても家計が苦しいなどの理由で保険料が支払えないときは、保険料の免除制度もありますので活用すべきです。肝心なことは、保険料の滞納期間はたとえ１か月でも残さないことなのです。

未加入者や滞納者は障害給付がもらえないことがある

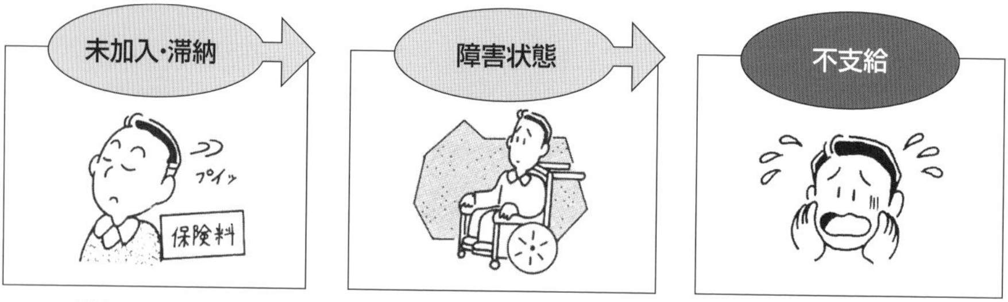

（注）・保険料納付要件については後述（P.110、115参照）。
・滞納の保険料は２年間なら遡って納められるが、ケガ・病気をして医療機関にかかった日（初診日）以後あわてて納めても、障害給付の保険料の納付要件を満たさないことがある。

ONE・POINT

障害認定はいつ行われるか

障害給付を受けるためには障害認定が必要です。障害認定が行われるのは、原則として初診日から１年６か月経過した日ですが、その前に治ゆまたは症状が固定した場合は、１年６か月経っていなくても障害認定が行われます。
腕を切断したような場合の治ゆははっきりとしていますが、内臓疾患などの病気の場合は治ゆの判断が難しくなります。一般的に症状が固定したときに障害の認定が行われます。例えば人工透析の人は３か月後に、またペースメーカーは装着日、人工骨頭は置換日、人工肛門などは造設した日から6か月経過した日に障害認定が行われます。

20歳以上の学生は強制加入。保険料の滞納に注意しよう

平成３年４月１日から、20歳以上であればたとえ学生であっても、国民年金に強制加入となりました。しかし、20歳以上の学生の中には国民年金の手続きをせず、保険料を滞納している人が多いようです。このような保険料の滞納期間中に、もし障害の状態となったら大変です。20歳以上の学生の場合、国民年金保険料を支払っていない人には何の給付もありません。学生の場合、若さ故の過激なスポーツや、不慣れな自動車の運転で事故を起こすことも考えられます。きちんと保険料を支払い、事故に備えるべきです。

また、就職して厚生年金保険に加入し、１年も経たないうちに障害の原因となったケガや病気の初診日がある場合で、20歳以上の学生時代にまったく保険料を支払っていないときは、国民年金保険料の滞納期間があることになり、障害給付がもらえないことがあります。そうならないように保険料を支払うか学生の納付特例を利用してください（P.29、P.31ワンポイント参照）。

未加入・保険料滞納者が就職後１年経たない間に障害の原因となるケガや病気になった場合

下記の例では①20歳から初診日までに加入すべき全期間の３分の２以上が保険料納付済期間となっていないこと、②初診日から直近１年間に保険料滞納期間が存在すること、により障害給付はもらえない。

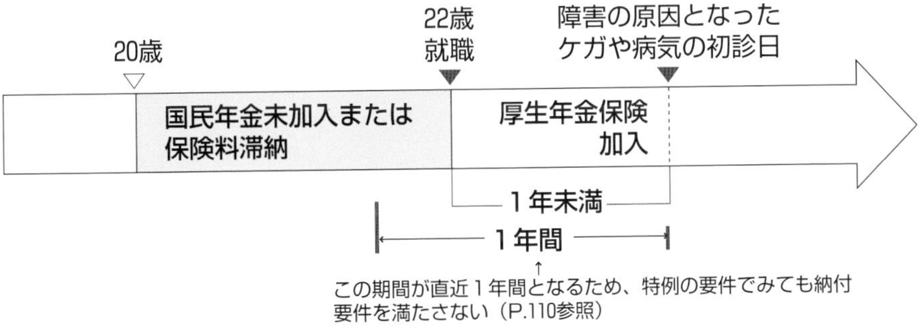

障害給付の請求は早めにしよう

障害給付（年金給付）は、たとえ５年以上前から請求権があったとしても請求時から遡って５年分しかもらえません。また年数が経ってしまうと初診時や障害認定日の診断書など年金請求書に添付する書類の入手が困難になります。障害になったときは早めに請求をしましょう。

PART-3 2 国 厚

障害基礎年金
——誰でも対象となる障害給付

国民年金からの障害給付を障害基礎年金といいます。65歳までの間に障害状態となったときの給付です。国民年金の加入者（第１号被保険者、第２号被保険者、第３号被保険者）であれば対象となります。

しかし、障害基礎年金を受けるには一定の障害状態のほかに、保険料をちゃんと納付（保険料免除も含む）しているという条件もあります。会社を退職し再就職までの間、何の手続きもせずに放置している人がいますが、これは保険料の滞納ということになり、障害給付をはじめ遺族給付、そして老齢給付においても不利になります。

退職して再就職までに１か月でも空白期間があれば、必ず国民年金の手続きをして保険料を支払っておいてください。

障害の認定は、原則として初診日から１年６か月経過後に行われる

障害の認定とは、障害基礎年金の支給要件である障害状態であるかないかを国が判断することをいいます。障害を認定する日（障害認定日）は初診日から１年６か月経過した日が原則ですが、その前に治った場合や症状が固定した場合は１年６か月経っていなくてもその日に行われます（P.106参照）。

障害認定日

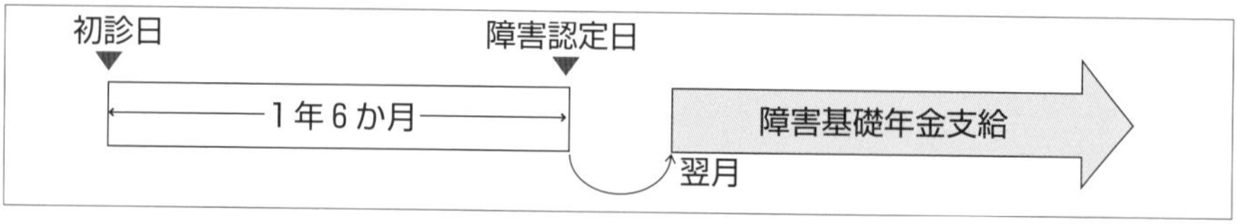

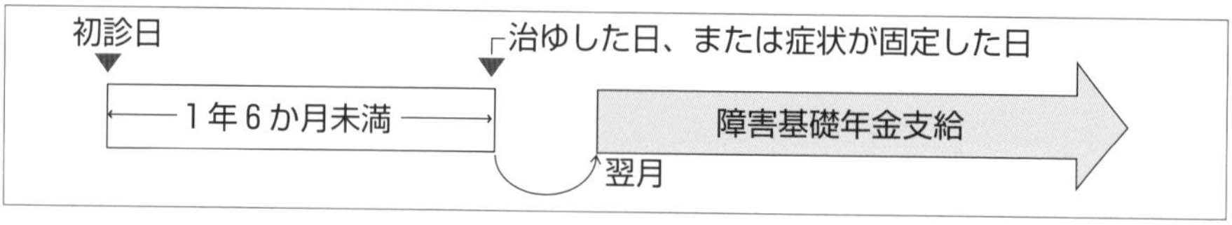

この障害認定日に障害等級の１級または２級に該当した人のうち、保険料納付要件などを満たしている人に障害基礎年金が支給されます。

障害基礎年金をもらうための要件（支給要件）

障害基礎年金をもらうには次の３つの要件が必要です。

①保険料の未納がないこと

②初診日から１年６か月経過した日（障害認定日）に１級から２級の障害の状態であること

③初診日が国民年金加入中か20歳前にあること

以下に①と③の詳細について説明します。

障害給付は保険料の納付要件をクリアしていなければもらえない

障害給付をもらうための重要な要件の一つに保険料の納付要件があります。保険料をきちんと支払ってきた人（保険料免除の人も含む）はいいのですが、滞納期間がある人は一定の要件をクリアしていなければ、障害給付をもらえません。

つまり、その病気・ケガの初診日（そのケガや病気ではじめて医療機関にかかった日。病院が変わっても初診日は変わらない）の前日において、初診日の属する月の前々月までの支払うべき月に、保険料を支払った（滞納期間がないという意味）かどうかで判断されます。

保険料の納付要件の基準を「初診日の前日において初診日の属する月の前々月」とした理由は、保険料の納期は翌月の末日となっているので、病院に行った後でまずいと気がついた人が、駆け込み的に過去の滞納分の保険料を支払い、障害給付を受けようとするのを防ぐためです。公的保険とはいえ、やはり逆選択はできないしくみになっているのです。

保険料納付要件の原則

障害給付の支給要件は、原則として初診日の前日において、初診日の属する月の前々月までの加入すべき期間のうち、3分の2以上が保険料納付済期間または保険料免除期間であること(滞納期間が3分の1以下であること)です。

保険料納付要件

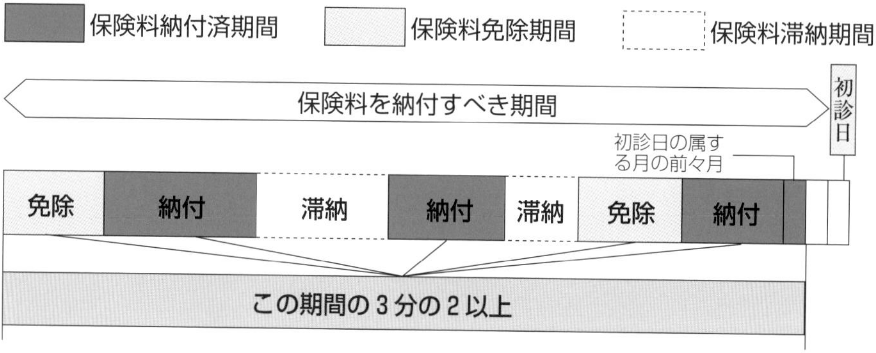

保険料納付要件にも特例がある

令和8(2026)年3月31日までに初診日があり、初診日に65歳未満の場合は、初診日の前日において初診日の属する月の前々月までの1年間に、保険料の滞納期間がなければ障害給付が受けられるという特例があります。

保険料納付要件の特例

障害基礎年金は20歳前のケガや病気でももらえる

20歳前のケガ・病気で障害状態になった人でも、20歳になれば障害基礎年金がもらえます。国民年金には20歳からしか加入できないので、資格を満たしてはいませんが、福祉的な意味で支給するのです。ただ20歳になれば、障害の状態であっても国民年金に加入しなければなりません（ただし保険料は法定免除されることが多い）。

国民年金に加入していれば、将来障害状態が軽くなり、給付されなくなっても、老齢基礎年金をもらう権利ができることになります。

初診日が20歳前にある場合の扱い

①障害認定日が20歳未満で、障害等級１・２級に該当

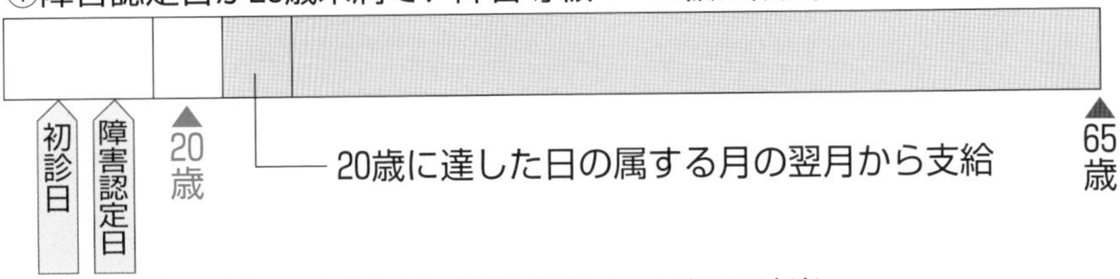

②障害認定日が20歳以降で、障害等級１・２級に該当

③当初の障害認定日には該当しなかったが後に、障害等級１・２級に該当

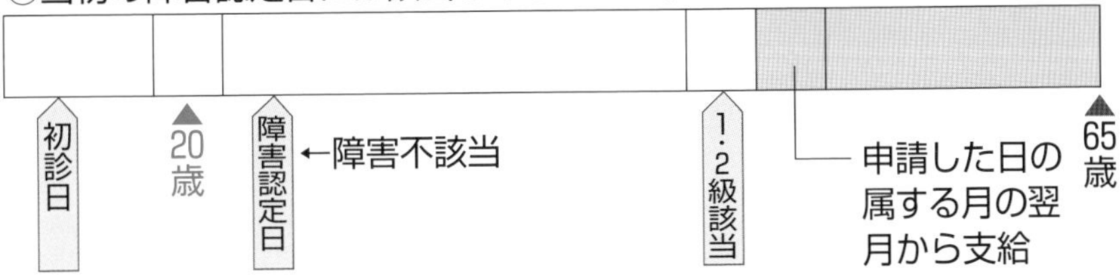

（注）所得制限あり：前年の所得額が370.4万円を超え472.1万円以下であれば年金額の半分を支給停止とし、前年の所得額が472.1万円を超えた場合は全額支給停止となる（令和６年４月時点の額）。支給停止の期間は10月から翌年９月まで。この金額は扶養親族の数等により高くなる（ただし、20歳前の障害でも、初診日に国民年金第２号被保険者（厚生年金保険等加入者）であった場合は、所得制限がない）。ここでいう所得額とは収入金額から収入を得るために必要な経費を除いた額のこと。

障害基礎年金の支給額はいくらか

障害基礎年金の額は、加入期間の長短には関係なく、障害の等級によって定額となっています。また障害基礎年金は18歳未満の子を扶養していれば、子の加算額もプラスされるしくみになっています。

（注）上記で18歳未満の子とは、18歳に達した後最初に到来する3月31日までにある子、または20歳未満の障害等級1級または2級の子で現に婚姻していない子、を指す。

等級による障害基礎年金の支給額のしくみ

①1級障害 ……… 老齢基礎年金の1.25倍

障害基礎年金1級（定額）

老齢基礎年金額× 1.25 ＝ 1,020,000 円 （円未満の端数は四捨五入）

（816,000円）　（昭和31年4月1日以前生まれの人は1,017,125円）

②2級障害 ……… 老齢基礎年金の満額と同額

障害基礎年金2級（定額）

老齢基礎年金額× 1.00 ＝ 816,000 円

（816,000円）　（昭和31年4月1日以前生まれの人は813,700円）

③子の加算

2人目まで1人につき　234,800 円

3人目から1人につき　78,300 円

したがって

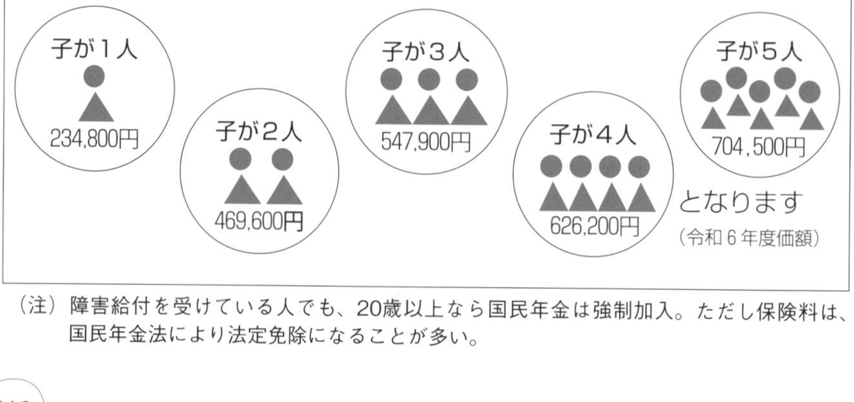

となります

（令和6年度価額）

（注）障害給付を受けている人でも、20歳以上なら国民年金は強制加入。ただし保険料は、国民年金法により法定免除になることが多い。

障害基礎年金をもらい続けるためには障害状態確認届を提出する

年金受給者が年金をもらい続けるには、「障害状態確認届」を提出しなければなりませんが、マイナンバー等の普及により、現在は必要な場合に送付されるようになっています。また、障害の状態に応じて、提出が必要になる年に「引き続き障害年金を受ける権利があるかどうか」、障害の状態を確認するため、「障害状態確認届」が日本年金機構より送付されます。

障害の程度に変更があった場合には手続きをしなければならない

障害の程度は人によって、よくなることも悪くなることもあります。悪くなり障害等級が上がれば年金額も高くなりますが、反対によくなり等級が下がれば年金額は低くなるか、支給停止となります。

これら障害の程度に変更があったときは、すみやかに手続きをすることになります。

障害基礎年金がもらえなくなる場合

障害基礎年金がもらえなくなるのは、次のようなときです。

①もっとも軽い障害等級に該当しなくなったとき

（注）その間支給停止となる。65歳までに再び該当すれば支給が再開される。

②死亡したとき

ONE·POINT

障害給付と老齢給付のダブル支給は可能？

現在、「1人1年金」という原則になっているので、基礎年金と厚生年金の各部分は同一の支給事由のときだけ同時にもらえます。ただし、障害を持ちながら働いたことが評価されるしくみが設けられ、平成18年４月から、65歳以上の人については、障害基礎年金と老齢厚生年金、または、障害基礎年金と遺族厚生年金の組み合わせで受給することが可能になりました。

PART-3 3 国 厚

障害厚生年金
——会社員がもらえる障害給付

障害厚生年金は、会社員が厚生年金保険に加入中のケガ・病気がもとで、障害認定日において一定の障害状態であった場合に支給されるものです。自営業の人たちが障害の状態となったときには、障害基礎年金しかもらえないのに対して、会社員は障害基礎年金に加えて、この障害厚生年金ももらえるのです。

障害厚生年金はその人の給与に応じた年金、いわゆる報酬比例年金ですから、給与が高い人ほど年金額も多くなる仕組みになっています。

障害厚生年金の障害認定日とは

障害の認定とは、障害厚生年金の支給要件である障害状態であるかないかを判断することです。障害基礎年金のページ（P.108）で説明したように、障害を認定する日（「障害認定日」という）は初診日から1年6か月経過した日が原則です。もちろんその前に治った場合や症状が固定した場合は、1年6か月経っていなくてもその日に行われます。

障害認定日

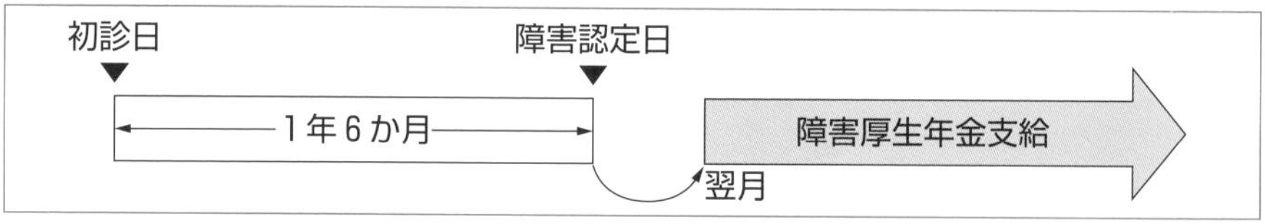

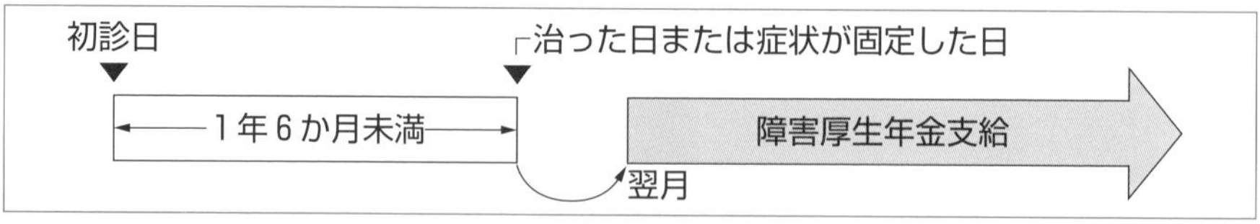

1年6か月経過していなくても認定される例外

人工透析を始めて3か月後
▼
認定日

ペースメーカー、人工骨頭、装着置換日
▼
認定日

障害厚生年金の支給要件

障害厚生年金の支給要件は、基本的に障害基礎年金と同じ考え方で、①初診日に厚生年金保険の被保険者であったこと、②保険料納付要件を満たしていること、③障害認定日に厚生年金保険で定める障害等級に該当していることです。

障害厚生年金を受けるまでのしくみ

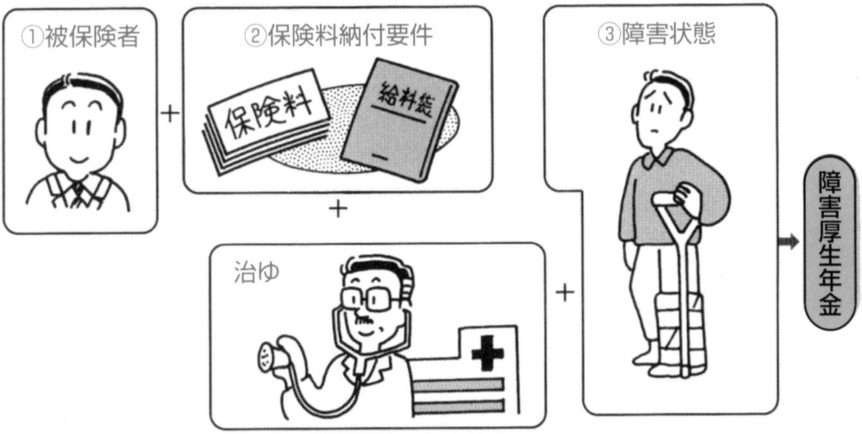

障害厚生年金にも保険料納付要件はある

障害厚生年金の保険料納付要件の原則は、障害基礎年金の納付要件とほぼ同様です。つまり、初診日（そのケガや病気ではじめて医療機関にかかった日をいう。後で病院を変えても初診日は変わらない）の前日において、初診日の属する月の前々月までの加入すべき期間のうち、３分の２以上が保険料納付済期間または保険料免除期間であることが必要です。

もっとも、厚生年金保険の保険料は給与から天引きされますので、滞納ということはないでしょう。詳しくは、P.110の図を参照してください。

保険料納付要件の特例

令和８（2026）年３月31日までに初診日がある場合には、初診日の前日において初診日の属する月の前々月までの１年間に保険料の滞納がなければ障害給付が受けられるという特例があります。

これも障害基礎年金の保険料納付要件の特例と同じなので、P.110を参照してください。

障害厚生年金には、扶養されている家族の加給年金がつく

障害厚生年金の１級と２級を受ける人に生計を維持されている、65歳未満の妻（配偶者）や18歳到達年度末までの子がいる場合には、加給年金がつきます。

加給年金額＝234,800円／年
（令和６年度価額）

障害厚生年金の支給額

障害厚生年金保険の支給額は以下のとおりです。

障害厚生年金の１級と２級は原則として障害基礎年金の給付もありますので、１・２級については障害基礎年金の分も同時に記載しておきます。

等級による障害厚生年金の支給額（令和６年度価額）

①障害等級１級の場合

障害厚生年金１級
(A+B) ×1.25
※被保険者月数が300月に満たないときは
$(A+B)\times\frac{300}{\text{全被保険者月数}}\times1.25$

加給年金

[H15.3までの期間] A：平均標準報酬月額×1000分の7.125×被保険者月数
[H15.4以降の期間] B：平均標準報酬額×1000分の5.481×被保険者月数
加給年金額（配偶者）　234,800円

＋

障害基礎年金１級

P.112参照

子の加算

障害基礎年金１級（定額）　1,020,000円
子の加算
２人目まで１人につき　234,800円
３人目から１人につき　78,300円

①障害等級２級の場合

障害厚生年金２級

A＋B

※被保険者月数が300月に満たないときは

$(A+B) \times \frac{300}{\text{全被保険者月数}}$

加給年金

[H15. 3 までの期間] A：平均標準報酬月額×1000分の7.125×被保険者月数

[H15. 4 以降の期間] B：平均標準報酬額×1000分の5.481×被保険者月数

加給年金額（配偶者）　234,800円

＋

障害基礎年金２級

子の加算

障害基礎年金の額（定額）　816,000円

子の加算

２人目まで１人につき　234,800円

３人目から１人につき　78,300円

P.112参照

※障害等級１級または２級の場合で障害基礎年金が支給されない場合には、下記の最低保障額の規定が適用される。

②障害等級３級の場合

障害厚生年金３級

A＋B

※被保険者月数が300月に満たないときは

$(A+B) \times \frac{300}{\text{全被保険者月数}}$

[H15.3までの期間] A：平均標準報酬月額×1000分の7.125×被保険者月数

[H15.4以降の期間] B：平均標準報酬額×1000分の5.481×被保険者月数

最低保障額 … 612,000円

障害厚生年金の額については従前保障が適用されることになっています。その場合は、次のA＋Bの年金額が保障されます。

[H15.3までの期間] A：（平均標準報酬月額×1000分の7.5×被保険者月数）×1.041※

[H15.4以降の期間] B：（平均標準報酬額×1000分の5.769×被保険者月数）×1.041※

※昭和13年4月2日以後に生まれた人の令和6年度の従前額改定率。昭和13年4月1日以前に生まれた人の従前額改定率は1.043。

ONE·POINT

自ら故意に障害となったら？

こんなことをしたら障害状態になるだろうとわかっていながら、わざと自分を傷つけ障害者となった場合には、障害給付はまったく支給されません。また、故意の犯罪行為や当然注意すべきなのに注意を怠ったこと（重大な過失）により障害やその原因となった事故を起こした場合には、障害給付は全額支給されなかったり、一部が支給されなかったりすることがあります。

PART-3 4

国 厚

障害手当金
――3級より軽い障害には一時金

障害手当金は、厚生年金保険に加入している間に初診日があり、障害等級の3級よりも軽い一定の障害が残った場合に、一時金として支払われるものです。障害手当金を受けられる人は、初診日から5年以内にケガや病気が治ゆし、障害等級の3級より軽い一定の障害状態に該当する人で、障害認定日において国民年金や厚生年金保険の給付や労災保険の障害補償給付を受けていない人です。

障害手当金の支給要件

障害手当金の支給要件は、厚生年金保険の加入中に初診日（そのケガや病気ではじめて医療機関にかかった日）があり、5年以内に障害等級の3級より軽い一定障害（P.119参照）に認定された人が、障害認定日において国民年金や厚生年金保険からの給付または労働者災害補償保険の障害補償給付を受けていない場合となっています。もちろん、保険料納付要件（P.115参照）は必須条件となります。

障害手当金の障害の程度

障害手当金の支給要件の一つである「障害等級の3級より軽い一定障害」とは、どの程度の障害をいうのでしょうか。これは政令で定められた障害程度をいい、具体的には次ページのようになっています。

◗障害等級表　3級より軽い場合

障害の程度	障　害　の　状　態
1	両眼の視力がそれぞれ0.6以下に減じたもの
2	1眼の視力が0.1以下に減じたもの
3	両眼のまぶたに著しい欠損を残すもの
4	両眼による視野が2分の1以上欠損したもの、ゴールドマン型視野計による測定の結果、1／2視標による両眼中心視野角度が56度以下に減じたものまたは自動視野計による測定の結果、両眼開放視認点数が100点以下もしくは両眼中心視野視認点数が40点以下に減じたもの
5	両眼の調節機能および輻《ふく》輳《そう》機能に著しい障害を残すもの
6	1耳の聴力が、耳殻に接しなければ大声による話を解することができない程度に減じたもの
7	そしゃくまたは言語の機能に障害を残すもの
8	鼻を欠損し、その機能に著しい障害を残すもの
9	脊《せき》柱の機能に障害を残すもの
10	1上肢の3大関節のうち、1関節に著しい機能障害を残すもの
11	1下肢の3大関節のうち、1関節に著しい機能障害を残すもの
12	1下肢を3センチメートル以上短縮したもの
13	長管状骨に著しい転位変形を残すもの
14	1上肢の2指以上を失ったもの
15	1上肢の人差し指を失ったもの
16	1上肢の3指以上の用を廃したもの
17	人差し指を併せ1上肢の2指の用を廃したもの
18	1上肢の親指の用を廃したもの
19	1下肢の第1趾《し》または他の4趾《し》以上を失ったもの
20	1下趾の5趾《し》の用を廃したもの
21	前各号に掲げるもののほか、身体の機能に、労働が制限を受けるか、または労働に制限を加えることを必要とする程度の障害を残すもの
22	精神または神経系統に、労働が制限を受けるか、または労働に制限を加えることを必要とする程度の障害を残すもの

障害手当金の支給額

障害手当金の額は次の計算式で算出し支給されます。ただし、障害認定日から5年経過すると時効となり、請求できません。

◗障害手当金の額の計算式

障害手当金 ＝ 平均標準報酬額 × 5.481/1000 × 被保険者期間の月数 × 2

（注）・被保険者期間の月数は最低300か月。
・最低保障額は1,224,000円（昭和31年4月2日以降生まれの人の令和6年度価額）。
・平成15年3月までの加入期間のある人の計算方法、従前保障の計算方法はP.73参照。

PART-3

5 国 厚 事後重症・併合認定・併給調整とは

障害認定日において障害等級に該当しなかった人でも、65歳に達する日の前日までに障害状態が重くなり、障害等級に該当するに至ったときは、障害基礎年金・障害厚生年金の請求ができます（3級は障害厚生年金のみ)。これを事後重症制度と呼んでいます。

また1級または2級の障害給付を受けている人が、後から別のケガ・病気により1級または2級の障害を残した場合でも一つの障害給付しかもらえません。つまり、後の障害の認定日に前後の障害を併せて障害等級が決定され、新たな障害給付が支給されます。これを「併合認定」と呼んでいます。

最初は障害状態になくても65歳までに重くなればもらえる－事後重症－

障害認定日において1～3級に該当しなかった人でも、65歳に達する日の前日までに障害状態が重くなり、1級または2級に該当するに至ったときは、障害基礎年金（障害厚生年金）の請求ができ、請求後該当すると認められれば、支給されます。3級の場合は障害厚生年金のみ支給されます。

事後重症

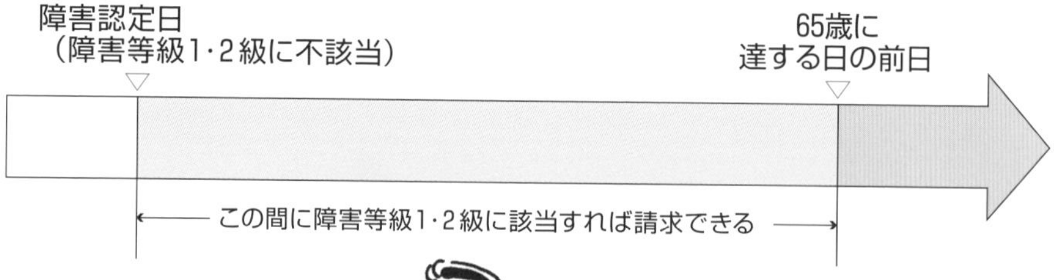

前後の障害は併せて一つの障害として扱われる―併合認定―

障害基礎年金を受けている人に、さらに別の新たな障害が発生した場合、今の制度では、二つの障害を併せて一つの障害基礎年金を支給することになっています。以下に三つの例をあげてみましょう

例①

軽い障害で障害基礎年金に該当していなかった人に新たな障害が発生し、二つの障害を併せてはじめて障害等級の1・2級に該当した場合、本人の請求により翌月から、障害基礎年金が支給される。

前障害	+	後障害	=	前障害	1・2級	→	1・2級の
不該当		不該当		後障害	に該当		障害基礎年金

例②

前後いずれの障害も単独で障害基礎年金を受けられる場合にも併合される。例えば2級と2級の場合には、1級に改定され、新しく1級の権利が発生する。当然、前の2級の受給権はなくなる。

前障害	+	後障害	=	前障害	1級	→	1級の
2級		2級		後障害	に該当		障害基礎年金

（注）例①②は障害厚生年金・障害共済年金でも同様。

例③

前後どちらかの障害が2級以上の人で、他方が3級の場合には併合認定はされないが、請求により1級に改定されることがある。3級の障害厚生年金または1・2級の障害基礎年金＋障害厚生年金のどちらかを選択することになる。

前障害	+	後障害	=	~~前障害~~	併合認定
2級		3級		~~後障害~~	されない

3級の障害厚生年金
2級の障害基礎年金＋2級の障害厚生年金
または併合改定により
1級の障害基礎年金＋1級の障害厚生年金
（どちらか高いほうを選ぶ）

労災保険の障害補償年金と障害給付との調整

障害給付は、業務災害または通勤災害であっても、一定の障害が残ったときは支給されます。もちろん、労災保険からも障害補償年金が支給されますので、ダブルでもらえることになりますが、労災保険の障害補償年金のほうは障害給付との組み合わせにより、一定率で減額した年金が支給されます。

労災保険の障害補償年金が併給されるときの障害補償年金の減額率

障害給付の種類	障害補償年金の減額率
障害基礎年金 ＋ 障害厚生年金	27%
障害厚生年金のみ	17%
障害基礎年金のみ	12%

（注）・労災保険の障害補償年金（通勤災害のときは「障害年金」と称する）が受けられるときでも、障害基礎年金や障害厚生年金は全額支給される。
・厚生年金保険の障害手当金については労災保険から給付があるときは支給されない。

損害賠償と障害給付との調整

第三者の不法行為による災害、例えば交通事故によって障害が残ったような場合は加害者から損害賠償を受けることができます。この場合、先に加害者から損害賠償を受けると、障害給付は36か月を上限に、支給停止となります。１つの事故によって加害者からの補償と国からの補償の両方を受けることがないように調整されることになっているからです。その支給停止期間の算出には、総務省統計局の「家計調査」に基づいて作成された「基準生活費」が使われます。

障害給付をもらえる例、もらえない例

今まで障害給付の説明をしてきましたが、なかなかわかりづらいところもあったことでしょう。ここでは実際にもらえる例、もらえない例をあげてみますので参考にしてください。年金というと老齢給付のことばかりが目立ちますが、いざというときに役立つ障害給付をもらうためにもよく理解しておいてください。特にもらえない例が重要です。

障害給付がもらえる例

（注）年金額は煩雑になるので省いてあります。

例1

会社員のZさん。大学卒業後すぐ会社員となり（国民年金第2号被保険者）、40歳代の働き盛りに事故にあい、障害等級1級の障害の状態となった。専業主婦の妻と中学生と小学生の子供がいる。

⬇

もらえる年金

- 障害基礎年金　1級
- 子の加算分※1　2人分
- 障害厚生年金　1級
- 加給年金※2　妻の分

※1 子が18歳に到達する年度の末日を過ぎれば打ち切られる。
※2 妻が65歳になれば打ち切られる（妻自身の老齢基礎年金が支給されるため）。

例2

会社員のYさん。会社で厚生年金保険（国民年金第２号被保険者）に38年加入している。34年間連れ添った専業主婦の妻だけで、子はいない。58歳で発作により倒れ、２級の障害が残った。

⬇

もらえる年金

- ●障害基礎年金　２級
- ●障害厚生年金　２級
- ●加給年金　　　妻の分

障害給付がもらえない例

例3

会社を60歳で定年退職し、60歳から老齢年金の繰り上げ支給を受けていたXさん。厚生年金保険加入期間中に初診日のある病気によって、63歳で障害等級１級に該当した。

⬇

老齢年金の繰り上げ支給を受けていなければ障害基礎年金１級と障害厚生年金１級がもらえたはずだが、受けていたので、事後重症の障害給付はもらえない。

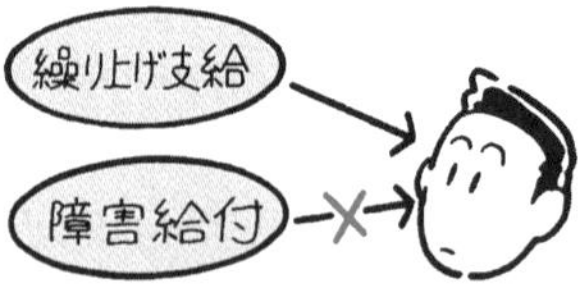

例4

自営業を17年間営んでいるWさん。50歳で事故にあい、障害等級１級に該当した。生命保険や損害保険にはバッチリ入っているし、国民年金はどうせもらえないからと、独立してから今日まで保険料を払っていなかった。独立する前は会社員で厚生年金保険に15年加入していたのだが…。

⬇

保険料納付済期間（15年）が全期間（32年）の３分の２以上ないので、障害給付はもらえない。

PART 4

遺族給付のしくみ

PART-4
1
国 厚

公的年金の遺族給付
——死亡したとき遺族に支払われる年金

公的年金の加入者や、かつての加入者で要件を満たしている人が死亡したときには、一定の遺族に「遺族給付」が支払われます。この遺族給付もやはり障害給付と同様に、1階部分が国民年金からの遺族基礎年金、2階部分が厚生年金保険からの遺族厚生年金（または共済組合からの遺族共済年金）と2階建てになっています。1階部分、2階部分とも各々もらうための要件に違いがあります。この遺族給付は障害給付と同じように、ほとんどが年金の形で支払われます。残された遺族にとっては、生活資金の支柱となる大切な給付です。

遺族給付は亡くなった人の要件と遺族の要件の両方が問われる

加入者が亡くなったときに支払われる遺族給付ですが、障害給付同様、加入さえしていれば誰でももらえるというわけではありません。しかも遺族給付の支給要件は、加入者本人だけでなく、遺族の要件も必要となります。

●遺族給付を受けるには…

亡くなった人の要件 ＋ 遺族の要件 → 遺族給付

遺族給付も老齢給付や障害給付と同じく2階建てになっている

遺族給付も老齢給付や障害給付と同じように2階建ての構造になっています。

●遺族給付の構造

2階部分	遺族厚生年金（遺族共済年金）	厚生年金保険からの給付（共済組合）
1階部分	遺族基礎年金	国民年金からの給付

（注）国民年金第1号被保険者の遺族（またはかつて第1号被保険者で要件を満たしている人の遺族）には1階部分が、国民年金第2号被保険者の遺族には1階部分と2階部分が給付の対象。

遺族給付の種類ともらえる遺族はどうなっているか

遺族給付は、死亡した人と遺族の組み合わせでどんな給付になるかが決まります。そしてそのどちらにも要件があります。つまり、第１号被保険者なら必ず１階部分（国民年金からの支給）、第２号被保険者なら必ず１階部分（国民年金からの支給）と２階部分（厚生年金保険または共済組合からの支給）の両方があるわけではありません。そこが老齢給付や障害給付と異なります。

●死亡した人と遺族に支給される給付の組み合わせ

死亡した人	国民年金 第１号被保険者			国民年金 第２号被保険者		国民年金 第３号被保険者
もらえる給付	遺族基礎年金	寡婦年金	死亡一時金※6	遺族厚生年金 遺族共済年金※5	遺族基礎年金	遺族基礎年金
もらえる遺族	18歳未満の子をもつ妻(夫) or 子※1	妻※4	祖父母、妻※3、夫※3、 子※3、父母、孫※3、 兄弟姉妹	祖父母、妻、夫、 子※1、父母、孫	18歳未満の子をもつ妻(夫) or 子※1	一般的になし※2

※1　18歳未満の子とは、18歳に到達した年度の末日までの間にある子、または20歳未満の障害等級１級または２級（いずれも、現に婚姻していないこと）の子をいう。
※2　昭和61年４月前に国民年金に任意加入していた人で、保険料納付済期間が３年以上ある場合には死亡一時金が支給されることがある。また、要件に該当すれば、遺族基礎年金が支給される遺族（子）もある。
※3　遺族基礎年金が受けられないときに限る。　※4　結婚10年以上の妻に限る。
※5　夫、祖父母、父母、孫には年齢要件がある。
※6　死亡した人と生計を同じくしていた人に限る。

年金の未加入者や保険料滞納者はすぐに手続きを！

国民年金の加入対象なのに未加入の人や、加入はしたが保険料を滞納している人がいます。そういう人が妻子を残して死亡した場合、遺族給付が出ないことがあります。保険料を納付すべき義務があるのに払っていないわけですからしかたのないことですが、残された遺族はたまりません。こういう二重の不幸を負わないよう、心当たりの人は今すぐ手続きをしてください。

（注）保険料支払要件についてはP.128参照。

PART-4

2 死亡したときにもらえる国民年金は遺族基礎年金

国 厚

国民年金からもらえる遺族給付には遺族基礎年金、寡婦年金、死亡一時金の三つがあります。ここでは、遺族基礎年金について説明します。

遺族基礎年金は18歳未満の子どもをもつ妻（夫）や、両親のいない18歳未満の子ども（両方亡くなった、または一人が離婚等でいなくなり、残ったほうが亡くなったなど）に支給されます。

ただし、もらうためにはいくつかの要件があります。

遺族基礎年金をもらうためには死亡時期がいつだったかが重要

遺族基礎年金は、本人（被保険者）が次の期間中に死亡していなければ受給資格がありません。

①国民年金に加入中（会社員等も加入しているので含まれる）

②かつて加入していて今は加入中ではないが、60歳以上65歳未満で日本在住中

③老齢基礎年金をもらっているとき

④老齢基礎年金の受給資格者であるとき（60歳以上65歳未満で待機中、または65歳以上70歳未満で繰り下げ支給を考えて待機中）

遺族基礎年金をもらえる死亡時期

①国民年金加入中

②かつて加入していて今は加入中ではないが、60歳以上65歳未満で日本在住中

③老齢基礎年金受給中

④老齢基礎年金の受給資格期間を満たした人

払うべき保険料を払っていないと遺族給付はもらえない

死亡時期が前ページの①②に該当する場合は、保険料納付要件があります(③④の場合は問われません)。保険料納付要件は障害給付の場合とほぼ同じで、死亡日の前日において、死亡日の属する月の前々月までの保険料を納付すべき期間のうち、3分の2以上が保険料納付済期間または保険料免除期間であることです。つまり、保険料滞納期間が3分の1を超えていないことが要件です。

●受給要件

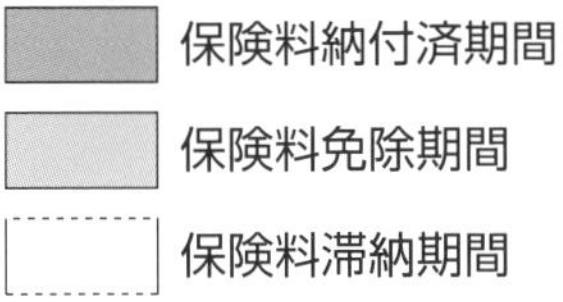

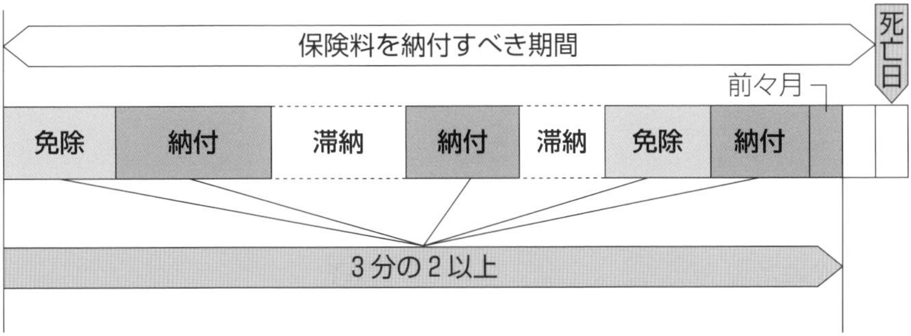

保険料納付要件の特例…直近1年間に滞納がなければOK

前出で説明した3分の2以上の保険料納付済要件を満たしていなくても、令和8(2026)年3月31日までは、死亡日の前日において、死亡日の属する月の前々月までの直近1年間に保険料の滞納がないという要件になっています。

●保険料納付要件の特例

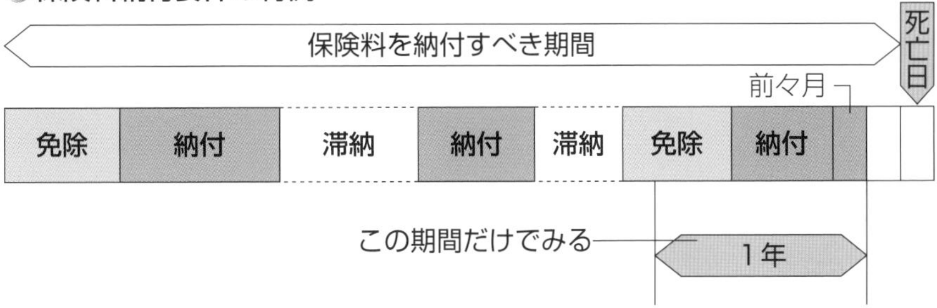

遺族基礎年金をもらえる遺族の要件

遺族基礎年金をもらえる遺族は、本人の死亡当時、本人に生計を維持されていた次の要件に該当する妻（夫）または子です。

遺族の要件

妻……死亡当時、18歳未満（または20歳未満で障害等級１級・２級）の子と生計を同じくしていた妻（夫）

（注）本章で妻（夫）とは法律上の妻および婚姻の届け出をしていないが、事実上婚姻関係と同様の事情にある人（いわゆる内縁関係や事実婚の人）も含む。

子……妻（夫）がいないとき（すでに死亡、または離婚して別居している場合）の18歳未満の子（または20歳未満で障害等級１級・２級の子）

（注）本章で18歳未満の子とは「18歳に到達した年度の末日までにある子または20歳未満で障害等級１級・２級の子」で、現に婚姻していない子をいう。また子とは死亡した人の実子または養子縁組をしている子をいう。いわゆる連れ子で、養子縁組をしていない場合はここでいう子ではない。

遺族基礎年金の額はいくらか（令和６年度価額）

遺族基礎年金の額は、大きく分けて、「子のいる妻（夫）と子が遺族の場合」と「子だけが遺族の場合」とに分かれますが、どちらの場合にも、子の数によって、加算される額が変わってきます。

「子のいる妻（夫）と子が遺族の場合」は、子の数により以下のように妻に加算されます。

《「子のいる妻（夫）と子が遺族の場合」の遺族基礎年金の額》

- 基本額（妻）………816,000円
- 子の１人目………234,800円
- 子の２人目………234,800円
- 子の３人目以降… 78,300円

●「子のいる妻（夫）と子が遺族の場合」の遺族基礎年金の合計額

妻(夫)と子１人の場合

816,000円＋234,800円
＝1,050,800円

妻(夫)と子２人の場合

816,000円＋469,600円
＝1,285,600円

妻(夫)と子３人の場合

816,000円＋547,900円
＝1,363,900円

（注）４人目以降の額は、１人増えるごとに78,300円を加算して算出する。

「子だけが遺族の場合」は、子の数により以下のように加算されます。

《「子だけが遺族の場合」の遺族基礎年金の額》

●子の１人目………816,000 円
●子の２人目………234,800 円
●子の３人目以降… 78,300 円
（１人につき）

●「子だけが遺族の場合」の遺族基礎年金の合計額

子が１人の場合

816,000円

子が２人の場合

816,000円+234,800円
＝1,050,800円

子が３人の場合

816,000円+313,100円
＝1,129,100円

子が４人の場合

816,000円+391,400円
＝1,207,400円

PART-4 3 国 厚

遺族厚生年金は死亡したときにもらえる厚生年金

第２号被保険者が厚生年金保険に加入中（在職中）に死亡した場合、または加入中に初診日のあるケガや病気で初診日から５年以内に死亡した場合に、遺族厚生年金が支給されます。遺族厚生年金は遺族基礎年金に比べて遺族の範囲が広くなっています。また、年金額は定額でなく、それぞれの平均標準報酬月額・平均標準報酬額や加入月数で異なります。

遺族厚生年金にも死亡時期や保険料納付要件がある

遺族厚生年金をもらうための要件を図示すると、次のようになります。

遺族厚生年金を受けるまでのしくみ

被保険者※ ＋ 保険料納付要件 ＋ 死亡 ＋ 遺族の要件 ➡ 遺族厚生年金

※または、かつて被保険者で一定要件を満たしている人

遺族厚生年金をもらうには死亡した人の要件もいる

遺族厚生年金をもらうには一定の遺族であるという要件のほかに、死亡した人が次の①から④のいずれかに該当していたことも重要な要件となっています。

①死亡日に厚生年金保険の被保険者であった人

②被保険者であった間に初診日のあるケガや病気で初診日から５年以内に死亡した人

③障害厚生年金の障害等級１・２級の受給権者

④老齢厚生年金の受給権者または老齢厚生年金の受給資格期間を満たして死亡した人

死亡した人の要件

死亡日に被保険者であった人

被保険者であった間に初診日のあるケガや病気で、初診日から５年以内に死亡した人

障害等級１級・２級の障害厚生年金の受給権者

老齢厚生年金の受給権者または老齢厚生年金の受給資格期間を満たして死亡した人

厚生年金保険に加入中に死亡した場合でも保険料納付要件はある

遺族厚生年金をもらうための保険料納付要件は、遺族基礎年金の保険料納付要件とほぼ同様です（P.129）。死亡日の前日において、死亡日の属する月の前々月までの保険料を支払ってきたか否かで判断されます。ただ就職直後に死亡した人で、就職する前の失業期間中に保険料を滞納していた人や、在職中に初診日があった人で、退職後保険料を滞納し、その初診日から５年以内に死亡した人に関しては、この保険料納付要件を満たさず遺族厚生年金がもらえないケースが出てきます。もちろん遺族基礎年金ももらえません。したがって、会社を辞めてから次の会社に再就職するまでの間は、必ず国民年金の第１号被保険者への変更手続きをし、保険料を納付しておくことが大切です。

遺族厚生年金の保険料納付要件

①厚生年金保険加入中の死亡の場合

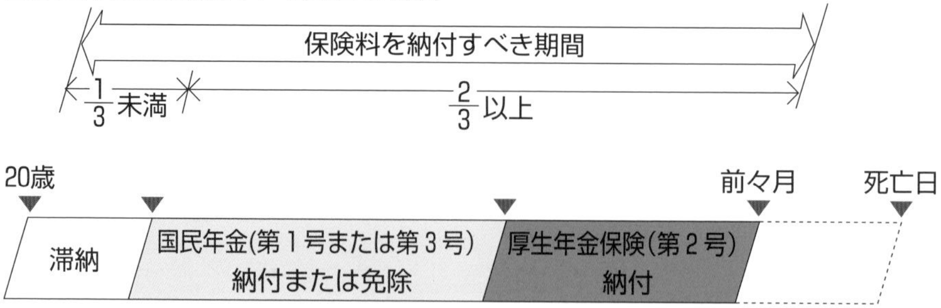

●死亡日の前日において、死亡日の属する月の前々月までの保険料を納付すべき期間のうち、保険料納付済期間と保険料免除期間を足したものが、全体の $\frac{2}{3}$ 以上あること。

②初診日から5年以内の死亡の場合

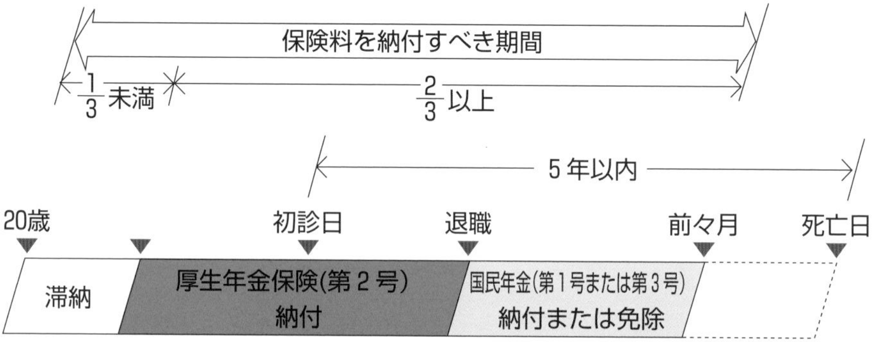

●厚生年金保険加入中に初診日があり、その初診日から5年以内の死亡であること。
●死亡日の前日において、死亡日の属する月の前々月までの保険料を納付すべき期間のうち、保険料納付済期間と保険料免除期間を足したものが、全体の $\frac{2}{3}$ 以上あること。

③障害厚生年金1級または2級の受給権者の死亡の場合

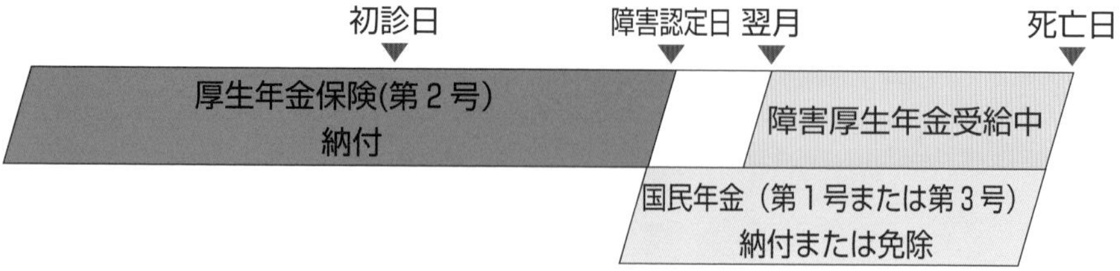

●厚生年金保険加入中に初診日があり、障害厚生年金の障害等級1級または2級の受給権者の死亡であること。

④老齢厚生年金をもらう資格のある人の死亡の場合

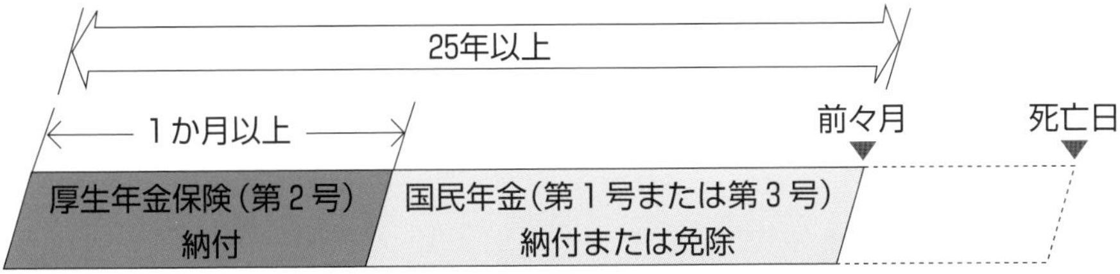

●死亡日の属する月の前々月までに、25年以上の国民年金の保険料納付済期間または保険料免除期間があり、かつ厚生年金保険の被保険者期間が１か月以上あって、老齢厚生年金の受給資格があること。

保険料納付要件の特例…直近１年間に滞納がなければOK

障害厚生年金や遺族基礎年金·障害基礎年金と同じように、前ページの①、②の場合には、３分の２以上の保険料納付済要件を満たしていなくても、令和８（2026）年３月31日までは、死亡した人が65歳未満であれば、死亡日の前日において、死亡日の属する月の前々月までの直近１年間に保険料滞納期間がなければよいこととなっています。

●保険料納付要件の特例

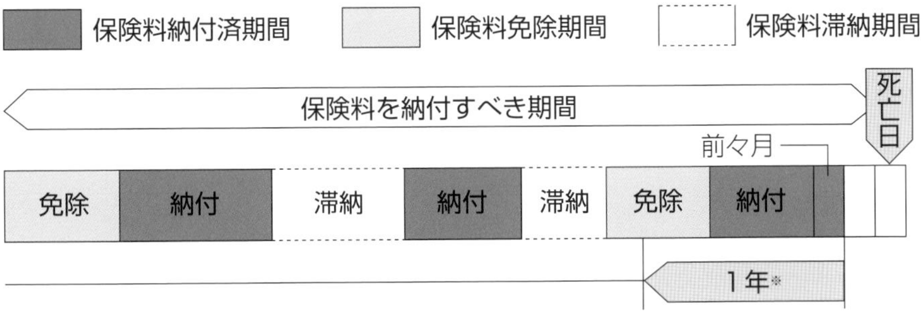

※保険料を納付すべき期間の３分の２以上が保険料納付済期間でなくても、この１年間に滞納がなければよい（令和８〈2026〉年３月31日までの措置）。

遺族厚生年金がもらえる遺族は誰か

遺族厚生年金をもらえる遺族は以下の表で示すように広範囲ですが、誰もがもらえるわけではなく優先順位があります。つまり、遺族厚生年金は遺族の中で最も先順位の人にだけ支給されるのです。

遺族厚生年金が支給される順位

被保険者に生計を維持されていた人	1位	配偶者	妻の場合年齢は問われないが、夫の場合55歳以上 （注）妻が夫の死亡当時30歳未満で、18歳未満の子がない場合は、5年間の有期年金となる。
		子	18歳に到達した年度の末日までの子（または障害等級1級・2級の20歳未満の子）で、現に婚姻していない子 （注）妻と子の場合は妻に支給され、子は支給停止。夫と子の場合は子に支給され、夫は支給停止。
	2位	父母	55歳以上
	3位	孫	要件は子と同じ
	4位	祖父母	55歳以上

（注）配偶者には、婚姻の届出をしていないが、事実上婚姻関係と同様の事情にある者（つまり内縁関係）を含む。夫、父母、祖父母の場合は本人の死亡の当時55歳以上の人が対象であるが、55～59歳までの間は支給されず、60歳からの支給となる。この制度を「若年停止」という。夫、父母、祖父母の場合は、本人に生計維持※されていた人でも60歳前なら自分で稼げるだろうという考え方からこのような制度になっている。

※生計維持されていた人とは、死亡当時生計を同じくし、年収850万円以上を得られないと認められる人（所得金額であれば655万5千円未満の人）のことをいう。

妻が遺族厚生年金をもらえなくなるケース

妻に支給されている遺族厚生年金は、次の場合にもらえなくなります。

①再婚したとき（事実婚も含む）

②死亡したとき

③直系血族および直系姻族以外の人の養子となったとき

（注）・直系血族とは、血のつながりのある父母、祖父母、子、孫をいう。

・直系姻族とは、自分の配偶者の父母、祖父母、子、孫をいう。

子が遺族厚生年金をもらえなくなるケース

子に支給されている遺族厚生年金は、次の場合にもらえなくなります。

①18歳に到達した年度の末日（障害等級１級・２級の場合は20歳）に達したとき
②死亡したとき
③結婚したとき（事実婚も含む）
④20歳未満の障害のある子が障害等級１級・２級に該当しなくなったとき
⑤直系血族および直系姻族以外の養子となったとき
⑥離縁により、死亡した人との親族関係が終了したとき

●子の場合

遺族厚生年金の年金額の計算方法は２通りある

遺族厚生年金の年金額の計算方法は２通りあります。一つは加入月数が短かった場合の短期要件の計算方法、もう一つは長年加入していた場合の長期要件の計算方法です。いずれの計算方法も給与の額〈平均標準報酬（月）額〉により計算されるので、定額ではありません。平成12年の改定により従前額が保障されることになっています。

短期要件の計算方法はこうする

短期要件の計算方法は、以下のようになっています。加入月数が300月未満のときは300月とするという決まりがありますので、若くして亡くなったときには、短期要件の計算方法がよいでしょう。

短期要件の計算式
（年金額＝ＡとＢの合計額× 300 ／全被保険者月数 × ４分の３[※1]）

[H15.3までの期間分] A：平均標準報酬月額×1000分の7.125[※2]×被保険者月数[※3]
[H15.4以降の期間分] B：平均標準報酬額×1000分の5.481[※2]×被保険者月数[※3]

※１年金額は加入歴25年の昭和21年４月２日以降生まれの会社員の老齢厚生年金の４分の３の額になる。
※２従前保障の場合の乗率は、1000分の7.5と1000分の5.769となる。
※３被保険者月数は実際の月数で計算する。

長期要件の計算方法はこうする

長期要件の計算方法は、以下のようになっています。

長期要件の計算式
（年金額＝ＡとＢの合計額× ４分の３[※4]）

[H15.3までの期間分] Ａ：平均標準報酬月額×1000分の9.5～7.125[※5]×被保険者月数[※6]
[H15.4以降の期間分] Ｂ：平均標準報酬額×1000分の7.308～5.481[※5]×被保険者月数[※6]

※４年金額は死亡した人がもらっていた、またはもらう予定だった老齢厚生年金（または特別支給の老齢厚生年金の報酬比例部分）の４分の３の額になる。
※５乗率は次ページの表により生年月日ごとに定められた率（従前保障計算の場合は旧乗率。次頁参照）である。
※6被保険者月数は実際の月数で計算する。

（注）短期要件にも長期要件にも該当する場合は、年金請求書の「□年金額が高い方の計算方法での決定を希望する」の□にレを入れれば、高い方で計算される。

遺族厚生年金の総報酬制実施前後の報酬比例部分の給付乗率

生年月日	H15.3までの期間分		H15.4以降の期間分	
	新乗率	旧乗率	新乗率	旧乗率
	1000分の	1000分の	1000分の	1000分の
大15.4.2～昭2.4.1	9.500	10.000	7.308	7.692
昭2.4.2～昭3.4.1	9.367	9.860	7.205	7.585
昭3.4.2～昭4.4.1	9.234	9.720	7.103	7.477
昭4.4.2～昭5.4.1	9.101	9.580	7.001	7.369
昭5.4.2～昭6.4.1	8.968	9.440	6.898	7.262
昭6.4.2～昭7.4.1	8.845	9.310	6.804	7.162
昭7.4.2～昭8.4.1	8.712	9.170	6.702	7.054
昭8.4.2～昭9.4.1	8.588	9.040	6.606	6.954
昭9.4.2～昭10.4.1	8.465	8.910	6.512	6.854
昭10.4.2～昭11.4.1	8.351	8.790	6.424	6.762
昭11.4.2～昭12.4.1	8.227	8.660	6.328	6.662
昭12.4.2～昭13.4.1	8.113	8.540	6.241	6.569
昭13.4.2～昭14.4.1	7.990	8.410	6.146	6.469
昭14.4.2～昭15.4.1	7.876	8.290	6.058	6.377
昭15.4.2～昭16.4.1	7.771	8.180	5.978	6.292
昭16.4.2～昭17.4.1	7.657	8.060	5.890	6.200
昭17.4.2～昭18.4.1	7.543	7.940	5.802	6.108
昭18.4.2～昭19.4.1	7.439	7.830	5.722	6.023
昭19.4.2～昭20.4.1	7.334	7.720	5.642	5.938
昭20.4.2～昭21.4.1	7.230	7.610	5.562	5.854
昭21.4.2～	**7.125**	**7.500**	**5.481**	**5.769**

遺族給付の額は最先順位の遺族が２人以上いると頭割りになる

遺族給付をもらえる遺族には優先順位があり、最先順位の人だけに支払われますが、配偶者以外の人で最先順位の人が複数いる場合は、遺族給付の額は均等に頭割りとなります。

遺族給付の優先順位

例　遺族給付の受給権者が子２人の場合

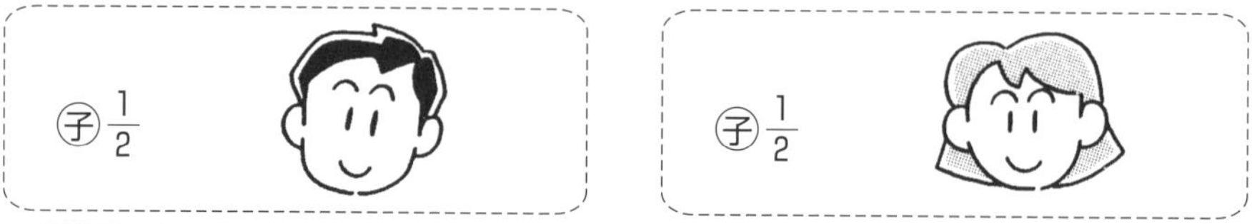

子のない妻でも中高齢の寡婦加算がつく場合がある〈未亡人への加算金〉

子どものいない妻やすでに子どもが大きくなってしまった妻には、遺族基礎年金はありません。しかし、中高齢になって夫に先立たれ、新たに就職先を探すのは困難なことです。そこで、夫の死亡当時、ある程度の年齢になっている妻には、中高齢の寡婦加算があります。

未亡人への加算金

中高齢の寡婦加算の額と要件

厚生年金保険に原則20年以上加入していた夫の死亡当時、40歳以上65歳未満（平成19年３月31日までは35歳以上65歳未満）で生計を維持されていた妻には、40～64歳までの間の遺族厚生年金に中高齢の寡婦年金として、年額612,000円（令和６年度価額）がつきます。また、夫の死亡当時40歳になっていない妻でも、最年少の子が18歳に到達した年度末になり、遺族基礎年金が打ち切られた時点で40歳以上であれば、同様に中高齢の寡婦加算があります。

この中高齢の寡婦加算は、妻が65歳になり妻自身の老齢基礎年金がもらえるようになったら支給されなくなります。昭和31年４月１日以前に生まれた妻の場合には、経過的寡婦加算になります。

寡婦加算の例

例１ 子のない妻の場合（その１） 昭和31年4月1日以前に生まれた妻で妻自身厚生年金に加入していない場合

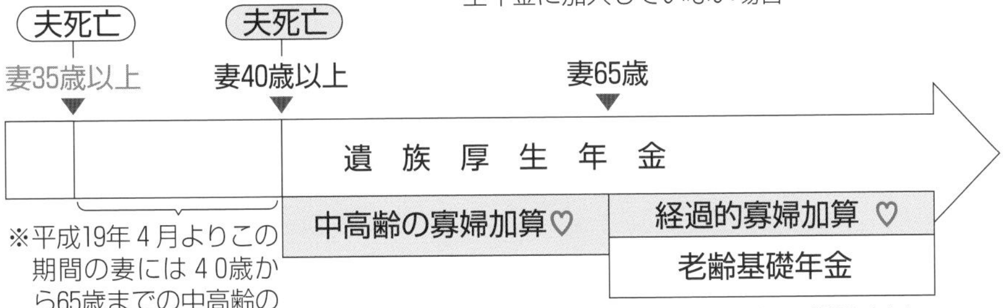

♡ 夫の被保険者期間が原則20年以上。

例2 子のない妻の場合（その2） 昭和31年4月2日以降に生まれた妻で妻自身厚生年金に加入していない場合

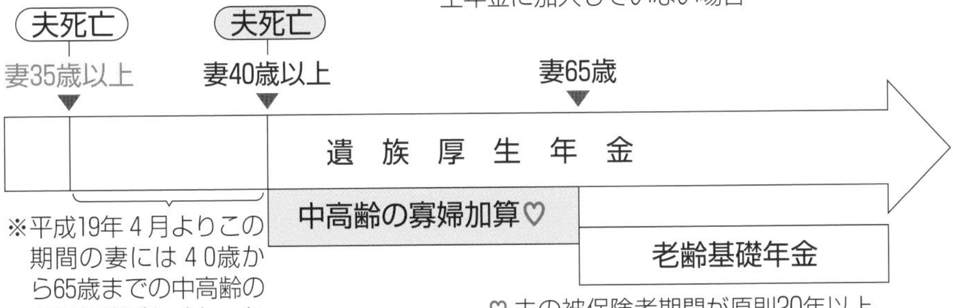

♡ 夫の被保険者期間が原則20年以上。

例３ 子のいる妻の場合（その１） 昭和31年4月2日以降に生まれた妻で妻自身厚生年金に加入していない場合

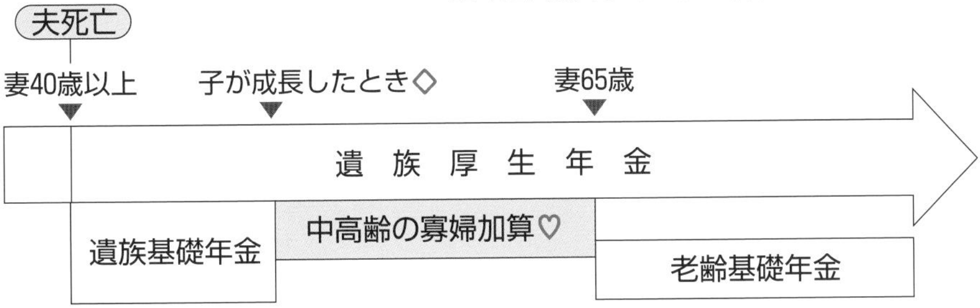

♡夫の被保険者期間が原則20年以上。
◇子が成長したときとは、最年少の子が18歳に到達した年度の末日になったときや、障害等級の１級・２級の子が20歳になったときなど、子が全員失権したときをいう。

例４　子のいる妻の場合（その２）　昭和３１年4月2日以降に生まれた妻で妻自身厚生年金に加入していない場合

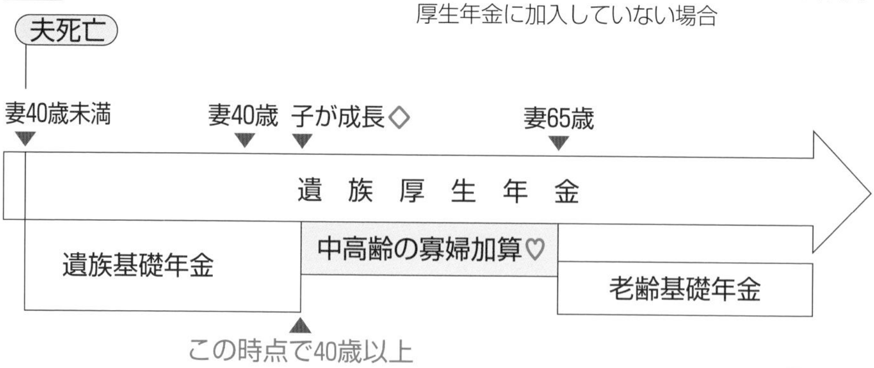

♡夫の被保険者期間が原則20年以上。
◇子が成長したときとは、最年少の子が18歳に到達した年度の末日になったときや、障害等級の１級・２級の子が20歳になったときなど、子が全員失権したとき。

妻に支給される経過的寡婦加算は65歳から

65歳になって自分の老齢基礎年金がもらえるようになると、中高齢の寡婦加算がなくなります。そうなると年金額が以前より低くなる人が出てきますので、その不足分を補うため、65歳以降も一定の額を加算するのがこの経過的寡婦加算です。経過的寡婦加算が行われるのは、昭和31年４月１日以前に生まれた妻が対象となっており、その額は生年月日によって次ページの表のようになっています。

経過的寡婦加算

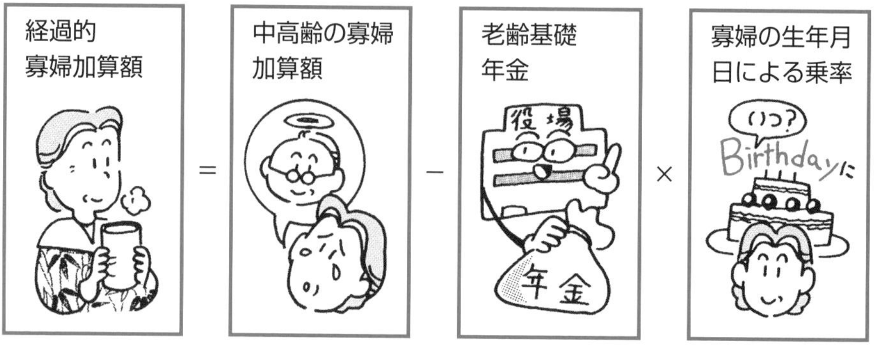

65歳以降の妻の遺族厚生年金に加算される経過的寡婦加算額（令和６年度）

妻の生年月日	乗率	813,700円×左欄の乗率	経過的寡婦加算額（610,300円－左の金額）
昭和 2年4月1日以前	0	0円	610,300円
昭和 2年4月2日～昭和 3年4月1日	312分の12	31,296	579,004
昭和 3年4月2日～昭和 4年4月1日	324分の24	60,274	550,026
昭和 4年4月2日～昭和 5年4月1日	336分の36	87,182	523,118
昭和 5年4月2日～昭和 6年4月1日	348分の48	112,234	498,066
昭和 6年4月2日～昭和 7年4月1日	360分の60	135,617	474,683
昭和 7年4月2日～昭和 8年4月1日	372分の72	157,490	452,810
昭和 8年4月2日～昭和 9年4月1日	384分の84	177,997	432,303
昭和 9年4月2日～昭和10年4月1日	396分の96	197,261	413,039
昭和10年4月2日～昭和11年4月1日	408分の108	215,391	394,909
昭和11年4月2日～昭和12年4月1日	420分の120	232,486	377,814
昭和12年4月2日～昭和13年4月1日	432分の132	248,631	361,669
昭和13年4月2日～昭和14年4月1日	444分の144	263,903	346,397
昭和14年4月2日～昭和15年4月1日	456分の156	278,371	331,929
昭和15年4月2日～昭和16年4月1日	468分の168	292,097	318,203
昭和16年4月2日～昭和17年4月1日	480分の180	305,138	305,162
昭和17年4月2日～昭和18年4月1日	480分の192	325,480	284,820
昭和18年4月2日～昭和19年4月1日	480分の204	345,823	264,477
昭和19年4月2日～昭和20年4月1日	480分の216	366,165	244,135
昭和20年4月2日～昭和21年4月1日	480分の228	386,508	223,792
昭和21年4月2日～昭和22年4月1日	480分の240	406,850	203,450
昭和22年4月2日～昭和23年4月1日	480分の252	427,193	183,107
昭和23年4月2日～昭和24年4月1日	480分の264	447,535	162,765
昭和24年4月2日～昭和25年4月1日	480分の276	467,878	142,422
昭和25年4月2日～昭和26年4月1日	480分の288	488,220	122,080
昭和26年4月2日～昭和27年4月1日	480分の300	508,563	101,737
昭和27年4月2日～昭和28年4月1日	480分の312	528,905	81,395
昭和28年4月2日～昭和29年4月1日	480分の324	549,248	61,052
昭和29年4月2日～昭和30年4月1日	480分の336	569,590	40,710
昭和30年4月2日～昭和31年4月1日	480分の348	589,933	20,367
昭和31年4月2日以降	――	――	――

遺族基礎年金がもらえない場合には、寡婦年金または死亡一時金がある

第1号被保険者の遺族である妻（夫）に幼い子がいない場合、遺族基礎年金は支給されません。しかし、遺族基礎年金をもらえない60～65歳未満の妻で、結婚生活が10年以上続いた人には、寡婦年金という制度があり、寡婦年金ももらえない場合は、国民年金保険料が掛け捨てになってしまうため、国民年金独自の給付として死亡一時金が支払われます。

寡婦年金は60歳以上65歳未満の妻で、結婚10年以上が要件

国民年金の第１号被保険者が死亡し、遺族基礎年金が受けられない場合には「寡婦年金」または「死亡一時金」があります。

国民年金から支給される寡婦年金の支給要件は、次のようになっています。

①60歳以上65歳未満の寡婦であること
②死亡した夫に扶養されていた妻で、夫が死亡するまでに10年以上の婚姻期間があること（事実婚含む）
③老齢基礎年金をもらう資格を満たしている夫（第１号被保険者で、保険料納付済期間と保険料免除期間の合計が10年※以上ある人）が死亡した場合であること
④死亡した夫が老齢基礎年金または障害基礎年金の支給を受けたことがないこと。

(注)夫の死亡当時の妻の年齢は、60歳未満でもよい。寡婦年金は60歳から65歳までの有期年金。

※平成29（2017）年７月31日以前に死亡の場合は25年以上。

寡婦年金は老齢基礎年金の４分の３の額である

寡婦年金の額は、夫が生きていた場合にもらえるはずだった老齢基礎年金（第１号被保険者としての保険料納付済期間と保険料免除期間分について計算された額）の４分の３の額です。

寡婦年金の計算式

$$\underset{※1}{816{,}000\text{円}} \times \frac{\text{保険料納付済月数} + \text{保険料全額免除月数}\times 1/2 + \text{保険料4分の1納付月数}\times 5/8 + \text{保険料半額納付月数}\times 3/4 + \text{保険料4分の3納付月数}\times 7/8}{\text{加入可能月数}} \times \frac{3}{4}$$

死亡した夫がもらえるはずだった老齢基礎年金

※１　令和６年度価額

死亡一時金は３年以上の保険料を納めた第１号被保険者だけが対象

死亡一時金の支給要件は、次のようになっています。

①死亡した人が国民年金の第１号被保険者として、保険料を３年（36月）以上納めていたこと（４分の３納付月数は４分の３月、半額納付月数は２分の１月、４分の１納付月数は４分の１月として計算）

②死亡した人が老齢基礎年金、障害基礎年金の両方とも支給されたことがないこと

③遺族の中に子（18歳に達した後はじめて到来する３月31日までの子または20歳未満で障害等級１級・２級の子で、現に婚姻していない子）がいないため遺族基礎年金がもらえないこと

死亡一時金の優先順位

死亡一時金は１回だけの一時金ですが、もらえる遺族の優先順位は次のようになっています（死亡の当時、死亡した人と生計を同じくしていた人に限る）。

死亡一時金の優先順位

１位　２位　３位　４位　５位　６位

①配偶者　②子　③父母　④孫　⑤祖父母　⑥兄弟姉妹

死亡一時金は保険料納付済期間に応じて定額で支給される

死亡一時金の額は、保険料納付済期間に応じて次のようになっています。

保険料納付済期間に応じた死亡一時金の額

保険料納付済期間	死亡一時金の額
3年以上15年未満	120,000円
15年以上20年未満	145,000円
20年以上25年未満	170,000円
25年以上30年未満	220,000円
30年以上35年未満	270,000円
35年以上	320,000円

（注）・付加保険料を３年以上納めた場合は、一律8,500円が加算される。
・寡婦年金と死亡一時金はどちらか一方のみの支給である。

PART-4

5

国 厚

遺族給付と自分の老齢給付は両方もらえるか

遺族給付をもらっている人が65歳になり自分自身の老齢給付がもらえるようになった場合、遺族給付と老齢給付は同時にもらうことができるのでしょうか。

同時に二つの受給権がある場合は、自分自身の老齢給付が支給され、遺族給付との差額があれば、その分も支給されます。

65 歳未満で複数の年金受給権がある場合

支給事由が異なる２つ以上の年金を受けられるときは、いずれか１つの年金を選択することになっています。例えば、それまで遺族厚生年金を受給していた人が、63 歳になって特別支給の老齢厚生年金を受けられるようになったときは、遺族給付と老齢給付をあわせて受給することはできず、いずれかを選択することになります。

選択の例

遺族厚生年金 ← 選択 → 老齢厚生年金

妻も働いていた場合の65歳以降の遺族年金

65歳以降で遺族年金の受給権のある妻（配偶者）が、自分自身の老齢厚生年金も受けられる場合は、自分自身が納めてきた保険料を年金額に反映させるため、まず老齢厚生年金を全額受給し、遺族厚生年金は老齢厚生年金を上回る場合に差額が支給されるようになりました。

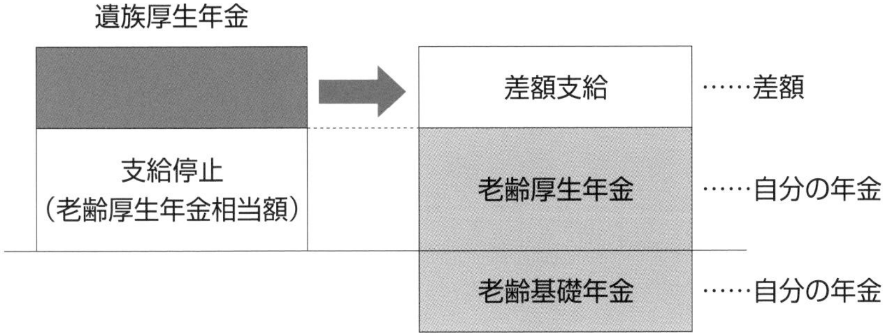

遺族厚生年金の算出方法と老齢厚生年金との関係

夫（配偶者）の死亡による遺族厚生年金の算出方法

平成19年4月1日以降に受給権が発生した夫（配偶者）の死亡による遺族厚生年金の額は、次のＡ・Ｂのうちいずれか高い方の額となります。

A　夫（配偶者）の死亡による遺族厚生年金額の額

＝{夫（配偶者）の老齢厚生年金額の報酬比例部分の４分の３の額}

B　夫（配偶者）の死亡による遺族厚生年金額の額

＝{夫（配偶者）の老齢厚生年金額の報酬比例部分の４分の3} の３分の２の額

＋

妻（残された人）の老齢厚生年金の額の２分の１の額

遺族厚生年金と老齢厚生年金の受給方法

1．妻（残された人）の老齢厚生年金は全額受給

2．上記ＡとＢのいずれか高い額と妻（残された人）自身の老齢厚生年金の額を比較して、老齢厚生年金の額の方が少ない場合はその差額を受給（遺族厚生年金のうち、老齢厚生年金に相当する額は支給停止）

夫が亡くなったときの**遺族給付**の例

夫が亡くなった場合に、残された妻に支給される遺族給付は、いったいいくらでしょうか。幼い子どもがいれば、これからの生活はますます大変です。また子どもが大きくなっていたとしても、一家の大黒柱が倒れれば妻が年をとってからの就職は厳しく、これからの生活費を確保するのに苦労するでしょう。そんなときに頼りになるのが、公的年金の遺族給付です。

万一のときに支給される遺族給付はいくらなのか、また生活していける額なのかを確認しておくことが大事です。遺族給付を試算することで万一の備えになりますし、もし遺族給付で足りないと感じる人は、ほかの方法で生活費を捻出することを考えるべきです。

会社員の夫が死亡した場合

例1

子のいない会社員の夫が死亡。死亡時58歳。昭和38年10月生まれ。
396月（内226月は平成15年４月以降の被保険者期間）
28万円（平成15年４月以降の平均標準報酬額＝50万円）
夫死亡時の遺族の年齢…妻57歳（昭和38年12月生まれ）

夫死亡 妻57歳	妻65歳
遺族厚生年金 （787,697円）	遺族厚生年金 （787,697円）
中高齢の加算額 （612,000円）	経過的寡婦加算 （0円）
合計1,399,697円	老齢基礎年金 （816,000※円）
	合計1,603,697円

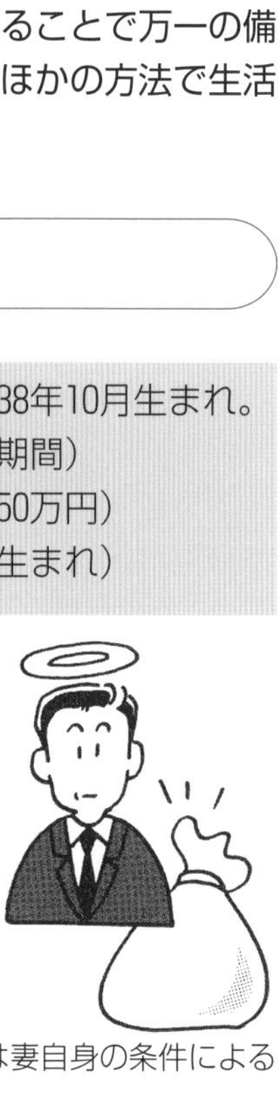

※保険料納付済期間を40年とした場合。額は妻自身の条件による

例2 18歳に到達する年度の末日までの子を残して会社員の夫が死亡。
死亡時50歳。昭和46年 5 月生まれ。
288月（内221月は平成15年 4 月以降の被保険者期間）
28万円（平成15年 4 月以降の平均標準報酬額＝50万円）
夫死亡時の遺族の年齢…妻45歳（昭和51年 7 月生まれ）長男15歳 次男12歳

夫死亡

妻45歳 長男15歳 次男12歳	妻48歳 長男18歳 次男15歳	妻51歳 長男21歳 次男18歳	妻65歳
遺族厚生年金（632,875円）	遺族厚生年金（632,875円）	遺族厚生年金（632,875円）	※147ページ参照
遺族基礎年金（816,000円）	遺族基礎年金（816,000円）	中高齢の寡婦加算（612,000円）	
子の加算額(2人)（469,600円）	子の加算額(1人)（234,800円）		
合計1,918,475円	合計1,683,675円	合計1,244,875円	

自営業の夫が死亡した場合

例 3 33年間、自営業を営んでいた夫が死亡。子はいない。
死亡時58歳。昭和38年12月生まれ。
保険料納付済期間（国民年金）…396か月
夫死亡時の遺族の年齢…………妻55歳（結婚30年）

夫死亡

妻55歳	妻60歳	妻65歳
なし	寡婦年金（504,900円）	老齢基礎年金※
	合計504,900円	※額は妻自身の条件による

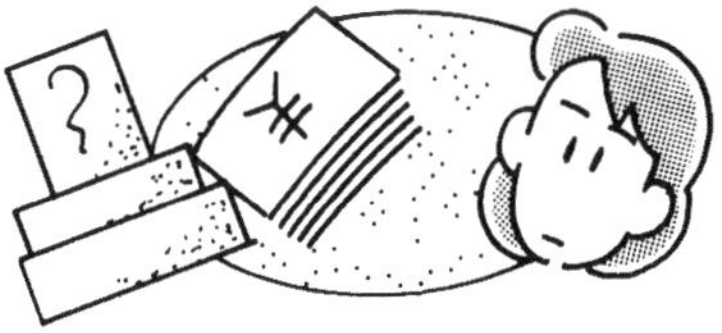

例 4

18歳に到達する年度の末日までの子を残して、22年間自営業を営んでいた夫が死亡。

死亡時44歳。昭和52年 7 月生まれ。

保険料納付済期間（国民年金）…216か月

夫死亡時の遺族の年齢…………妻40歳　長女10歳　次女 8 歳

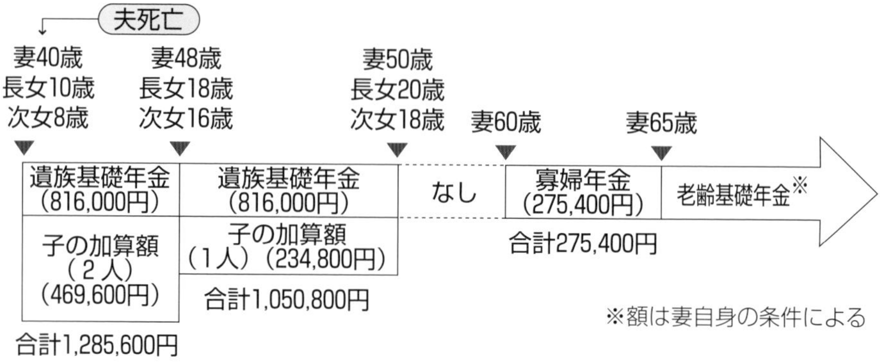

（注）・例①、②の遺族厚生年金は平成12年の法改定により従前保障をもとに計算したものである。

・例①～④はすべて令和６年度価格で算出。

・遺族厚生年金・遺族基礎年金・子の加算額・寡婦年金等の計算は各々の章を参照。

ONE·POINT

「死亡の推定」と「失踪の宣告」

遺族給付は死亡した遺族に対して支払われるものですが、死亡したかどうかわからない場合にはどうなっているのでしょう。航空機の墜落や船舶の沈没によって行方不明になった場合、民法では１年間という期間が定められていますが、国民年金法や厚生年金保険法ではさらに短くなっていて、死亡したかどうか３か月間わからないときは、その事故や行方不明になった日に死亡したものと推定し、受給権もその日に発生します。ただし蒸発のケースは、７年間生死がわからず、遺族の請求により失踪宣告がなされたときに死亡したものとみなされます。そして受給権もこのとき発生します。なお、この場合の被保険者の資格や生計維持関係については、７年前の時点でみることになります。

PART 5

共済年金のしくみ

PART-5 1

国 厚

公務員等も厚生年金に加入する

会社員や公務員などが加入する被用者年金は、厚生年金、国家公務員等共済年金、地方公務員共済年金、私学共済年金の４つに分かれて運営し、年金が給付されていました。

ところが、それまでのように別々に運営給付していくと、今後の少子・高齢化の進展等により安定した年金財政が維持できなくなります。また公平性の確保の観点から、民間会社員も公務員、私学教職員も同じ保険料を負担し、同じ年金給付を受ける制度にすることで国民の公的年金に対する信頼を保つことが期待できます。それらの目的で平成27（2015）年10月１日から、４つの被用者年金は厚生年金１つにまとめられ、一元化されました。

共済年金は、厚生年金に統一された

被用者年金の一元化によって、共済年金は平成27年10月１日に厚生年金に統一されました。このため、平成27年10月１日以降に年金の受給権が発生する共済組合の組合員は、平成27年９月30日までの加入期間分については一元化前の共済年金の計算方法により年金額が計算されます。

また、平成27年10月１日以降の加入期間分については、厚生年金の計算方法により年金額が計算され、一元化前の職域年金部分については別途、退職年金として給付されることとなりました。

統一される前の共済年金には、３階部分の職域加算があったことで年金が多く支給されていましたが、一元化によって職域年金部分が廃止され、その代わり年金払い退職給付が新設されて職域年金部分に取って代わることになりました。

一元化前に共済年金を受給している人や平成27年10月１日以前に共済に加入していた人は、その期間分の職域年金部分を受給することができますが、職域年金部分を受給する人はだんだん少なくなっていき、将来はなくなります。

一元化による変更点

被用者年金の一元化により、共済年金は以下のような点が変更されました。

1．公務員および私学教職員も厚生年金に加入することになり、２階部分の年金は厚生年金に統一された。

2．厚生年金の被保険者は次の①～④に区分された。

①第１号厚生年金被保険者：会社員など

②第２号厚生年金被保険者：国家公務員

③第３号厚生年金被保険者：地方公務員

④第４号厚生年金被保険者：私立学校教職員

3．共済年金と厚生年金の制度的な差異については、基本的に厚生年金に揃えて解消される。

4．共済年金の１・２階部分の保険料が引き上げられ、厚生年金の保険料率（上限18.30％）に統一された。

5．厚生年金事業の実施に当たっては、効率的な事務処理を行う観点から、共済組合や私学事業団を活用し、制度全体の給付と負担の状況は国と会計に取りまとめて計上される。

6．遺族年金の転給が廃止。遺族共済年金では、先順位者が失権した場合、次順位者に転給されてきたが、一元化後は厚生年金と同じく先順位者が失権しても、次順位以下の者に転給されない。

例：平成 27 年９月 30 日までは遺族年金受給中の子どものいない妻が死亡したとき、一定の場合、その遺族年金が父母等に支給されていた。

平成27年10月１日に65歳以上で「退職共済年金」の受給権を有している人

平成27年10月１日に65歳以上で、退職共済年金の受給権がある人は、厚生年金に相当する部分と職域年金相当部分が、いずれも退職共済年金として支給されます。

また、「障害共済年金」や「遺族共済年金」を受給されている人については、年齢に関係なくその権利を喪失するまで同じ名称のまま受給することになります。

公務員であった人の65歳以降の老齢給付の計算法

65歳以降の老齢給付の額は、本来65歳から支給される老齢厚生年金額に加給年金額、経過的加算、老齢基礎年金額を足して算出されます。また、一定の要件を満たす人は、経過的職域加算額が支給されます。その計算式は以下のとおりです。

老齢給付額の算出方法（昭和 31 年 4 月 2 日以降生まれの人のケース）

老齢厚生年金額（A＋Bの額） ＝

A　平成 15 年 3 月までの被保険者期間分

（生年月日に応じて）

平均標準報酬月額 × $\frac{9.5}{1000}$ ～ $\frac{7.125}{1000}$ × 被保険者期間の月数

B　平成 15 年４月以降の被保険者期間分

（生年月日に応じて）

平均標準報酬額 × $\frac{7.308}{1000}$ ～ $\frac{5.481}{1000}$ × 被保険者期間の月数

従前保障計算はＰ.73 参照

＋

加給年金額 ＝ P.80参照

＋

経過的加算 ＝

1,701円×〔生年月日に応じた定額乗率〕×被保険者期間の月数※1

－ 816,000 円× $\frac{\text{昭和36年４月以降で20歳以上60歳未満の厚生年金保険の被保険者期間の月数}}{\text{加入可能年数}\times 12}$

＋

（令和 6 年度価額）

老齢基礎年金額 ＝ 816,000円（令和 6 年度満額の場合）

（注）平均標準報酬月額は P.74、老齢基礎年金額は P.68 をそれぞれ参照。

※１　生年月日により上限あり。P.92 参照。

経過的職域加算（旧職域加算退職給付）

平成27年９月までの共済年金にあった職域年金部分は、次のいずれにも該当するときは経過的に支給されます。

1．平成27年10月１日をまたいで引き続く組合員期間が１年以上あること。

＊平成 27 年９月以前の組合員期間が１年未満でも１年以上になれば該当する。

2．一元化前の本来支給の退職共済年金または特別支給の退職共済年金の支給要件を満たしていること。

老齢給付における経過的職域年金

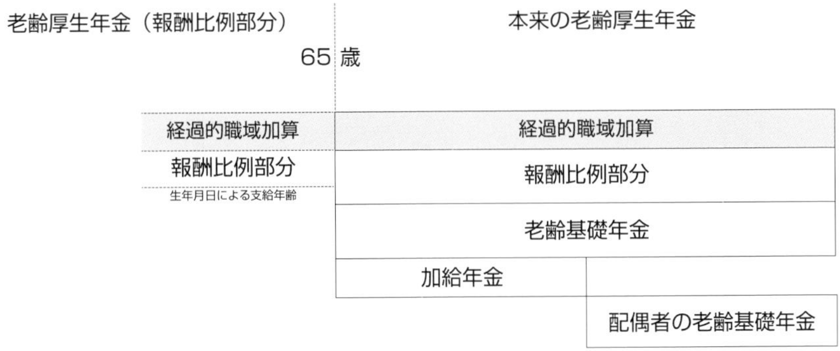

経過的職域加算額の計算

次の A+B の合算額になります。

A　平成 15 年 3 月 31 日までの期間

$$\underset{\text{新再評価率}}{\text{平均標準報酬月額}} \times \left[\begin{array}{ll} \frac{1.425}{1000} & (\text{組合期間 20 年以上}) \\ \frac{0.713}{1000} & (\text{組合期間 20 年未満}) \end{array} \right] \times \text{A の期間の月数}$$

B　平成 15 年 4 月 1 日から平成 27 年 9 月 30 日までの期間

$$\underset{\text{新再評価率}}{\text{平均標準報酬月額}} \times \left[\begin{array}{ll} \frac{1.096}{1000} & (\text{組合期間 20 年以上}) \\ \frac{0.548}{1000} & (\text{組合期間 20 年未満}) \end{array} \right] \times \text{B の期間の月数}$$

従前保障されるときの計算

上記の A+B の合算額が次の合算額に満たないときは次の合算額が保障されます。

A　平成 15 年 3 月 31 日までの期間

$$\underset{\text{旧再評価率}}{\text{平均標準報酬月額}} \times \left[\begin{array}{ll} \frac{1.5}{1000} & (\text{組合期間 20 年以上}) \\ \frac{0.75}{1000} & (\text{組合期間 20 年未満}) \end{array} \right] \times \text{A の期間の月数} \times \text{従前改定率}$$

B　平成 15 年 4 月 1 日から平成 27 年 9 月 30 日までの期間

$$\underset{\text{旧再評価率}}{\text{平均標準報酬月額}} \times \left[\begin{array}{ll} \frac{1.154}{1000} & (\text{組合期間 20 年以上}) \\ \frac{0.577}{1000} & (\text{組合期間 20 年未満}) \end{array} \right] \times \text{B の期間の月数} \times \text{従前改定率}$$

注：20年以上あるかどうかは平成27年10月以降の期間を含める

一元化前の65歳からの退職共済年金

一元化前の退職共済年金では、65歳になると国民年金から老齢基礎年金がもらえるようになり、退職共済年金（報酬比例部分と職域年金部分）はそれに上乗せしてもらえます。しかし、それまで受けていた定額部分が老齢基礎年金として支給されることにより、年金額が減ることがあります。

特別支給の退職共済年金の定額部分の額は、現在の計算方法では65歳からの老齢基礎年金の額を上回ることがあります。そのため65歳からの年金額が減らないように「経過的加算額」として、定額部分と老齢基礎年金との差額が支給されます。老齢厚生年金の場合と同じです。

65歳からの退職共済年金の計算方法（昭和31年4月2日以降生まれの人のケース）

報酬比例部分（A＋Bの額） ＝

[H15.3までの期間分]
A：平均標準報酬月額×報酬比例部分の乗率×組合員期間の月数
[H15.4以降の期間分]
B：平均標準報酬額×報酬比例部分の乗率×組合員期間の月数

※従前保障についてはP.73、報酬比例部分の乗率についてはP.157参照。

＋

職域年金部分（C＋Dの額） ＝

[H15.3までの期間分]
C：平均標準報酬月額×職域年金の乗率×組合員期間の月数
[H15.4以降の期間分]
D：平均標準報酬額×職域年金の乗率×組合員期間の月数

※従前保障についてはP.73、職域年金の乗率についてはP.157参照。

＋

経過的加算額 ＝

$$\text{定額部分の額} - \text{816,000円（令和６年度価額）} \times \frac{\text{昭和36年４月以降20歳以上60歳未満の間に組合員であった月数}}{\text{加入可能年数×12か月}}$$

※定額部分の額についてはP.154参照。

＋

加給年金 ＝ 配偶者や18歳到達年度の末日までにある子がいる場合（P.80参照）

＋

老齢基礎年金 ＝

$$\text{816,000円（令和６年度価額）} \times \frac{\text{保険料納付済月数} + \text{保険料全額免除月数}\times 1/2 + \text{保険料4分の1納付月数}\times 5/8 + \text{保険料半額納付月数}\times 3/4 + \text{保険料4分の3納付月数}\times 7/8}{\text{加入可能年数×12か月}}$$

※学生納付特例の免除期間で追納がない期間は年金額に反映されない。

退職共済年金の定額単価・報酬比例部分の乗率・職域年金部分の乗率表

生年月日	※1 定額単価1,701円 定額部分の乗率	定額部分の上限月数	報酬比例部分の乗率		職域年金部分の乗率			
					(H15・3以前)		(H15・4以後)	
			(H15・3以前)	(H15・4以後)	20年以上	20年未満	20年以上	20年未満
大正15年4月2日～ 昭和 2年4月1日	1.875	420	9.500 (10.00)	7.308 (7.692)	0.475 (0.50)	0.238 (0.250)	0.365 (0.385)	0.183 (0.192)
昭和 2年4月2日～ 昭和 3年4月1日	1.817	420	9.367 (9.86)	7.205 (7.585)	0.551 (0.58)	0.276 (0.290)	0.424 (0.446)	0.212 (0.223)
昭和 3年4月2日～ 昭和 4年4月1日	1.761	420	9.234 (9.72)	7.103 (7.477)	0.627 (0.66)	0.314 (0.330)	0.482 (0.508)	0.242 (0.254)
昭和 4年4月2日～ 昭和 5年4月1日	1.707	432	9.101 (9.58)	7.001 (7.369)	0.694 (0.73)	0.352 (0.370)	0.534 (0.562)	0.271 (0.285)
昭和 5年4月2日～ 昭和 6年4月1日	1.654	432	8.968 (9.44)	6.898 (7.262)	0.760 (0.80)	0.380 (0.400)	0.585 (0.615)	0.292 (0.308)
昭和 6年4月2日～ 昭和 7年4月1日	1.603	432	8.845 (9.31)	6.804 (7.162)	0.817 (0.86)	0.409 (0.430)	0.628 (0.662)	0.315 (0.331)
昭和 7年4月2日～ 昭和 8年4月1日	1.553	432	8.712 (9.17)	6.702 (7.054)	0.874 (0.92)	0.437 (0.460)	0.672 (0.708)	0.336 (0.354)
昭和 8年4月2日～ 昭和 9年4月1日	1.505	432	8.588 (9.04)	6.606 (6.954)	0.931 (0.98)	0.466 (0.490)	0.716 (0.754)	0.358 (0.377)
昭和 9年4月2日～ 昭和10年4月1日	1.458	444	8.465 (8.91)	6.512 (6.854)	0.979 (1.03)	0.494 (0.520)	0.753 (0.792)	0.380 (0.400)
昭和10年4月2日～ 昭和11年4月1日	1.413	444	8.351 (8.79)	6.424 (6.762)	1.036 (1.09)	0.523 (0.550)	0.797 (0.838)	0.402 (0.423)
昭和11年4月2日～ 昭和12年4月1日	1.369	444	8.227 (8.66)	6.328 (6.662)	1.074 (1.13)	0.542 (0.570)	0.826 (0.869)	0.417 (0.438)
昭和12年4月2日～ 昭和13年4月1日	1.327	444	8.113 (8.54)	6.241 (6.569)	1.121 (1.18)	0.561 (0.590)	0.862 (0.908)	0.432 (0.454)
昭和13年4月2日～ 昭和14年4月1日	1.286	444	7.990 (8.41)	6.146 (6.469)	1.159 (1.22)	0.580 (0.610)	0.892 (0.938)	0.446 (0.469)
昭和14年4月2日～ 昭和15年4月1日	1.246	444	7.876 (8.29)	6.058 (6.377)	1.207 (1.27)	0.608 (0.640)	0.928 (0.977)	0.468 (0.492)
昭和15年4月2日～ 昭和16年4月1日	1.208	444	7.771 (8.18)	5.978 (6.292)	1.235 (1.30)	0.618 (0.650)	0.950 (1.000)	0.475 (0.500)
昭和16年4月2日～ 昭和17年4月1日	1.170	444	7.657 (8.06)	5.890 (6.200)	1.273 (1.34)	0.637 (0.670)	0.979 (1.031)	0.490 (0.515)
昭和17年4月2日～ 昭和18年4月1日	1.134	444	7.543 (7.94)	5.802 (6.108)	1.311 (1.38)	0.656 (0.690)	1.008 (1.062)	0.505 (0.531)
昭和18年4月2日～ 昭和19年4月1日	1.099	444	7.439 (7.83)	5.722 (6.023)	1.340 (1.41)	0.675 (0.710)	1.031 (1.085)	0.519 (0.546)
昭和19年4月2日～ 昭和20年4月1日	1.065	456	7.334 (7.72)	5.642 (5.938)	1.368 (1.44)	0.684 (0.720)	1.052 (1.108)	0.526 (0.554)
昭和20年4月2日～ 昭和21年4月1日	1.032	468	7.230 (7.61)	5.562 (5.854)	1.397 (1.47)	0.703 (0.740)	1.075 (1.131)	0.541 (0.569)
昭和21年4月2日～	**1.000**	**480**	**7.125 (7.50)**	**5.481 (5.769)**	**1.425 (1.50)**	**0.713 (0.750)**	**1.096 (1.154)**	**0.548 (0.577)**

※1 昭和31年4月1日以前生まれの人は1,696円。　　( )内の数字は旧乗率

PART-5 2 国 厚

一元化前の障害共済年金

共済組合の組合員が障害状態となったときには、障害等級が１級と２級なら国民年金から障害基礎年金がもらえると同時に、共済組合から障害共済年金が上積みしてもらえます。さらに障害共済年金の年金額は、民間のサラリーマンと同じ報酬比例部分に加えて職域年金部分も支給されるので、民間より有利になっています。

障害共済年金の年金額はどのように計算されるか

障害状態の判断や障害等級による給付は、PART ３の「障害給付のしくみ(P.102以下)」に記載したものと同じ基準です。また、障害の原因となった病気やケガが公務上（民間で労働災害に該当）や通勤途上であれば、１級障害の職域年金部分は３割（２級障害では２割）相当額が加算されて支給されます。障害共済年金は、原則として在職中は支給停止となります。

障害共済年金の年金額の算出方法は、一般障害の場合と公務・通勤災害による障害の場合とでは異なります。

●障害等級による障害共済年金の計算式

①障害等級１級の場合

報酬比例部分 (A+Bの額)×1.25	＝	[H15.3までの期間分] A:平均標準報酬月額×1000分の7.125×組合員期間の月数 [H15.4以降の期間分] B:平均標準報酬額×1000分の5.481×組合員期間の月数
＋		
職域年金部分 (A+Bの額)×1.25	＝	[H15.3までの期間分] A:平均標準報酬月額×1000分の1.425×組合員期間の月数 [H15.4以降の期間分] B:平均標準報酬額×1000分の1.096×組合員期間の月数
＋		
加給年金		※１ 従前保障についてはP.73参照。 ※２ 公務・通勤災害の場合の職域年金部分は別途の計算式がある

$$障害共済年金＝（A＋B）\times\left(\frac{300}{全被保険者月数}\right)^{※3}\times 1.25$$

※３ 全被保険者月数が300月に満たないときに適用される。

①障害等級２級の場合

報酬比例部分（A＋Bの額）＝
［H15.3までの期間分］
A：平均標準報酬月額×1000分の7.125×組合員期間の月数
［H15.4以降の期間分］
B：平均標準報酬額×1000分の5.481×組合員期間の月数

＋

職域年金部分（A＋Bの額）＝
［H15.3までの期間分］
A：平均標準報酬月額×1000分の1.425×組合員期間の月数
［H15.4以降の期間分］
B：平均標準報酬額×1000分の1.096×組合員期間の月数

＋

加給年金

※１ 従前保障についてはP.73参照。
※２ 公務・通勤災害の場合の職域年金部分は別途の計算式がある

障害共済年金＝（A＋B）×$\left(\dfrac{300}{\text{全被保険者月数}}\right)$※3

※３ 全被保険者月数が300月に満たないときに適用される。

②障害等級３級の場合

報酬比例部分（A＋Bの額）＝
［H15.3までの期間分］
A：平均標準報酬月額×1000分の7.125×組合員期間の月数
［H15.4以降の期間分］
B：平均標準報酬額×1000分の5.481×組合員期間の月数

＋

職域年金部分（A＋Bの額）＝
［H15.3までの期間分］
A：平均標準報酬月額×1000分の1.425×組合員期間の月数
［H15.4以降の期間分］
B：平均標準報酬額×1000分の1.096×組合員期間の月数

※１ 従前保障についてはP.73参照。＊加給年金はなし。

障害共済年金＝（A＋B）×$\left(\dfrac{300}{\text{全被保険者月数}}\right)$※2

※２ 全被保険者月数が300月に満たないときに適用される。

③障害等級３級より軽い障害の場合

障害一時金 ……３級の２倍に相当する額の一時金

※加入月数が300月に満たないときは300月として計算する。
（注）・１級・２級障害の場合には、障害基礎年金が１階部分につく。

PART-5 3

国 厚

一元化前の遺族共済年金

公務員などの共済組合の組合員が死亡したとき、その遺族に対して共済組合から支払われるのが遺族共済年金です。障害共済年金と同様、1階部分が国民年金からの遺族基礎年金、2階部分がこの遺族共済年金となります。どんな遺族かでもらえる給付が違います。また、遺族共済年金が支給されるのは、次のいずれかの場合です。①組合員が在職中に死亡したとき、②組合員であった間に初診日のあるケガ・病気で初診日から5年以内に死亡したとき、③障害共済年金1級または2級の受給権者が死亡したとき、④退職共済年金の受給権者または退職共済年金の受給資格期間を満たしている人が死亡したとき、です。

遺族共済年金をもらえる遺族

遺族共済年金をもらえる遺族とは、共済組合の組合員又は組合員であった者が死亡した当時、その人に生計を維持されていた次の人です。

遺族共済年金の遺族とは

①配偶者および子　②父母　③孫　④祖父母

（注）・ここでいう遺族の範囲は基本的に厚生年金保険（P.136）と同様ですが、以下の点で異なります。

・子や孫であって、死亡当時から引き続き障害等級1級または2級に該当する程度の障害状態の未婚者は年齢制限なし。

・死亡当時の夫・父母・祖父母には年齢要件がない。

遺族共済年金の年金額

遺族共済年金の年金額は、報酬比例部分と職域年金部分に分けて、以下のように計算します。

遺族共済年金の年金額の計算

①短期要件の場合

$$\text{遺族共済年金}＝(\text{A}＋\text{B})\times\frac{300}{\text{全被保険者月数}}\times\frac{3}{4}$$

報酬比例部分 （A＋Bの額）	＝	[H15.3までの期間分] A：平均標準報酬月額×1000分の7.125×組合員期間の月数 [H15.4～H27.9の期間分] B：平均標準報酬額×1000分の5.481×組合員期間の月数
＋		
職域年金部分 （A＋Bの額）	＝	[H15.3までの期間分] A：平均標準報酬月額×1000分の1.425×組合員期間の月数 [H15.4～H27.9の期間分] B：平均標準報酬額×1000分の1.096×組合員期間の月数

※1 従前保障についてはP.73参照。

②長期要件の場合

$$\text{遺族共済年金}＝(\text{A}＋\text{B})\times\frac{3}{4}$$

報酬比例部分 （A＋Bの額）	＝	[H15.3までの期間分] A：平均標準報酬月額×1000分の9.5～7.125×組合員期間の月数 [H15.4～H27.9の期間分] B：平均標準報酬額×1000分の7.308～5.481×組合員期間の月数
＋		
職域年金部分 （A＋Bの額）	＝	[H15.3までの期間分] A：平均標準報酬月額×1000分の0.475～1.425×組合員期間の月数 [H15.4～H27.9の期間分] B：平均標準報酬額×1000分の0.365～1.096×組合員期間の月数

※1 組合員期間の月数が300月に満たないときは300月として計算する。

※2 組合員期間の月数は実加入期間となる。

（注）・公務・通勤災害による死亡の場合には、遺族共済年金の職域年金部分には別途の計算式がある。

・従前保障についてはP.73参照。

・子のない中高年の妻の加算額は40歳以降65歳に達するまでの間、612,000円（令和6年度価額）が加算されるのは遺族厚生年金と同じである。

・65歳からの経過的寡婦加算額（妻の生年月日に応じた支給額）についても遺族厚生年金と同じである（P.142参照）。

相談サービスについて

年金・税金についての基本的な質問であれば、インターネットや電話で解決できます。

国民年金・厚生年金保険については、日本年金機構のホームページにある「年金Q&A」を調べるか「年金ダイヤル」に電話して聞いてください。また、税金については「タックス・アンサー」があります。これらを上手に利用して疑問を解消してください。

【年金Q&A】 https://www.nenkin.go.jp/faq/index.html

年金についての質問に答える日本年金機構ホームページ上のコーナー。シーン別Q&Aの他、下記の中から質問内容を選んでクリックする。

●質問の種類

年金制度全般：マイナンバー、基礎年金番号、年金の相談方法、見込み額など
国民年金：国民年金の制度、主婦（主夫）年金の改正など
厚生年金保険：厚生年金保険の制度
年金の受給：各年金給付に関連する共通の情報、老齢年金、障害年金、遺族年金、老齢年金・障害年金・遺族年金以外のその他の給付、年金の受け取り・通知書等、年金受給者の各種届出
年金記録に関する取組・お願い、ねんきん定期便、ねんきんネット、社会保障協定、電子申請・電子媒体申請、その他

【ねんきんダイヤルの電話番号】 受付時間 8:30〜17:15（月〜金）

○年金に関する電話での相談　0570-05-1165（イイロウゴ）

※月曜日（月曜日が休日の場合は火曜日）は午後7時まで受付。第２土曜日の受付時間は9:30〜16:00。050で始まるＩＰ電話からは03-6700-1165になります。

【タックス・アンサー】 https://www.nta.go.jp/taxes/shiraberu/taxanswer/index2.htm

●コード番号より抜粋

1600　公的年金等の課税関係
1605　遺族の方に支給される公的年金等
1610　保険契約者(保険料の負担者)である本人が支払を受ける個人年金
1615　遺族の方が支払を受ける個人年金
1620　相続等により取得した年金受給権に係る生命保険契約等に基づく年金の課税関係
5231　確定給付企業年金等に係る課税関係

PART 6

年金の請求手続きいろいろ

PART-6 1

国 厚

手続きしないと年金はもらえない

年金などの給付は、黙っていてはもらえません。必ず所定の様式で請求しなければなりません。この章では年金の請求手続きをはじめ、もらいはじめる前後に行う手続きについて説明します。

会社に勤務している人は、社会保険関係の手続きは会社が行ってくれるのでよくわからないことが多く、社会保険の書類と聞いただけで面倒だと思うことがあるかもしれません。

しかし、請求しなければいつまでも年金はもらうことができません。それどころか、5年経ったら（一時金等は2年）時効でもらえなくなることもあります。

年金の請求に必要な手続きの概要を把握し、必要なタイミングで、必要な手続きを行うようにしましょう。

年金の手続きのいろいろ

年金の手続きにはいろいろあります。どの手続きも、①どういう場合に、②何を、③いつまでに、④どこへ、がポイントとなります。また、添付書類が必要な手続きも多くあるので、何度も足を運ばなくてすむよう、事前に調べて用意しておくことが大切です。

年金の手続きのポイント

初めて老齢年金を請求するときの手順

年金の受給開始年齢に達して「特別支給の老齢厚生年金」を受け取る権利が発生する人に対して、受給開始年齢に達する３か月前から、基礎年金番号や氏名、生年月日、性別、住所および年金加入記録があらかじめ印字された「年金請求書（事前送付用）」と「請求手続きのご案内」が送られてきます。

年金請求の手順

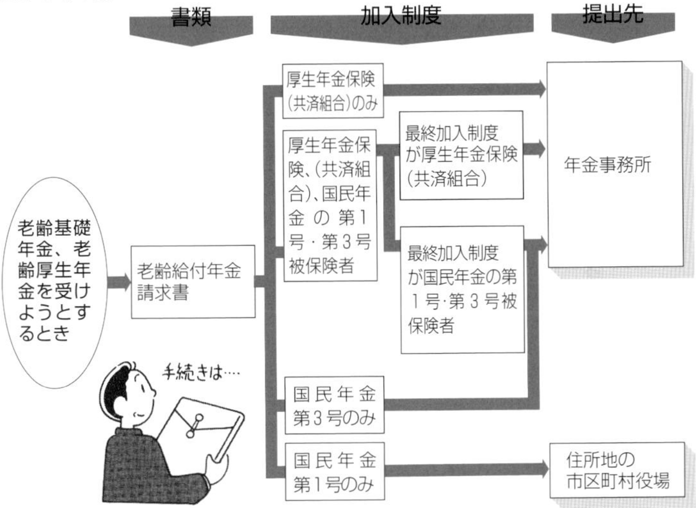

65 歳時の年金の手続き手順

60 歳時に年金の受給に必要な加入期間は満たしているものの、厚生年金の加入期間が１年未満であるなど 65 歳で老齢年金の受給権が発生する人には、65 歳に達する３か月前に「年金請求書（事前送付用）」が本人あてに送られてきます。昭和 36 年４月２日以降生まれの男性や昭和 41 年４月２日以降生まれの女性など、65 歳で初めて老齢年金を請求する人の手続き手順は、その時点でご確認ください。

年金請求書の書き方

年金請求書（事前送付用）には、あらかじめ印字されている部分がありますので、その内容を確認し、一緒に送られてくる「年金の請求手続きのご案内」を参考に必要事項を記入してください。なお、本書では、送付される年金請求書が手元にない場合に用いられる「年金請求書」の記載例を示しますが、送付される「年金請求書（事前送付用）」に記入する際にも参考になります。

年金請求書（国民年金・厚生年金保険老齢給付）（20面、１面）

年金請求書の提出先について

この年金請求書は、提出先をご確認のうえ、郵送または窓口へご持参ください(添付書類が揃っていることをご確認ください)。
＊窓口での手続きには、予約相談をご利用ください。お申し込みは「ねんきんダイヤル」へ。

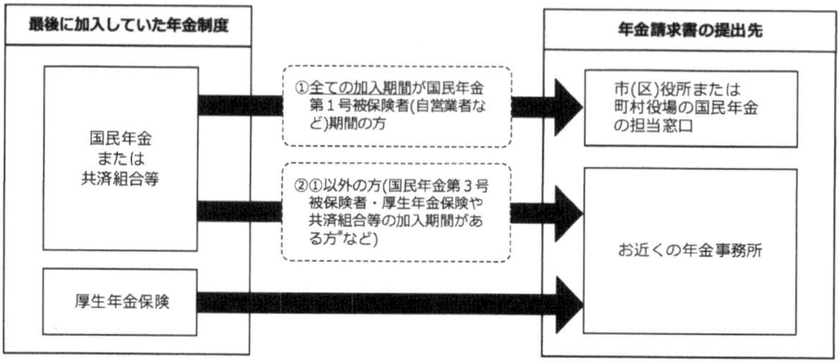

※共済組合等の加入期間がある方についても、年金事務所に年金請求書(日本年金機構より送付したもの)を提出することで、共済組合等に加入していた期間の年金を請求することが可能です。

●年金請求書の受付は、全国どこの年金事務所および街角の年金相談センターでも承っております。

＊国民年金第1号被保険者とは、日本国内に住所のある20歳以上60歳未満の自営業者・農業者とその家族、学生、無職の方です。
＊国民年金第3号被保険者とは、厚生年金保険の被保険者(民間会社員等)や共済組合の組合員(公務員等)に扶養されている20歳以上60歳未満の配偶者(年収が130万円未満の方)です。

「公金受取口座」について（年金受取口座として公金受取口座を利用する場合）

○公金受取口座登録制度とは

●公金受取口座登録制度とは、国民の皆さまが金融機関にお持ちの預貯金口座について、一人一口座、給付金等の受取のための口座として、国（デジタル庁）に任意で登録していただく制度です。

●公金口座の登録、登録状況の確認や登録口座の変更、登録の抹消を行う場合は、マイナポータルからお手続きください。
詳しくは、デジタル庁ホームページの公金受取口座に関するページをご確認ください。

○年金受取口座として公金受取口座を利用する場合の注意点

●公金受取口座の登録口座を変更しても、年金の受取口座は変更されません。

●年金の受取口座を変更する場合には、公金受取口座の変更手続きとは別に「年金受給権者受取機関変更届」の提出が必要です。

●また、公金受取口座での年金受取をやめ、別の口座を年金受取口座として指定する場合も「年金受給権者受取機関変更届」の提出が必要です。

20

※令和５年３月時点の用紙を使用しています。

様式第101号

年金請求書（国民年金・厚生年金保険老齢給付）

●年金を受ける方が記入する箇所は□（黄色）の部分です。（（注）□は金融機関で証明を受ける場合に使用する欄です。）
●黒インクのボールペンで記入してください。鉛筆や、摩擦に伴う温度変化等により消色するインクを用いたペンまたはボールペンは、使用しないでください。
●代理人の方が提出する場合は、年金を受ける方が13ページにある委任状をご記入ください。

受付登録コード
1 7 1 1

入力処理コード
4 3 0 0 0 1

二次元コード

❽ 市区町村 受付年月日 ／ 実施機関等 受付年月日

1．ご本人(年金を受ける方)について、太枠内をご記入ください。

㉓郵便番号	000－0000		
フリガナ	スギナミ　OO OO　1－2－3		
㉔住所	杉並　市（区）町村　OO 1－2－3　建物名		
フリガナ	ネンキン	タロウ	性別
㉑氏名	(氏) 年金	(名) 太郎	①男　2．女

社会保険労務士の提出代行者欄

❶個人番号※（または基礎年金番号）	210987654321	❷生年月日	大正　（昭和）　00年　5月　27日
電話番号1	03－0000－XXXX	電話番号2	090－0000－XXXX

※個人番号(マイナンバー)については、14ページをご確認ください。
※基礎年金番号(10桁)で届出する場合は左詰めでご記入ください。
＊日中に連絡が取れる電話番号(携帯も可)をご記入ください。
＊予備の電話番号(携帯も可)があればご記入ください。

2．年金の受取口座をご記入ください。

貯蓄預金口座または貯蓄貯金口座への振込みはできません。

㉕ 受取機関 ※
① 金融機関(ゆうちょ銀行を除く)
2．ゆうちょ銀行(郵便局)
☑ 公金受取口座として登録済の口座を指定

フリガナ	ネンキン	タロウ
口座名義人氏名	(氏) 年金	(名) 太郎

※ 1または2に○をつけ、希望する年金の受取口座を下欄に必ずご記入ください。
※ また、指定する口座が公金受取口座として登録済の場合は、☑してください。（公金受取口座については、20ページをご参照ください。）

年金送金先						
金融機関	㉖金融機関コード	㉘支店コード	(フリガナ) ヒノデ　ひので　（銀行）金庫 信組 農協 信連 信漁連 漁協	(フリガナ) スギナミ　杉並　本店 （支店） 出張所 本所 支所	㉙預金種別　（1普通） 2当座	㉚口座番号(左詰めで記入)　1234567
ゆうちょ銀行	㉚貯金通帳の口座番号　記号(左詰めで記入) → －	番号(右詰めで記入) ←			金融機関またはゆうちょ銀行の証明欄 ※　1ページの氏名フリガナと、口座名義人氏名フリガナが同じであることをご確認ください。	

※通帳等の写し(金融機関名、支店名、口座名義人氏名フリガナ、口座番号の面)を添付する場合または公金受取口座を指定する場合、証明は不要です。

1

●年金請求書（国民年金・厚生年金保険老齢給付）（2～3面）

右の3ページを記入する際の注意事項

●履歴はあなたがはじめて公的年金制度(表1)に加入したときから古い順にご記入ください。
●事業所等の名称変更や所在地の変更、転勤などがあったときは、そのことがわかるように、それぞれの事業所等ごとに必要事項をご記入ください。記入できない場合は、備考欄にご記入ください。

《記入例》

詳しくわからないときでも、郡市区名まではご記入ください。

詳しくわからないときでも、年月まであるいは何年の夏とか冬までといったようにご記入ください。

加入していた年金制度が国民年金のときは、記入不要です。

社名だけでなく、支店・工場等についてもご記入ください。

履　歴(公的年金制度加入経過)
※できるだけ詳しく、正確にご記入ください。

	(1)事業所(船舶所有者)の名称および船員であったときはその船舶名	(2)事業所(船舶所有者)の所在地または国民年金加入時の住所	(3)勤務期間または国民年金の加入期間	(4)加入していた年金制度の種類	(5)備　考
最初	(有)○○商店	台東区台東2－X	29・4・1から 35・3・31まで	1. 国民年金 2. 厚生年金保険 3. 厚生年金(船員)保険 4. 共済組合等	
2		杉並区高井戸西3－X－X	36・4・1から 38・3・31まで	1. 国民年金 2. 厚生年金保険 3. 厚生年金(船員)保険 4. 共済組合等	
3	△△化学(株)	江東区亀戸5－X－X	38・4・1から 41・3・31まで	1. 国民年金 2. 厚生年金保険 3. 厚生年金(船員)保険 4. 共済組合等	
4	△△化学(株)大阪工場	大阪市東区谷町9－X	41・4・1から 53・3・31まで	1. 国民年金 2. 厚生年金保険 3. 厚生年金(船員)保険 4. 共済組合等	
5	△△化学(株)大阪支店	大阪市西区北堀江6－X	54・4・1から 54・6・30まで	1. 国民年金 2. 厚生年金保険 3. 厚生年金(船員)保険 4. 共済組合等	
6	△△化学(株)東京支店	江東区亀戸5－X－X	54・7・1から 平5・3・31まで	1. 国民年金 2. 厚生年金保険 3. 厚生年金(船員)保険 4. 共済組合等	
7			・　・　から ・　・　まで	1. 国民年金 2. 厚生年金保険 3. 厚生年金(船員)保険 4. 共済組合等	
10			・　・　から ・　・　まで	1. 国民年金 2. 厚生年金保険 3. 厚生年金(船員)保険 4. 共済組合等	

表1　公的年金制度

ア．国民年金法	カ．私立学校教職員共済法
イ．厚生年金保険法	キ．廃止前の農林漁業団体職員共済組合法
ウ．船員保険法(昭和61年4月以後を除く)	ク．恩給法
エ．国家公務員共済組合法	ケ．地方公務員の退職年金に関する条例
オ．地方公務員等共済組合法	コ．旧市町村職員共済組合法

◆厚生年金基金に加入していた方へ
この年金請求書とは別に手続きが必要です。

●基金に加入している(加入していた)期間については、厚生年金基金にお問い合わせください。
●加入していた厚生年金基金の加入期間が10年未満で脱退された場合および加入していた厚生年金基金が解散している場合は企業年金連合会にお問い合わせください。

《企業年金連合会のお問い合わせ先》
電話番号：0570-02-2666
＊ IP電話からは 03-5777-2666

◆国民年金基金に加入していた方へ
この年金請求書とは別に手続きが必要です。

●基金に加入している(加入していた)期間については、国民年金基金にお問い合わせください。
●中途脱退者(60歳になる前に基金を脱退した方。ただし、15年以上基金に加入していた方を除く)は、国民年金基金連合会にお問い合わせください。

《国民年金基金連合会のお問い合わせ先》
電話番号：03-5411-0211

2

3．これまでの年金の加入状況についてご記入ください。

(1)次の年金制度の被保険者または組合員となったことがある場合は、枠内の該当する記号を○で囲んでください。

(ア) 国民年金法	カ．私立学校教職員共済法
(イ) 厚生年金保険法	キ．廃止前の農林漁業団体職員共済組合法
ウ．船員保険法（昭和61年4月以後を除く）	ク．恩給法
エ．国家公務員共済組合法	ケ．地方公務員の退職年金に関する条例
オ．地方公務員等共済組合法	コ．旧市町村職員共済組合法

(2)年金制度の被保険者または組合員となったことがある場合は、下記の履歴欄にご記入ください。

履　歴(公的年金制度加入経過)
※できるだけ詳しく、正確にご記入ください。

	(1)事業所(船舶所有者)の名称および船員であったときはその船舶名	(2)事業所(船舶所有者)の所在地または国民年金加入時の住所	(3)勤務期間または国民年金の加入期間	(4)加入していた年金制度の種類	(5)備　考
最初	○○産業(株)	台東区台東0-0-0	00・4・1から 00・3・31まで	1. 国民年金 (2. 厚生年金保険) 3. 厚生年金(船員)保険 4. 共済組合等	
2		杉並区001-2-3	00・4・1から 00・3・31まで	(1. 国民年金) 2. 厚生年金保険 3. 厚生年金(船員)保険 4. 共済組合等	
3	△△商事(株)	中野区002-1-1	00・4・1から 在職中まで	1. 国民年金 (2. 厚生年金保険) 3. 厚生年金(船員)保険 4. 共済組合等	
4			・　・から ・　・まで	1. 国民年金 2. 厚生年金保険 3. 厚生年金(船員)保険 4. 共済組合等	
5			・　・から ・　・まで	1. 国民年金 2. 厚生年金保険 3. 厚生年金(船員)保険 4. 共済組合等	
6			・　・から ・　・まで	1. 国民年金 2. 厚生年金保険 3. 厚生年金(船員)保険 4. 共済組合等	
7			・　・から ・　・まで	1. 国民年金 2. 厚生年金保険 3. 厚生年金(船員)保険 4. 共済組合等	
8			・　・から ・　・まで	1. 国民年金 2. 厚生年金保険 3. 厚生年金(船員)保険 4. 共済組合等	
9			・　・から ・　・まで	1. 国民年金 2. 厚生年金保険 3. 厚生年金(船員)保険 4. 共済組合等	
10			・　・から ・　・まで	1. 国民年金 2. 厚生年金保険 3. 厚生年金(船員)保険 4. 共済組合等	

(3)改姓・改名をしているときは、旧姓名および変更した年月日をご記入ください。

旧姓名	(フリガナ) (氏)	(名)
変更日	昭和・平成・令和　　年　　月　　日	

旧姓名	(フリガナ) (氏)	(名)
変更日	昭和・平成・令和　　年　　月　　日	

3

年金請求書（国民年金・厚生年金保険老齢給付）（4～5面）

右の5ページを記入する際の注意事項

●5ページ(4)に記載いただく該当番号を下記番号から選択してください。

○昭和61年3月までの期間において国民年金に任意加入しなかった期間

1　配偶者が下記ア～キの制度の被保険者、組合員または加入者であった期間
2　配偶者が下記ア～キの制度の老齢年金または退職年金を受けることができた期間
3　本人または配偶者が下記ア～キの制度の老齢年金または退職年金の受給資格期間を満たしていた期間
4　本人または配偶者が下記ア～キの制度から障害年金を受けることができた期間
5　本人が下記ア～キの制度から遺族に対する年金を受けることができた期間
6　本人または配偶者が都道府県議会、市町村議会の議員および特別区の議会の議員ならびに国会議員であった期間
7　本人が都道府県知事の承認を受けて国民年金の被保険者とされなかった期間

○国民年金に任意加入しなかった期間

8　本人が日本国内に住所を有さなかった期間
9　本人が日本国内に住所を有した期間であって日本国籍を有さなかったため国民年金の被保険者とされなかった期間
10　本人が学校教育法に規定する高等学校の生徒または大学の学生等であった期間
11　本人が昭和61年4月以後の期間で下記ア～ケの制度の老齢または退職を事由とする年金給付を受けることができた期間
ただし、ウ～ケの制度等の退職を事由とする年金給付であって年齢を理由として停止されている期間は除く

○その他の期間

12　本人か配偶者が下記以外の年金や恩給を受けていた期間
13　上記のいずれにも該当しない期間

ア．厚生年金保険法
イ．船員保険法（昭和61年4月以後を除く）
ウ．国家公務員共済組合法
エ．地方公務員等共済組合法
オ．私立学校教職員共済法
カ．廃止前の農林漁業団体職員共済組合法
キ．地方公務員の退職年金に関する条例
ク．廃止前の国会議員互助年金法
ケ．地方公務員等共済組合法（地方議会議員共済）

遺族基礎年金・遺族厚生年金に必要な資格要件について

老齢給付の受給資格期間を満たした場合であっても、遺族基礎年金・遺族厚生年金を受け取るためには、原則として、亡くなられた方の受給資格期間が25年（300月）以上あることが必要です。

受給資格期間や年金額を増やすことができます。

ご本人のお申し出により、60歳以上65歳未満の5年間(納付月数は480月まで)、国民年金保険料を納めることで、受給資格期間や年金額を増やすことができる任意加入制度がありますのでぜひご活用ください。

4

(4)<u>20歳から60歳までの期間で年金に加入していない期間</u>がある場合は、その期間を下欄にご記入ください。

※この欄と、下の(5)については保険料納付済期間(厚生年金保険や共済組合等の加入期間を含む)および保険料免除期間の合計が25年以上ある方は記入不要です。

	20歳～60歳の 加入していない期間	年齢	左ページの 該当番号	学校や勤め先等 (自営業、専業主婦等)	住所 (市区町村)	婚姻、配偶者の 勤め先
1	(自) (至)	歳 〜 歳				
2	(自) (至)	歳 〜 歳				
3	(自) (至)	歳 〜 歳				
4	(自) (至)	歳 〜 歳				
5	(自) (至)	歳 〜 歳				
6	(自) (至)	歳 〜 歳				
7	(自) (至)	歳 〜 歳				
8	(自) (至)	歳 〜 歳				
9	(自) (至)	歳 〜 歳				
10	(自) (至)	歳 〜 歳				

(5)配偶者(であった方も含みます)の氏名、生年月日、基礎年金番号をご記入ください。
なお、婚姻履歴が複数ある場合は、任意の用紙にご記入ください。
※9ページ5(1)にご記入いただく場合は記入不要です。

カナ氏名　(　　　　　　　　)
漢字氏名　(　　　　　　　　)
生年月日　(明治)(大正)(昭和)(平成)(　　)年(　　)月(　　)日
基礎年金番号 (　　　　－　　　　) ※基礎年金番号はわかる範囲でご記入ください。

5

年金請求書（国民年金・厚生年金保険老齢給付）（6～7面）

右の7ページを記入する際の注意事項

- 「年金」とは、老齢または退職年金、障害年金、遺族年金をいいます。
- 「受けている」には、全額支給停止になっている年金がある場合も含みます。

(1)

表1　公的年金制度等

ア. 国民年金法
イ. 厚生年金保険法
ウ. 船員保険法(昭和61年4月以後を除く)
エ. 国家公務員共済組合法
　(JT、JR、NTTの三制度を含む)
　(昭和61年4月前の長期給付に関する施行法を含む)
オ. 地方公務員等共済組合法
　(昭和61年4月前の長期給付に関する施行法を含む)
カ. 私立学校教職員共済法
キ. 廃止前の農林漁業団体職員共済組合法
ク. 恩給法
ケ. 地方公務員の退職年金に関する条例
コ. 日本製鉄八幡共済組合
サ. 改正前の執行官法附則第13条
シ. 旧令による共済組合等からの年金受給者のための特別措置法
ス. 戦傷病者戦没者遺族等援護法

①
②

(1)で、「1．受けている」または「3．請求中」を○で囲んだ方は、
　・「公的年金制度名」… 表1から該当する公的年金制度等の記号を選択し、ご記入ください。
　・「年金の種類」……… 該当するものを○で囲んでください。
　・「(自)　年　月」………年金を受けることとなった年月をご記入ください。
　　（「1．受けている」を○で囲んだ方のみご記入ください）

＊2つ以上の年金を受ける権利を得た場合は、原則として、どちらか一方の年金を選択することになり、もう一方の年金は支給停止となります。年金を選択する際には、**「年金受給選択申出書」の提出が必要**です。
詳しくは、「ねんきんダイヤル」またはお近くの年金事務所にお問い合わせください。

(2)

- 複数の雇用保険被保険者証等をお持ちの方は、**直近に交付された雇用保険被保険者証等に記載されている被保険者番号をご記入のうえ、番号が確認できる書類の写しを添付してください。**
- 最後に雇用保険の被保険者でなくなった日から**7年以上経過している方は被保険者番号を記入する必要はありません**(下の「事由書」の「ウ」を○で囲んで、氏名をご記入ください)。
- 雇用保険被保険者番号について、ご不明な点がありましたら、勤務先またはハローワークにお問い合わせください。

6

4．現在の年金の受給状況等および雇用保険の加入状況についてご記入ください。

(１)現在、左の６ページ(表１)のいずれかの制度の年金を受けていますか。該当する番号を○で囲んでください。

1. 受けている(全額支給停止の場合を含む)	②受けていない	3. 請求中

①「1．受けている」を○で囲んだ方

公的年金制度名 (表１より記号を選択)	年金の種類	(自)　年　月	㊽ 年金証書の年金コード(4桁) または記号番号等
	・老齢または退職 ・障害 ・遺族	昭和 平成　年　月 令和	
	・老齢または退職 ・障害 ・遺族	昭和 平成　年　月 令和	
	・老齢または退職 ・障害 ・遺族	昭和 平成　年　月 令和	

②「3．請求中」を○で囲んだ方

公的年金制度名 (表１より記号を選択)	年金の種類
	・老齢または退職 ・障害 ・遺族

↓加入した年金制度が国民年金のみの方は、次の(２)、(３)の記入は不要です。

(２)雇用保険に加入したことがありますか。「はい」または「いいえ」を○で囲んでください。

(はい)　・　いいえ

①「はい」を○で囲んだ方

雇用保険被保険者番号(10桁または11桁)を**左詰めでご記入**ください。
最後に雇用保険の被保険者でなくなった日から7年以上経過している方は
下の「事由書」の「ウ」を○で囲み、氏名をご記入ください。

㉒ 雇用保険 被保険者番号	1	2	3	4	0	1	2	3	4	5	6

②「いいえ」を○で囲んだ方

下の「事由書」の「ア」または「イ」を○で囲み、氏名をご記入ください。

事由書

私は以下の理由により、雇用保険被保険者証等を添付できません。
(該当する項目を○で囲んでください。)

ア．雇用保険の加入事業所に勤めていたが、雇用保険の被保険者から除外されていたため。
雇用保険法による適用事業所に雇用される者であるが、雇用保険被保険者の適用除外であり、
雇用保険被保険者証の交付を受けたことがない。(例　事業主、事業主の妻等)

イ．雇用保険に加入していない事業所に勤めていたため。
雇用保険法による適用事業所に雇用されたことがないため、雇用保険被保険者証の交付を
受けたことがない。

ウ．最後に雇用保険の被保険者でなくなった日から7年以上経過しているため。
過去に雇用保険被保険者証の交付を受けたが、老齢厚生年金の年金請求書受付日において、
最後に雇用保険被保険者の資格を喪失してから7年以上経過している。

氏名＿＿＿＿＿＿＿＿＿＿＿＿＿＿

(３)60歳から65歳になるまでの間に、雇用保険の基本手当(船員保険の場合は失業保険金)または高年齢雇用継続給付を受けていますか(または受けたことがありますか)。「はい」または「いいえ」を○で囲んでください。

はい　・　(いいえ)

＊これから受ける予定のある方は、年金事務所等にお問い合わせください。

7

年金請求書（国民年金・厚生年金保険老齢給付）（8 ～ 9面）

右の9ページを記入する際の注意事項

（配偶者または子がいる方は、以下の点に留意してご記入ください。）

配偶者と子について

- 配偶者とは、夫または妻のことをいいます。また、婚姻の届け出はしていなくても、事実上ご本人(年金を受ける方)と「婚姻関係と同様の状態にある方」を含みます。

- 子の年齢要件は、次のいずれかとなります。
  a：18歳になった後の最初の3月31日まで
  b：国民年金法施行令別表に定める障害等級１級・２級の障害の状態にある場合は20歳未満

(例) a の場合

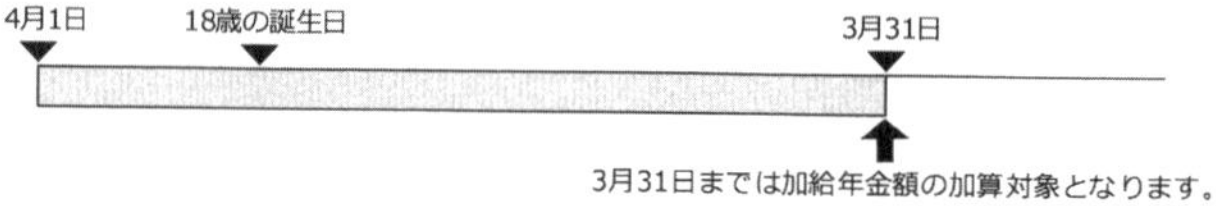

＊ご本人(年金を受ける方)によって、生計を維持されている配偶者または子がいる場合
⇒**加給年金額が加算されることがあります**(詳しくは、10ページをご確認ください)。

＊ご本人(年金を受ける方)が配偶者によって生計を維持されている場合
⇒**振替加算が加算されることがあります**(詳しくは、16ページをご確認ください)。

③について、以下の点に留意してご記入ください。

・「公的年金制度名」… 次(表１)に該当する公的年金制度等の記号を選択し、ご記入ください。
・「年金の種類」……… 該当するものを○で囲んでください。
・「(自) 年　月」……… 年金を受けることとなった年月をご記入ください。

＊「年金」とは、老齢または退職年金、障害年金をいいます。
＊「受けている」には、全額支給停止になっている年金がある場合も含みます。

→ ③

表１ 公的年金制度等

ア．国民年金法
イ．厚生年金保険法
ウ．船員保険法（昭和61年4月以後を除く）
エ．国家公務員共済組合法
(JT、JR、NTTの三制度を含む)
(昭和61年4月前の長期給付に関する施行法を含む)
オ．地方公務員等共済組合法
(昭和61年4月前の長期給付に関する施行法を含む)
カ．私立学校教職員共済法
キ．廃止前の農林漁業団体職員共済組合法
ク．恩給法
ケ．地方公務員の退職年金に関する条例
コ．日本製鉄八幡共済組合
サ．改正前の執行官法附則第13条
シ．旧令による共済組合等からの年金受給者のための特別措置法
ス．戦傷病者戦没者遺族等援護法

8

5．配偶者・子についてご記入ください。

配偶者はいますか	(はい)・いいえ

「はい」または「いいえ」を○で囲んでください。
「はい」の場合は(１)をご記入ください。

(1)配偶者についてご記入ください。

①配偶者の氏名、生年月日、個人番号または基礎年金番号、性別についてご記入ください。

31 氏名	(フリガナ) ネンキン (氏) 年金	(フリガナ) ハナコ (名) 花子	4 生年月日	大正 (昭和) 平成 ○○年 2月 15日
3 個人番号※（または基礎年金番号）	2 0 1 2 3 4 5 6 7 8 9 0		性別	1．男 (2．女)

※個人番号(マイナンバー)については、14ページ をご確認ください。
※基礎年金番号(10桁)で届出する場合は左詰めでご記入ください。

②配偶者の住所がご本人(年金を受ける方)の住所と異なる場合は、配偶者の住所をご記入ください。

郵便番号	－
住所	(フリガナ) 市 区 町 村 建物名

③配偶者は現在、左の８ページの表１に記載されている年金を受けていますか。該当するものを○で囲んでください。

１．老齢・退職の年金を受けている　３．請求中
２．障害の年金を受けている　(４．)いずれも受けていない

3．を○で囲んだ方

請求中の公的年金制度名（8ページ表１より記号を選択）	年金の種類
	・老齢または退職 ・障害

4．を○で囲んだ方

下の(２)へお進みください。

1．または2．を○で囲んだ方

公的年金制度名（8ページ表１より記号を選択）	年金の種類	(自)　年　月	47 年金証書の年金コード(4桁)または記号番号等
	・老齢または退職 ・障害	昭和 平成 令和　年　月	
	・老齢または退職 ・障害	昭和 平成 令和　年　月	
	・老齢または退職 ・障害	昭和 平成 令和　年　月	

(2)左の８ページ「子の年齢要件ａまたはｂ」に該当する子がいる場合には、氏名、生年月日、個人番号および障害の状態についてご記入ください。
（３人目以降は余白にご記入ください。）

32 子の氏名	(フリガナ) ネンキン (氏) 年金	(フリガナ) カズオ (名) 一夫	32 生年月日 障害の状態	(平成) 令和 ○○年 4月 7日 ある (ない)	32 診
個人番号	0 9 8 7 6 5 4 3 2 1 0 9				
33 子の氏名	(フリガナ) (氏)	(名)	33 生年月日 障害の状態	平成 令和　年　月　日 ある　ない	33 診
個人番号					

9

右の11ページを記入する際の注意事項

(ご本人(年金を受ける方)によって生計を維持されている配偶者または子がいる方は、以下の点に留意してご記入ください)

加給年金額について

加給年金額とは、ご本人(年金を受ける方)によって、生計を維持されている配偶者または子がいる場合に、加算される額です。

- 厚生年金保険の被保険者期間が20年※以上ある方が、65歳到達時点(または定額部分支給開始年齢に到達した時点)で、その方に生計を維持されている下記の配偶者または子がいるときに加算されます。

- 65歳到達後、被保険者期間が20年※以上となった場合は、退職改定時または在職定時改定時に生計を維持されている下記の配偶者または子がいるときに加算されます。

※中高齢の資格期間の短縮の特例を受ける方は、厚生年金保険(一般)の被保険者期間が15～19年。

対象者	年齢制限
配偶者	65歳未満であること (大正15年4月1日以前に生まれた配偶者には年齢制限はありません。)
子	・18歳になった後の最初の3月31日まで ・国民年金法施行令別表に定める障害等級1級・2級の障害の状態にある場合は20歳未満

配偶者が老齢年金や退職年金（厚生年金保険等の加入期間が20年以上（中高齢者等の資格期間の短縮の特例に該当する場合を含む。）あるもの）の受給権を有したとき、または、障害年金を受けているときは、加給年金は支給停止されます。
該当する方は「加給年金額支給停止事由該当届」の提出が必要となる場合がありますので、下記ホームページをご覧になるか、年金事務所にお問い合わせください。

(個人番号(マイナンバー)による住民票および所得証明書等の添付省略について)
マイナンバーによる情報連携の仕組みを利用して、情報の取得を行うことにより、住民票および所得証明書等の添付省略を行っています。なお、以下の方については、引き続き住民票および所得証明書等が必要となります。
・マイナンバーにより情報連携ができない方(マイナンバーのご記入がない方等)
・平成29年3月31日以前の世帯状況の確認のために住民票が必要な方
・平成28年度(平成27年分)以前の所得証明書等が必要な方
詳しい説明は、下記ホームページをご覧ください。

加給年金額や個人番号(マイナンバー)による添付省略の詳しい説明は、日本年金機構ホームページ(https://www.nenkin.go.jp/)に掲載しています。ぜひご利用ください。

10

6．加給年金額に関する生計維持の申し立てについてご記入ください。

9ページで記入した配偶者または子と生計を同じくしていることを申し立てる。

請求者 氏名	年金　太郎

【生計維持とは】

以下の２つの要件を満たしているとき、「生計維持されている」といいます。

①生計同一関係があること

例）・住民票上、同一世帯である。

・単身赴任、就学、病気療養等で、住所が住民票上は異なっているが、生活費を共にしている。

②配偶者または子が収入要件を満たしていること

年収850万円(所得655.5万円)を将来にわたって有しないことが認められる。

ご本人(年金を受ける方)によって、生計維持されている配偶者または子がいる場合

(１)該当するものを○で囲んでください(３人目以降の子については、余白を使用してご記入ください)。

配偶者または子の年収は、850万円(所得655.5万円)未満ですか。		機構確認欄
配偶者について	(はい)・いいえ	(　)印
子(名：一夫)について	(はい)・いいえ	(　)印
子(名：　　)について	はい・いいえ	(　)印

(２) (１)で配偶者または子の年収について「いいえ」と答えた方は、配偶者または子の年収がこの年金の受給権(年金を受け取る権利)が発生したときから、おおむね５年以内に850万円(所得655.5万円)未満となる見込みがありますか。
該当するものを○で囲んでください。

はい・いいえ	機構確認欄	(　)印

「はい」を○で囲んだ方は、添付書類が必要です。

令和　○年　○月　○日　　提出

右の13ページを記入する際の注意事項

«作成(記入)時の注意事項»

●「代理人」(委任を受ける方)欄については、ご本人(委任する方)が決められた代理人(受任する方)の氏名、ご本人との関係、住所、電話番号をご記入ください。

●「ご本人」欄については、委任状を作成(記入)した日付、ご本人の基礎年金番号、氏名(旧姓がある方は、その旧姓もご記入ください)、生年月日、住所、電話番号、委任する内容をご記入ください。
なお、委任する内容について、１．～５．の項目から選んで○で囲んでください(５．を選んだ場合には委任する内容を具体的にご記入ください)。
また、「年金の加入期間」や「見込額」などの交付については、希望される交付方法等をＡ．Ｂ．Ｃ．の項目から選んで○で囲んでください。

«来所時の注意事項»

●代理人が来所される場合は、代理人の方の本人確認書類が必要です(代表的な本人確認書類は次の①～③です)。
① 運転免許証
② パスポート
③ マイナンバーカード(個人番号カード)
※住民基本台帳カード(有効期間内のもので顔写真付に限る)は③マイナンバーカードと同様に取り扱います。

※本人確認書類に記載されている氏名および住所は、委任状に記載されているものと同じであることが必要です。
上記①～③をお持ちでない場合は、お問い合わせください。

●基礎年金番号通知書等の再交付については、取扱い上窓口での交付ができません。交付方法を、「Ａ．代理人に交付を希望する」を選んだ場合であっても、ご本人様の登録の住所あてに送付しますのでご了承ください。

12

7．代理人に手続きを委任される場合にご記入ください。

委任状

代理人 ＊ご本人（委任する方）がご記入ください。

フリガナ	ネン キン ハナ コ	ご本人との関係	妻
氏　名	年金　花子		
住　所	〒000−0000 杉並区○○1−2−3	電話（03）0000−XXXX 建物名	

私は、上記の者を代理人と定め、以下の内容を委任します。

作成日	令和　○年　○月　○日

ご本人 ＊ご本人（委任する方）がご記入ください。

基礎年金番号	2345−123456		
フリガナ	ネン キン タ ロウ	生年月日	大正 （昭和）○○年 5月 27日
氏　名	年金　太郎 （旧姓　　　　）		
住　所	〒000−0000 杉並区○○1−2−3	電話（03）0000−XXXX 建物名	
委任する内容	●委任する事項を次の項目から選んで○で囲んでください。5.を選んだ場合には委任する内容を具体的にご記入ください。 （1．）年金および年金生活者支援給付金の請求について 2．年金および年金生活者支援給付金の見込額について 3．年金の加入期間について 4．各種再交付手続きについて 5．その他（具体的にご記入ください。） （　　　　　　　　） ●「年金の加入期間」や「見込額」などの交付について A．代理人に交付を希望する　B．本人あて郵送を希望する　C．交付を希望しない		

※前頁の注意事項をお読みいただき、記入漏れのないようにお願いします。
なお、委任状の記入内容に不備があったり、本人確認ができない場合はご相談に応じられないことがあります。

13

年金請求書（国民年金・厚生年金保険老齢給付）（14～15面）

右の15ページを記入する際の注意事項

「沖縄特例措置」について

●昭和25年4月1日以前生まれの方はご記入ください。なお、沖縄特例措置の手続きがお済みの場合や、生年月日によって添付の必要がない場合があります。
詳しくはお近くの年金事務所にお問い合わせください。

→(2)2

●該当の年金または恩給を受けることができる方については、その年金証書、恩給証書またはこれらに準ずる書類のコピーが必要となります。
詳しくはお近くの年金事務所にお問い合わせください。

→(2)

「個人番号（マイナンバー）」について

●１ページにマイナンバーを記入することにより、生年月日に関する書類(住民票等)の添付が不要になる場合があります。また年１回の現況の確認(現況届)や住所変更等の提出が不要となります。ただし、住民票の住所以外にお住まいの方などは、住所変更の届出が必要となる場合があります。

●１ページに記入された請求者本人のマイナンバーについては、マイナンバーが正しい番号であることの確認(番号確認)および提出する方が番号の正しい持ち主であることの確認(身元(実存)確認）が必要です。以下の(1)または(2)をご準備ください。
＊配偶者、子および扶養親族の番号確認・身元(実存)確認書類の提出は必要ありません。

(1)マイナンバーカード(個人番号カード)
番号確認と身元(実存)確認できる情報の両方が記載されているため、１種類で確認が可能です。
(2)以下の２種類(㋐と㋑１種類ずつ)をご準備ください。
㋐マイナンバーが記載されている書類から１種類
住民票(マイナンバー記載のもの)または通知カード(氏名、住所等が住民票の記載と一致する場合に限る)
㋑身元(実存)確認のできる書類から１種類
運転免許証、旅券、身体障害者手帳、精神障害者保健福祉手帳、療育手帳、在留カード等
※身元(実存)確認のできる書類については、上記㋑以外にも提出可能な書類があります。ご不明な点等は年金事務所にお問い合わせください。

【窓口で提出される場合】
上記(1)マイナンバーカードまたは(2)の㋐と㋑１種類ずつの原本をご提示ください。
【郵送で提出される場合】
マイナンバーカードは、両面のコピーまたは(2)の㋐と㋑１種類ずつのコピーをご提出ください。

●ご記入いただいていない場合であっても、ご提出いただいた住民票情報等を基に、マイナンバー法に基づき、マイナンバーを登録させていただきます。マイナンバーの登録後は、年１回の現況の確認(現況届)や住所変更等の届出が原則不要になります。

14

機構独自項目

入力処理コード	年金コード	作成原因	❼ 進達番号
4 3 0 0 0 1	1 1 5 0	❻ 01	

●ご本人(年金を受ける方)が記入する箇所は ［　　　］ (黄色)の部分です。

1．ご本人(年金を受ける方)について、ご記入ください。

(1)基礎年金番号と異なる記号番号の年金手帳等をお持ちの場合は、その年金手帳等の記号番号をすべてご記入ください。

厚生年金保険 国民年金 船員保険 の 手帳記号番号		
	2195－654321	－
	－	－

(2)以下の項目に該当しますか。「はい」または「いいえ」を○で囲んでください。

1	国民年金、厚生年金保険、または共済組合等の障害給付の受給権者で国民年金の任意加入をした方は、その期間について特別一時金を受けたことがありますか。	はい・(いいえ)
2	昭和36年4月1日から昭和47年5月14日までに沖縄に住んでいたことがありますか。	はい・(いいえ)

2．配偶者についてご記入ください。

配偶者について、基礎年金番号と異なる記号番号の年金手帳等をお持ちの場合は、その年金手帳等の記号番号をすべてご記入ください。

厚生年金保険 国民年金 船員保険 の 手帳記号番号		
	－	－
	－	－

3．その他の年金加入情報等についてご記入ください。

(1)個人で保険料を納める第四種被保険者、船員保険の年金任意継続被保険者となったことがありますか。　　はい　・　(いいえ)

①「はい」と答えたときは、その保険料を納めた年金事務所(社会保険事務所)の名称をご記入ください。

②その保険料を納めた期間をご記入ください。　　昭和/平成　年　月　日から　昭和/平成　年　月　日

③第四種被保険者(船員年金任意継続被保険者)の整理記号番号をご記入ください。　　記号［　　］　番号［　　］

(2)現在、次の年金または恩給のいずれかを受けることができる方は、その番号を○で囲んでください。

1 地方公務員の恩給	2 恩給法(改正前の執行官法附則第13条において、その例による場合を含む)による普通恩給
3 日本製鉄八幡共済組合の老齢年金または養老年金	4 旧外地関係または旧陸海軍関係共済組合の退職年金給付

15

年金請求書（国民年金・厚生年金保険老齢給付）（16～17面）

右の17ページを記入する際の注意事項

ご本人(年金を受ける方)が配偶者によって生計を維持されている場合は、以下の点に留意してご記入ください。

振替加算について

振替加算は、ご本人(年金を受ける方)が配偶者によって生計を維持されている場合に、ご本人(年金を受ける方)の年金に加算される年金です。

●配偶者の「特別支給の老齢厚生年金」や「老齢厚生年金」に加算される加給年金額は、ご本人(年金を受ける方)が６５歳になると自分の老齢基礎年金を受けられるため、加算されなくなります。
このとき、ご本人(年金を受ける方)が配偶者によって生計を維持されている場合に、ご本人(年金を受ける方)の老齢基礎年金の額に加算がされます。これを振替加算といいます。

●ご本人(年金を受ける方)の被保険者期間が20年以上※の老齢厚生年金(退職共済年金)等の受給権者であるときは、加算されません。

※中高齢の資格期間の短縮の特例を受ける方は、厚生年金保険(一般)の被保険者期間が15～19年。

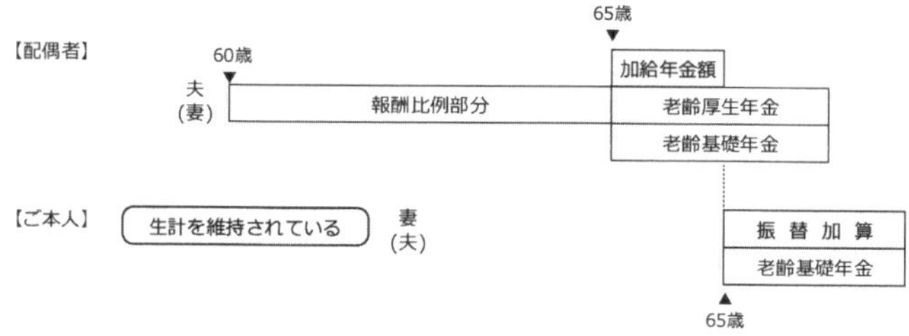

振替加算の詳しい説明は、日本年金機構ホームページ(https://www.nenkin.go.jp/)に掲載しています。
ぜひご利用ください。

(個人番号(マイナンバー)による住民票および所得証明書等の添付省略について)
マイナンバーによる情報連携の仕組みを利用して、情報の取得を行うことにより、住民票および所得証明書等の添付省略を行っています。
詳しい説明は10ページをご覧ください。

16

4．振替加算に関する生計維持の申し立てについてご記入ください。

9ページで記入した配偶者と生計を同じくしていることを申し立てる。

請求者氏名	年金　太郎

【生計維持とは】

以下の２つの要件を満たしているとき、「生計維持されている」といいます。

①生計同一関係があること

例）・住民票上、同一世帯である。

・単身赴任、就学、病気療養等で、住所が住民票上は異なっているが、生活費を共にしている。

②ご本人(年金を受ける方)が収入要件を満たしていること

年収850万円(所得655.5万円)を将来にわたって有しないことが認められる。

ご本人(年金を受ける方)が配偶者によって生計維持されている場合

該当するものを○で囲んでください。

（1）ご本人(年金を受ける方)の年収は 850万円(所得655.5万円)未満ですか。

はい　・　いいえ	機構確認欄	（　）印

（2）（1）で「いいえ」を○で囲んだ方は、ご本人の年収がこの年金の受給権(年金を受け取る権利)が発生したときから、おおむね 5年以内に 850万円(所得655.5万円)未満となる見込みがありますか。

はい　・　いいえ	機構確認欄	（　）印

「はい」を○で囲んだ方は、添付書類が必要です。

年金事務所等の確認事項	
ア．健保等被扶養者(第3号被保険者)	エ．義務教育終了前
イ．加算額または加給年金額対象者	オ．高等学校等在学中
ウ．国民年金保険料免除世帯	カ．源泉徴収票・所得証明等

令和　○年　○月　○日　提出

17

年金請求書（国民年金・厚生年金保険老齢給付）（19面）

5. 公的年金等の受給者の扶養親族等申告書についてご記入ください。

提出年	令和 ○ 年	提出日	令和 ○ 年 ○ 月 ○ 日提出	1150

（1） ご本人（年金を受ける方）の氏名、生年月日、住所、基礎年金番号を記入してください。
ご本人自身が障害者・寡婦等に該当しない場合は、下記事項を○で囲む必要はありません。

氏名	（フリガナ）ネン キン　タ ロウ （氏）年金　（名）太郎	生年月日	1明 3大 5昭（○印） 00年 5月 27日
住所	（フリガナ）スギ ナミ　00 00　1-2-3 杉並 市 区（○印） 町 村 ○○ 1-2-3 建物名		
郵便番号	000-0000	電話番号	03 -0000- XXXX
基礎年金番号	2345-123456		

う 本人障害	1. 普通障害 2. 特別障害	え 寡婦等	1. 寡婦　2. ひとり親 地方税控除（退職所得を除く） 4. 寡婦　5. ひとり親	お 本人所得	年間所得の見積額が900万円を超える

（2） 上記の提出年の扶養親族等の状況についてご記入ください。
うかきく については「摘要」欄に記入が必要な場合があります。18ページの各欄の説明をご覧ください。
（ご本人に控除対象配偶者や扶養親族がない場合は、下記事項を記入する必要はありません）

	フリガナ／氏名	続柄	生年月日	う 障害	か 同居・別居の区分	きく 所得金額
	個人番号（マイナンバー）		種別		非居住者	
あ 源泉控除対象配偶者または障害者に該当する同一生計配偶者	ネンキン ハナコ 年金 花子	1. 夫 2. 妻（○印）	1明 3大 5昭（○印） 7平 00年 2月 15日	1. 普通障害 2. 特別障害	1. 同居（○印） 2. 別居	28 万円（年間）
	201234567890		2. 老人		1. 非居住	
	配偶者の区分	収入が年金のみで、以下のいずれかに該当する。 1. 65歳以上の場合、年金額が158万円以下 2. 65歳未満の場合、年金額が108万円以下		機構使用欄（本人所得と配偶者所得、退職所得の有無から該当するコードを記載）		
い 控除対象扶養親族（16歳以上）	ネンキン カズオ 年金 一夫	子	1明 3大 5昭 7平（○印） 9令 00年 4月 7日	1. 普通障害 2. 特別障害	1. 同居（○印） 2. 別居	0 万円（年間）
	098765432109		1. 特定　2. 老人		1. 非居住	
			1明 3大 5昭 7平 9令　年　月　日	1. 普通障害 2. 特別障害	1. 同居 2. 別居	万円（年間）
			1. 特定　2. 老人		1. 非居住	
扶養親族（16歳未満）			7平成 9令和　年　月　日	1. 普通障害 2. 特別障害	1. 同居 2. 別居	万円（年間）
					1. 非居住	
			7平成 9令和　年　月　日	1. 普通障害 2. 特別障害	1. 同居 2. 別居	万円（年間）
					1. 非居住	
うかきく 摘要						

＊提出年より前に年金が受けられる場合は、過去の年分の扶養親族等申告書をすべて提出していただくことになります。
（申告書は年金事務所に用意してあります）

＊「扶養親族（16歳未満）」欄は、地方税法第45条の3の3および第317条の3の3の規定による「公的年金等受給者の扶養親族申告書」の記載欄を兼ねています。

＊控除対象配偶者や扶養親族の個人番号を確認する書類は提出する必要はありません。

（年金の支払者） 官署支出官 厚生労働省年金局事業企画課長　法人番号 6000012070001

19

参考：「特別支給の老齢厚生年金」を受給している人が 65 歳になるときに郵送されてくる「年金請求書（国民年金厚生年金保険老齢給付）」のハガキ

「特別支給の老齢厚生年金」を受給している人が65歳になるときには、「年金請求書（国民年金・厚生年金保険老齢給付）」のハガキが送られてきます。65歳から老齢基礎年金・老齢厚生年金を受け取る場合は、注意事項を確認し、必要事項を記入して提出します（なお、老齢基礎年金と老齢厚生年金の両方の年金の繰り下げを希望する場合は、この請求書を提出する必要はありません）。

年金請求書(国民年金・厚生年金保険老齢給付)

◎黒インクのボールペンでご記入ください。
◎裏面の注意事項をご確認のうえ、ご記入ください。

65

請求者の欄

※基礎年金番号(10桁)で届出する場合は左詰めで記入してください。

個人番号(または年金証書の基礎年金番号)・年金コード		生年月日	大正 3 昭和 5　年　月　日
住所	〒 電話番号(　　)－(　　)－(　　)		
氏名	(フリガナ)	他の年金の管掌機関(制度名)と年金証書記号番号等	管掌機関　記号番号等

下記の加給年金額の対象者は、私が生計を維持していることを申し立てます。

54

加給年金額対象者の欄

配偶者	氏名	(フリガナ)	他の年金の管掌機関(制度名)と年金証書記号番号等	管掌機関　記号番号等
	生年月日	大正・昭和・平成　年　月　日		
子	氏名	(フリガナ)	氏名	(フリガナ)
	生年月日	平成・令和　年　月　日　障害の状態	生年月日	平成・令和　年　月　日　障害の状態

繰下げ希望欄		
繰下げ受給(66歳以降に受給)を希望される方は、右枠内のいずれかを○で囲んでください。	老齢基礎年金のみ繰下げ希望	老齢厚生年金のみ繰下げ希望

実施機関等受付年月日

※年金生活者支援給付金の支給要件に該当する方は、別途、請求が必要です。

65歳到達前に郵送されるハガキ（表面）

◎この請求書は、今まで特別支給の老齢厚生年金を受けていた方(他の年金を受給していることによる停止などで、実際に支払いを受けていない方も含みます。)が65歳から老齢基礎年金・老齢厚生年金を受けるために必要なものです。

◎老齢基礎年金・老齢厚生年金両方の繰下げ(66歳以降に増額した額を受けること)を希望される場合には、この請求書を提出する必要はありません。

◎共済組合等に加入したことのある方は、共済組合等からも老齢厚生年金を受けることができます。
ただし、老齢厚生年金の繰下げを希望される場合は、全ての老齢厚生年金を同時に繰下げる必要があります。(一方の老齢厚生年金のみ繰下げの請求をすることは出来ません。)

◎『子』の欄は、18歳到達年度の末日が到来していない子、または障害の状態(障害基礎年金の1級または2級の状態)にある20歳未満の子についてご記入ください。
なお、子の人数が3人以上の場合は、請求される方の氏名と3人目以降の子の氏名、氏名フリガナ、生年月日および障害の状態を便せんなどにご記入いただき、この請求書に添付してください。

◎ 個人番号を記入したときは、次の(1)または(2)を添付してください。
なお、郵送で提出される場合は下記書類のコピーを添付してください。
(1)マイナンバーカード
(2)以下の2種類の書類(㋐と㋑1種類ずつ)
㋐個人番号が確認できる書類：個人番号が記載された住民票または通知カード(氏名、住所等が住民票の記載と一致する場合に限る)
㋑身元確認ができる書類：運転免許証、旅券、身体障害者手帳、療育手帳、在留カード等
※身元確認ができる書類については、上記㋑以外にも添付可能な書類があります。
ご不明な点等は年金事務所にお問い合わせください。

65歳到達前に郵送されるハガキ（裏面）

年金の請求に添付する書類

年金を受け取る際に提出する「年金請求書」に添付する主な書類は、以下のとおりです。

「特別支給の老齢厚生年金」を受ける権利のある人は、初めて老齢年金を請求するときに添付書類の提出が必要です。また、その人が65歳に到達したときの手続きは、本人あてに送られてくる「年金請求のハガキ」を提出すれば済むようになっています。

おもな添付書類

戸籍謄本、戸籍抄本、戸籍の記載事項証明、住民票、住民票の記載事項証明のいずれかの生年月日を明らかにできる書類

＊単身者で日本年金機構にマイナンバーが登録されている人は、上記の戸籍謄本等の添付は原則不要となります。

金融機関の通帳等

●預金通帳またはキャッシュカードのコピー

＊年金請求書に金融機関の証明を受けた場合は不要です。

年金請求者本人に配偶者または18歳到達年度の末日までの子がある場合

●戸籍謄本
年金請求者と配偶者および子の続柄の確認や、配偶者および子の氏名・生年月日を確認するため

●世帯全員の住民票の写し
生計維持関係を確認するため

●配偶者の収入が確認できる書類
生計維持関係を確認するため

●子の収入が確認できる書類
生計維持関係を確認するため

●年金請求者の収入が確認できる書類
生計維持関係を確認するため

＊これらの書類は、マイナンバーカードの記載により省略できる場合があります。ただし、配偶者・子がいる場合の戸籍謄本については現在も、マイナンバーを記載しても省略できないことになっています。

その他の添付書類

状況によって、「年金手帳」や「雇用保険被保険者証」、「共済組合の年金加入期間確認通知書」、「障害状態の確認ができる診断書」など

年金手帳は、基礎年金番号で統一

平成８年12月まで国民年金、厚生年金保険、共済組合の各公的年金制度では、それぞれ別々の年金記号番号が決められ、同じ人でも制度が異なれば複数の番号がつけられていました。

しかし平成９年１月から、すべての公的年金制度に共通した年金番号「基礎年金番号」がつけられました。

その後はこの基礎年金番号により、制度間を異動した場合でも同じ番号で手続きができるので、事務の簡素化が図られ、転職等により期間があいた場合の届け出漏れを防ぐことができたり、年金相談や年金の請求などを迅速に行うことができるようになっています。

さらに最近では､基礎年金番号とマイナンバーが結びついている場合には､各種届出や手続きの添付書類が不要になる場合があります。

年金手帳の廃止

令和４年４月１日に年金手帳の新規発行は廃止されました。

当初「厚生年金保険被保険者証」という一枚の紙であったものが、その後「茶色」の手帳､「オレンジ色」の手帳､「青色」の手帳と変わってきましたが、令和４年度以降発行されるのは「基礎年金番号通知書」という紙になります。

なお、新規発行がなくなっても、手元にある「年金手帳」はそのまま保管してください。今後も「基礎年金番号」は各種手続きのために必要です。

年金手帳（青色）のサンプル

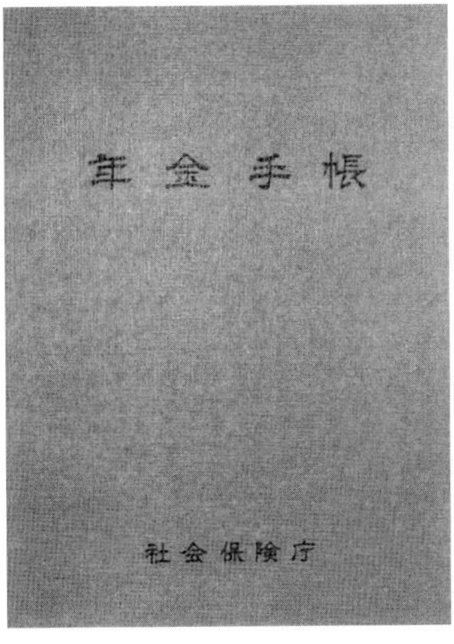

基礎年金番号通知書例
(令和４年４月１日以降)

基礎年金番号通知書

基礎年金番号
ＸＸＸＸ－ＸＸＸＸＸＸ

ﾌﾘｶﾞﾅ　ネンキン　タロウ
氏名　年金　太郎

生年月日　平成 X年 X月 X日

令和 X年 X月 X日　交付

厚生労働大臣

出典：日本年金機構ホームページ

基礎年金番号の確認方法

基礎年金番号は、基礎年金番号通知書、年金手帳または年金証書のいずれかにより確認してください。

基礎年金番号の確認

1　平成８年12月末において、年金制度に加入していた人または共済年金の受給権者である人は、基礎年金番号通知書により確認します。

令和４年４月以降に20歳に到達した人、20歳未満で厚生年金保険の被保険者になった人は、新たな基礎年金番号通知書により確認します。

〈例〉

基礎年金番号通知書

基礎年金番号

ＸＸＸＸ－ＸＸＸＸＸＸ

ﾌﾘｶﾞﾅ　ネンキン　タロウ

氏名　年金　太郎

これが基礎年金番号です

2　平成９年１月以降に年金制度に加入したことにより基礎年金番号が付された人は、青色の年金手帳により確認します。

〈例〉

基礎年金番号　1234－123456

氏　　名　年金　花子

生 年 月 日　昭和43年2月16日

これが基礎年金番号です

3　国民年金や厚生年金を受給している人は、基礎年金番号の記載のある年金証書でも確認できます。

〈例〉

これが基礎年金番号です

国民年金・厚生年金保険年金証書

省令改正による再交付

年金の種類　老齢　　基礎年金番号　2101－123456　　年金コード　1150

受給権者の氏名　年金　一郎《ネンキンイチロウ》

受給権者の生年月日　昭和10年　5月　31日　　受給権を取得した年月　平成7年　5月

ご自分の基礎年金番号は、以下の書類で確認することができます。なお、個人情報を保護するために、メールや電話で基礎年金番号を問い合わせて確認することはできません。

青色の 年金手帳	基礎年金番号 通知書

青色以外の年金手帳を持っている場合

青色以外の年金手帳を持っている人は、以下の書類で確認できます。

基礎年金番号 通知書	国民年金保険料の 口座振替額通知書
国民年金保険料の 納付書、領収書	年金証書
各種通知書等 （年金額改定通知書、 年金振込通知書など）	平成28年度 ねんきん定期便

それでも基礎年金番号が確認できない場合

上記の書類でご自分の基礎年金番号が確認できない場合には、次のいずれかで確認してください。

・会社員の人などは、勤務先の総務関係の部署に問い合わせる。
・「ねんきん定期便」を手元に用意したうえで、「ねんきん定期便・ねんきんネット専用番号」に電話する。後日、基礎年金番号が記載された書類が郵送されます。
・お近くの年金事務所の窓口で相談する。

もし、氏名や生年月日が違っていたら

基礎年金番号通知書や年金手帳に記載されている氏名や生年月日に誤りがあった場合は、訂正や変更の手続きをしなければなりません。勤務中の人は勤務先を通じて、すでに退職している人は住所地の年金事務所で手続きをします。もっとも、最近ではマイナンバーとのひも付けが進んだために、このようなことは以前と比べて少なくなっています。

被保険者生年月日訂正届と被保険者氏名変更届

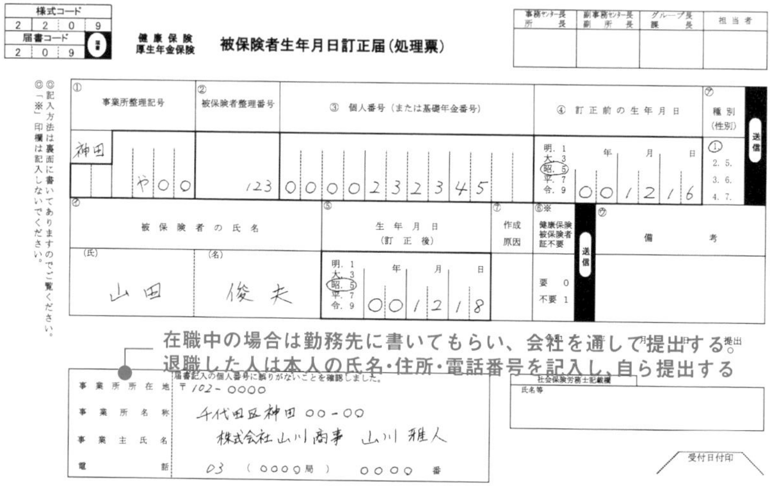

様式コード 2209　届書コード 209

健康保険 厚生年金保険 被保険者生年月日訂正届（処理票）

事務センター長 所長 ｜ 副事務センター長 副所長 ｜ グループ長 課長 ｜ 担当者

◎記入方法は裏面に書いてありますのでご覧ください。
◎「※」印欄は記入しないでください。

① 事業所整理記号	② 被保険者整理番号	③ 個人番号（または基礎年金番号）	④ 訂正前の生年月日	⑦ 種別（性別）
神田 や00	123	000023232345	明.1 大.3 昭.5 平.7 令.9　昭.5　001216 年 月 日	① 2. 5. 3. 6. 4. 7.

⑤ 被保険者の氏名		⑤ 生年月日（訂正後）	⑦ 作成原因	⑥※ 健康保険被保険者証不要	⑦ 備考
（氏）山田	（名）俊夫	明.1 大.3 昭.5 平.7 令.9　昭.5　001218 年 月 日		要 0 不要 1	

令和 年 月 日 提出

届書記入の個人番号に誤りがないことを確認しました。

事業所所在地 〒102-0000 千代田区神田00-00
事業所名称 株式会社山川商事
事業主氏名 山川雅人
電話 03（0000局）0000番

社会保険労務士記載欄 氏名等

受付日付印

在職中の場合は勤務先に書いてもらい、会社を通して提出する。退職した人は本人の氏名・住所・電話番号を記入し、自ら提出する

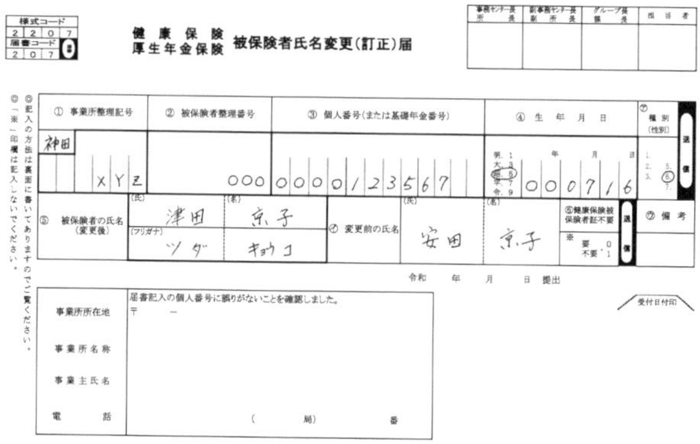

様式コード 2207　届書コード 207

健康保険 厚生年金保険 被保険者氏名変更（訂正）届

事務センター長 所長 ｜ 副事務センター長 副所長 ｜ グループ長 課長 ｜ 担当者

◎記入の方法は裏面に書いてありますのでご覧ください。
◎「※」印欄は記入しないでください。

① 事業所整理記号	② 被保険者整理番号	③ 個人番号（または基礎年金番号）	④ 生年月日	⑦ 種別（性別）
神田 XYZ	000	0000123567	明.1 大.3 昭.5 平.7 令.9　昭.5　000716 年 月 日	1. 2. 3. 5. ⑥ 7.

⑤ 被保険者の氏名（変更後）	（氏）津田（フリガナ）ツダ	（名）京子（フリガナ）キョウコ	④ 変更前の氏名	（氏）安田	（名）京子	⑥健康保険被保険者証不要 ※ 要 0 不要 1	⑦ 備考

令和 年 月 日 提出

届書記入の個人番号に誤りがないことを確認しました。

事業所所在地 〒　－
事業所名称
事業主氏名
電話 （　局）　番

受付日付印

※以下、記入のしかたは生年月日訂正届と同じ

年金の額を事前に知りたかったら

年金の額を事前に知りたい場合、「ねんきんネット」(→p.192) や「ねんきん定期便」で確認したり年金事務所の年金相談を利用するほか、パソコンなどで試算条件を入力して老齢年金の見込額を試算することもできます。

年金相談をしたいときは予約をして、基礎年金番号通知書、年金手帳と経歴書 (メモ書きでもよい)、本人確認のできるもの (運転免許証など) をもって年金事務所の年金相談室に行き、年金相談受付票に必要事項を書いて提出してください。相談は無料です。

年金相談受付票のサンプル

代理人の方が年金記録に関する相談をされる場合は、「委任状」と代理人の方の「本人確認ができるもの(運転免許証など)」が必要です。
(注) 委任状をお持ちでない場合であっても、ご本人が障がいのある方または施設入所中のため来所することが困難であり、かつ、窓口に来られた方がご家族である場合は、窓口にお申し出ください。

年 金 相 談 ・ 手 続 受 付 票

太枠内の水色の部分をご記入ください。なお、代理人の方は、委任者ごとにご記入ください。

① 窓口に来られた方はどなたですか(□に✔を付けてください)。

☑ 本人 (以下の②、③欄をご記入ください。)	□ 代理人 (以下の②、③、④欄をご記入ください。)

※本人確認できるもの(運転免許証など)が必要です。

② おたずねになりたいことを次の中から選んで□に✔を付けてください。その他を選んだ方は、(　)内にご記入ください。

□ 年金の制度に関すること	☑ 年金の見込額に関すること
□ (老齢・遺族・障害) 年金の請求に関すること	□ 年金証書の内容等決定に関すること
□ 年金を受けている方が亡くなられたときの届 (未支給)	□ 住所・受取機関の変更　□ 通知書等の再交付
□ 年金額・支払額の内容に関すること	□ ねんきん特別便・ねんきん定期便に関すること
□ ねんきんネットの記録・アクセスキーの交付	□ 年金記録の訂正請求に関すること
□ 国民年金の資格および納付等に関すること	□ その他 (　)

※年金相談に併せて年金生活者支援給付金の相談も対応いたします。

③ 年金の手続きをされる方、相談をされる方についてご記入ください。

個人番号(または基礎年金番号) ※左詰め記入	0 0 0 0 1 2 3 4 5 6 7 8	年金コード(受給者の方)	
生年月日	明治・大正・(昭和)・平成・令和　40年 3月 12日		
フリガナ	ナカ イケ　タカシ		
氏名	中池 孝	(旧姓)	男・女
配偶者(夫・妻)の有無	(有)・無		
住所	〒000-0000 台東区台東0-0-0	電話:	03 (0000) 1234

※「死亡」に係る年金手続き・年金相談の場合は、亡くなられた方についてご記入ください。		手続き・相談をされる方との続柄	
基礎年金番号 ※左詰め記入		年金コード(受給者の方)	
生年月日	明治・大正・昭和・平成・令和　年　月　日		
フリガナ			
氏名		(旧姓)	男・女
死亡日	平成 令和　年　月　日		

④ 代理人の方は以下をご記入ください。

フリガナ		続柄	配偶者(夫・妻)・子・孫・父母 兄弟姉妹・社会保険労務士 その他(　)
氏名			
住所	〒　－	電話:	(　)
※委任状をお持ちでない場合で、上記(注)の申し出をされる方はご記入ください。			
ご本人が来所することが困難な理由			

※裏面については、記入の必要はありません。
ご記載いただきました個人情報は、「日本年金機構個人情報保護管理規程」ほか関係法令に基づき、お客様からのご相談や請求書等の審査・決定等の利用目的の範囲内で使用します。

年金の加入記録を知りたかったら

自分の年金記録は正しいのか、ちゃんと記録がつながっているのか気になるところです。厚生年金保険の場合、転職を繰り返した人は、コンピュータ上に加入記録が一部載っていないことがあります。会社に勤務していたのに加入記録がないという原因としては、①当時の会社で厚生年金保険に会社全体が未加入であったまたは個人が未加入であった場合、②厚生年金保険には加入していたがコンピュータ上に記録が入力されていなかった場合、のどちらかです。国民年金の場合、加入期間イコール保険料納付済期間とは限りませんので、国民年金の納付済期間を確認することが大事です。

勤務していた会社で厚生年金保険に加入していたかどうか調べたいときには、次の確認方法があります。また、前の会社を退職してから次の会社の就職までの空白期間や自営業をしていた期間は国民年金に加入しなければなりませんが、この期間が保険料の納付済期間であるかどうかを調べたいときなども、次の方法で確認してください。

年金加入記録の確認方法

1.「ねんきんネット」（日本年金機構ホームページ）で確認する

事前登録をすれば、自宅のパソコンで、24時間いつでも年金記録を確認できる。事前登録の方法は、日本年金機構ホームページ「『ねんきんネット』ご利用ガイド」のページを参照。

年金に加入していない期間や、標準報酬額の大きな変動などの記録が表示されており、記録の「もれ」や「誤り」の発見が容易になる。

●「ねんきんネット」で確認できる年金加入記録

年金加入記録照会では、下記の記録を確認できる。

1. 公的年金制度（国民年金・厚生年金保険・船員保険）の加入履歴（加入していた制度、加入した年月、脱退した年月、加入していた期間の月数等）
2. 国民年金保険料を納めた状況
3. 厚生年金保険に加入していたときの会社名、標準報酬月額、標準賞与額
4. 船員保険に加入していたときの船舶所有者名、標準報酬月額、標準賞与額
5. 年金見込額、保険料納付済額など

●年金記録の照会についての注意

ねんきんネットのサービスでは、共済組合等に加入していた期間については表示されないので、共済組合期間についての確認は各共済組合に問い合わせる必要がある。

●記録の「もれ」や「誤り」が見つかったら…

年金加入記録を確認した結果、自分の認識と違っている記録が見つかった場合は、近くの年金事務所へ問い合わせること。

2．郵送されてきた「ねんきん定期便」による確認方法

封筒形式で「ねんきん定期便」が送付されてくるのは、節目の年齢（35歳、45歳、59歳）の人。年金加入記録をよく見て、「もれ」や「誤り」があった場合には、同封されている「年金加入記録回答票」にその内容を記入して日本年金機構に返信する。

3．電子版「ねんきん定期便」による確認

節目の年齢以外の人にはハガキ形式でねんきん定期便が送付される。もしも、「もれ」や「誤り」を発見した場合は、日本年金機構のホームページから「電子版のねんきん定期便」にアクセスする（事前登録が必要)。そしてその中にある回答票と「返信用宛名シール」を印刷し、「もれ」や「誤り」の内容を記入してから、宛名シールを手持ちの封筒に貼り付けて、日本年金機構に郵送する。

回答票を郵送すると、日本年金機構では調査をしたあと回答を送付してくれる。回答が届くのに数か月からそれ以上かかることもある。

なお、誕生月に、「ねんきん定期便」や「振込通知書」などを電子メールで案内している。電子版ねんきん定期便は、誰でも登録すれば、いつでも日本年金機構ホームページで確認できるようになっている。

4．「照会申出書」を年金事務所に提出して、年金記録を確認する方法

●会社勤務していた時代の加入記録を調べたい場合や国民年金の加入記録、納付済み記録を調べたい場合

→「年金記録照会申出書」を提出

申出を受けた年金事務所では、証明となる資料や本人からの聞き取りをもとに調査し、加入記録の有無などを確認して、その回答書が本人宛に送付される。

年金受給中の手続き

これまで年金受給者の現況確認については、年１回、ハガキ形式の現況届を提出していましたが、手続きの簡素化や事務処理の効率化から、基礎年金番号とマイナンバーが結びついている場合に住基ネットを活用して現況確認を行うことになりました。これにより、現況届の提出が原則として不要になっています。

現況届の提出は原則不要に

マイナンバー・住基ネットを使用した現況確認

①住民基本台帳ネットワークシステムを通じて受給者の現況確認を依頼
②結果を回答
③現況確認できた受給者は引き続き年金を支給

引き続き、現況届を提出する場合

現況届の提出が不要となるのは、基礎年金番号とマイナンバーが結びついていて、日本年金機構で住基ネットに現況確認を行うために必要となる住民票コードが確認できた年金受給者に限られます。このため、次の場合には、これまでどおり現況届の提出が必要となります。

〔現況届の提出が必要となる主な例〕

ア．日本年金機構が管理している年金受給者の基本情報（氏名、生年月日、性別、住所）が住基ネット（住民票）に保存されている基本情報と相違している人
イ．外国籍（外国人登録）の人
ウ．外国に住んでいる人　など

現況届の提出が必要となる年金受給者には、これまでどおり誕生月の前月末ごろに日本年金機構から現況届が送付されます。現況届が送付された場合は、誕生月の末日までに日本年金機構に必ず届くように提出します。

現況届以外の届出が必要となる場合

住基ネットで確認ができるのは年金受給者本人の現況確認だけなので、加給年金額等が加算されている場合や障害の程度を確認する必要がある場合には、日本年金機構から送付される届け書の提出が必要となります。

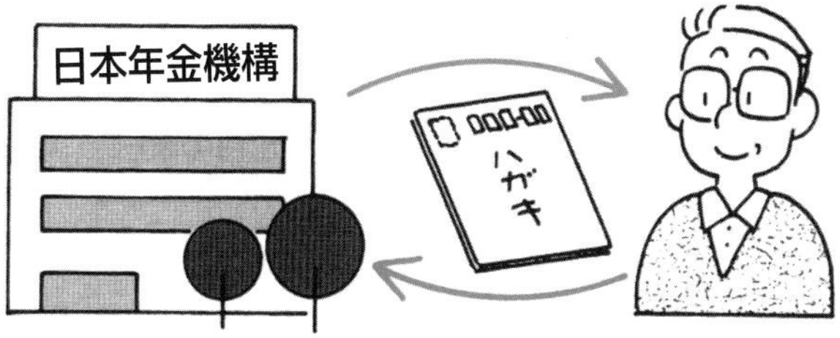

その他の年金受給中の手続き

年金を受給している人には、さまざまな手続きがあります。現在、マイナンバー制度の普及により、不要となった手続きもありますが、ご自身に変化があったときは、必ず確認するようにしてください。

すべての年金に共通する手続き

どういうときに	何を	おもな添付書類	いつまでに
誕生日が来たとき（送付された場合）	年金受給権者現況届（ハガキ）	なし	誕生月の末日
氏名が変わったとき	年金受給権者氏名変更届	年金証書	10日以内（国民年金は14日以内）
住所が変わったとき	年金受給権者住所変更・居所登録届	なし	10日以内（国民年金は14日以内）
受け取り金融機関を変更したとき	年金受給権者受取機関変更届	なし	10日以内（国民年金は14日以内）
年金を受けている人が死亡したとき	年金受給権者死亡届	年金証書・死亡診断書	10日以内（国民年金は14日以内）
死亡による未払いの年金を受けるとき	未支給年金・未支払給付金請求書	年金証書、戸籍謄本、生計を共にしていたことの証明書類等	すみやかに
二つ以上の年金が受けられるようになったとき	年金受給選択申出書	なし	すみやかに
年金証書を紛失または毀損《きそん》したとき	年金証書再交付申請書	毀損のときはその年金証書	そのつど

老齢給付に関する手続き

どういうときに	何を	おもな添付書類	いつまでに
加算額（加給年金額）の対象者が死亡したときなど	加算額・加給年金額対象者不該当届	なし	10日以内（国民年金は14日以内）
年金受給権者が雇用保険法等による給付が受けられるとき	老齢厚生・退職共済年金受給権者支給停止事由該当届	雇用保険受給資格者証または高年齢雇用継続給付支給決定通知書	すみやかに
支給停止事由がなくなったとき	老齢・障害給付受給権者支給停止事由消滅届	年金証書等、市区町村長の証明書または戸籍抄本	すみやかに

障害給付に関する手続き

どういうときに	何を	おもな添付書類	いつまでに
支給停止事由がなくなったとき	老齢・障害給付受給権者支給停止事由消滅届	診断書など	すみやかに
障害給付の受給者の障害の程度が重くなったとき	障害給付額改定請求書	診断書など	すみやかに
障害給付の受給者が定められた程度の障害の状態に該当しなくなったとき	障害給付受給権者障害不該当届	なし（旧国年は国民年金証書）	すみやかに

遺族給付に関する手続き

どういうときに	何を	おもな添付書類	いつまでに
遺族給付の受給者が結婚したときなど	遺族年金失権届	年金証書	10日以内（国民年金は14日以内）
加算額（加給年金額）の対象者が死亡したときなど	加算額・加給年金額対象者不該当届	なし	10日以内（国民年金は14日以内）
遺族給付の支給停止事由がなくなったとき	遺族年金受給権者支給停止事由消滅届	市区町村長の証明書または戸籍抄本	すみやかに

PART-6

3

国 厚

障害給付の請求手続き

障害給付の請求手続きも老齢給付の手続きと同じように、受給権が発生したら行います。請求にあたっては、基礎年金番号のわかる年金手帳等のほか、戸籍抄本・診断書などの添付書類が必要となります。請求先は、厚生年金については年金事務所ですが、国民年金については住所地の市区町村役場（初診日が第３号被保険者期間中の場合は年金事務所）になります。ここでは書式と記載例（P.200〜205）を紹介します。

障害給付の請求手続きに添付する書類は

障害給付の請求手続きには、以下のような添付書類が必要となります。添付書類が不足だと手続きができないので、前もって確認しておきましょう。

年金請求書に添付する書類

①基礎年金番号通知書または年金手帳等の基礎年金番号を明らかにすることができる書類
②戸籍抄本（戸籍謄本）等
③医師の診断書
④受診状況等証明書
⑤診断書に併せてレントゲンフィルムや心電図のコピーなど
⑥病歴・就労状況等申立書
⑦公的年金を受けている者はその年金証書等
⑧配偶者および子について生計を維持していたときは、生計維持を証する書類
⑨その他必要に応じた書類

年金請求書の提出先は

障害給付の年金請求書の提出先は、初診日に加入していた制度によって異なります。在職中に初診日のある傷病で障害給付をもらう人は、住所地の役場ではなく会社を管轄する年金事務所に請求することになります。

年金請求書の提出先

初診日の加入制度		提　出　先
厚生年金保険	●●●●▶	年金事務所
国民年金	●●●●▶	住所地の市区町村役場

※初診日が国民年金第３号被保険者期間中の場合は、
　年金事務所になります。

ONE-POINT

障害給付の請求には初診日が重要

障害給付は、障害の原因である傷病発生日より前に、国民年金、厚生年金保険の保険料を一定期間納付していること等が支給要件です。このため、その傷病の初診日を特定することは重要で、そのために初診日の証明書類を提出することになります。

初診日の証明書類として通常は、その初診時の医療機関が作成した受診状況等証明書または診断書の提出が求められます。しかし、初診日が数年、数十年前である場合などで初診時の医療機関の証明を得ることが難しいケースもあります。こうした場合には、請求する人の状況に応じて、別途、第三者（民法上の三親等以内の親族以外の人）の証明と参考資料の証明書類を提出することで初診日として認められるかどうかが判断されます。

年金請求書（国民年金・厚生年金保険障害給付）記載例（1面）

年金請求書(国民年金・厚生年金保険障害給付)

様式第104号

〔障害基礎年金・障害厚生年金・障害手当金〕

年金コード		
13		

430002　82

○□のなかに必要事項をご記入ください。
（◆印欄には、なにも記入しないでください。）
○黒インクのボールペンでご記入ください。
鉛筆や、摩擦に伴う温度変化等により消色するインクを用いたペンまたはボールペンは、使用しないでください。
○フリガナはカタカナでご記入ください。

二次元コード

実施機関等

受付年月日

基礎年金番号が交付されていない方は、①、②の欄に個人番号をご記入ください。
基礎年金番号(10桁)で届出する場合は左詰めでご記入ください。

①請求者の個人番号※（または基礎年金番号）	2 1 4 7 8 8 7 6 6 6 2 1
②配偶者の個人番号（または基礎年金番号）	1 3 1 1 2 3 4 5 6 7 1 2

課所符号	進達番号	厚年資格
		10・20 21・22

船保資格	記録不要制度	作成原因
10・20 21・22	(厚年) (船員) (国年) (国共) (地共) (私学)	02

船戦加	重	未保	支保	配状

請求者

③生年月日	㊗昭・平・令	00年 08月 03日	
④氏名	(フリガナ) スズキ　(氏) 鈴木	(フリガナ) フミオ　(名) 史夫	⑤性別 ①男 2.女
⑥住所	住所の郵便番号 1340091	(フリガナ) エドガワ　江戸川 市 ㊀区 町村	ミナミフナボリ　南船堀 0−0−0
電話番号1	(090)−(XXXX)−(XXXX)	電話番号2	(03)−(0000)−(0000)

社会保険労務士の提出代行者欄

＊日中に連絡が取れる電話番号(携帯も可)をご記入ください。
＊予備の電話番号(携帯も可)があればご記入ください。

※個人番号(マイナンバー)については、6ページをご確認ください。

⑦年金受取機関			
①金融機関（ゆうちょ銀行を除く） 2. ゆうちょ銀行（郵便局）	(フリガナ) 口座名義人氏名	スズキ (氏) 鈴木	フミオ (名) 史夫

年金送金先

金融機関	金融機関コード ◆ / 支店コード ◆	(フリガナ) ヒノデ　ひので　〔銀行〕・金庫・信組・農協・信連・信漁連・漁協	(フリガナ) フナボリ　船堀　本店・〔支店〕・出張所・本所・支所	預金種別 ①普通 2.当座	口座番号（左詰めで記入） 1122446
ゆうちょ銀行	貯金通帳の口座番号　記号（左詰めで記入）　−　番号（右詰めで記入）		金融機関またはゆうちょ銀行の証明欄　※貯蓄預金口座または貯蓄貯金口座への振込みはできません。	請求者の氏名フリガナと口座名義人氏名フリガナが同じであることをご確認ください。	

支払局コード ◆ 1 0 0 8 9 9 6

※通帳等の写し(金融機関名、支店名、口座名義人氏名フリガナ、口座番号の面)を添付する場合、証明は不要です。

⑧配偶者	氏名	(フリガナ) スズキ　(氏) 鈴木	(フリガナ) カオリ　(名) かおり	生年月日 大・㊗昭・平	00年 06月 03日
⑨子	氏名	(フリガナ)　(氏)	(名)	生年月日 昭・平・令	年 月 日
	個人番号			障害の状態にある・ない	◆診
	氏名	(フリガナ)　(氏)	(名)	生年月日 昭・平・令	年 月 日
	個人番号			障害の状態にある・ない	◆診

連絡欄

X線フィルムの送付	
有・無	枚
X線フィルムの返送	
年 月 日	

1

正確に記入すること

銀行を選んだときは、銀行の確認印（または通帳の写し）が必要
ゆうちょ銀行を選んだときは、下の行に記入すること

配偶者の氏名と生年月日を記入する

年金請求書（国民年金・厚生年金保険障害給付）記載例（3面）

⑩　あなたの配偶者は、公的年金制度等（表1参照）から老齢・退職または障害の年金を受けていますか。○で囲んでください。

1. 老齢・退職の年金を受けている	2. 障害の年金を受けている	③いずれも受けていない	4. 請求中	制度名（共済組合名等）	年金の種類

受けていると答えた方は下欄に必要事項をご記入ください（年月日は支給を受けることになった年月日をご記入ください）。

公的年金制度名（表1より記号を選択）	年金の種類	年　月　日	年金証書の年金コードまたは記号番号等
		・　・	
		・　・	
		・　・	

	年金コードまたは共済組合コード・年金種別					
1						
2						
3						

「年金の種類」とは、老齢または退職、障害をいいます。

⑪　あなたは、現在、公的年金制度等（表1参照）から年金を受けていますか。○で囲んでください。

1. 受けている	②受けていない	3. 請求中	制度名（共済組合名等）	年金の種類

受けていると答えた方は下欄に必要事項をご記入ください（年月日は支給を受けることになった年月日をご記入ください）。

公的年金制度名（表1より記号を選択）	年金の種類	年　月　日	年金証書の年金コードまたは記号番号等
		・　・	
		・　・	
		・　・	

	年金コードまたは共済組合コード・年金種別					
1						
2						
3						
	他年金種別					

「年金の種類」とは、老齢または退職、障害、遺族をいいます。

⑫　次の年金制度の被保険者または組合員等となったことがあるときは、その番号を○で囲んでください。

① 国民年金法　② 厚生年金保険法　3. 船員保険法（昭和61年4月以後を除く）
4. 廃止前の農林漁業団体職員共済組合法　5. 国家公務員共済組合法　6. 地方公務員等共済組合法
7. 私立学校教職員共済法　8. 旧市町村職員共済組合法　9. 地方公務員の退職年金に関する条例　10. 恩給法

⑬ 履　歴（公的年金制度加入経過）
※できるだけ詳しく、正確にご記入ください。

	(1) 事業所（船舶所有者）の名称および船員であったときはその船舶名	(2) 事業所（船舶所有者）の所在地または国民年金加入時の住所	(3) 勤務期間または国民年金の加入期間	(4) 加入していた年金制度の種類	(5) 備　考
最初	(株) 東京貿易	千代田区大手町0-0	昭○・4・1から 平○・3・31まで	1. 国民年金 ②. 厚生年金保険 3. 厚生年金（船員）保険 4. 共済組合等	
2	関西事務機(株) 東京営業所	新宿区新宿 0-0	平○・4・1から 平○・7・31まで	1. 国民年金 ②. 厚生年金保険 3. 厚生年金（船員）保険 4. 共済組合等	
3	中丸商事(有)	千代田区神田0-0	平○・8・1から ・　・まで	1. 国民年金 ②. 厚生年金保険 3. 厚生年金（船員）保険 4. 共済組合等	
4			・　・から ・　・まで	1. 国民年金 2. 厚生年金保険 3. 厚生年金（船員）保険 4. 共済組合等	
5			・　・から ・　・まで	1. 国民年金 2. 厚生年金保険 3. 厚生年金（船員）保険 4. 共済組合等	
6			・　・から ・　・まで	1. 国民年金 2. 厚生年金保険 3. 厚生年金（船員）保険 4. 共済組合等	
7			・　・から ・　・まで	1. 国民年金 2. 厚生年金保険 3. 厚生年金（船員）保険 4. 共済組合等	
8			・　・から ・　・まで	1. 国民年金 2. 厚生年金保険 3. 厚生年金（船員）保険 4. 共済組合等	
9			・　・から ・　・まで	1. 国民年金 2. 厚生年金保険 3. 厚生年金（船員）保険 4. 共済組合等	
10			・　・から ・　・まで	1. 国民年金 2. 厚生年金保険 3. 厚生年金（船員）保険 4. 共済組合等	

3

該当するところに丸印をつける

該当するところに丸印をつける

今まで勤務した会社名、期間、勤務の際に加入していた制度を
正確に記入する

最後に勤務した会社、または現在も勤務している会社について書く

年金請求書（国民年金・厚生年金保険障害給付）記載例（5面）

⑭必ずご記入ください。

(1) この請求は、左の頁にある「障害給付の請求事由」の1から3までのいずれに該当しますか。該当する番号を○で囲んでください。	①障害認定日による請求　2. 事後重症による請求 3. 初めて障害等級の1級または2級に該当したことによる請求
「2」を○で囲んだときは右欄の該当する理由の番号を○で囲んでください。	1. 初診日から1年6月目の状態で請求した結果、不支給となった。 2. 初診日から1年6月目の症状は軽かったが、その後悪化して症状が重くなった。 3. その他（理由　　　）

(2) 過去に障害給付を受けたことがありますか。	1. はい ② いいえ	「1. はい」を○で囲んだときは、その障害給付の名称と年金証書の基礎年金番号・年金コード等を記入してください。	名称	
			基礎年金番号・年金コード等	

(3) 障害の原因である傷病についてご記入ください。

傷病名	1. 慢性腎炎	2.	3.
傷病の発生した日	昭和 平成 ㊞令和 0年5月10日	昭和 平成 令和 年 月 日	昭和 平成 令和 年 月 日
初診日	昭和 平成 (令和) 0年5月10日	昭和 平成 令和 年 月 日	昭和 平成 令和 年 月 日
初診日において加入していた年金制度	1. 国年 (2. 厚年) 3. 共済	1. 国年 2. 厚年 3. 共済	1. 国年 2. 厚年 3. 共済
現在傷病はなおっていますか。	1. はい ・ (2. いいえ)	1. はい ・ 2. いいえ	1. はい ・ 2. いいえ
なおっているときは、なおった日	昭和 平成 令和 年 月 日	昭和 平成 令和 年 月 日	昭和 平成 令和 年 月 日
傷病の原因は業務上ですか。	1. はい ・ (2. いいえ)		
この傷病について右に示す制度から保険給付が受けられるときは、その番号を○で囲んでください。請求中のときも同様です。	1. 労働基準法　2. 労働者災害補償保険法 3. 船員保険法　4. 国家公務員災害補償法 5. 地方公務員災害補償法 6. 公立学校の学校医、学校歯科医及び学校薬剤師の公務災害補償に関する法律		
受けられるときは、その給付の種類の番号を○で囲み、支給の発生した日を記入してください。	1. 障害補償給付（障害給付）　2. 傷病補償給付（傷病年金） 昭和 平成 令和 年 月 日		
障害の原因は第三者の行為によりますか。	1. はい ・ (2. いいえ)		
障害の原因が第三者の行為により発生したものであるときは、その方の氏名および住所を記入してください。	氏名		
	住所		

生計維持申立

⑮生計同一関係

右の者は、請求者と生計を同じくしていることを申し立てる。

令和〇年〇月〇日

請求者　住所　江戸川区南船堀0-0-0

氏名　鈴木史夫

配偶者および子	氏名	続柄
	鈴木かおり	妻

⑯収入関係

		※確認印	※年金事務所の確認事項
1. 請求者によって生計維持していた方についてご記入ください。			
(1) 配偶者について年収は、850万円未満(注)ですか。	(はい) いいえ	(　)印	ア. 健保等被扶養者（第三号被保険者）
(2) 子(名:　　　) について年収は、850万円未満(注)ですか。	はい・いいえ	(　)印	イ. 国民年金保険料免除世帯
(3) 子(名:　　　) について年収は、850万円未満(注)ですか。	はい・いいえ	(　)印	ウ. 義務教育終了前
(4) 子(名:　　　) について年収は、850万円未満(注)ですか。	はい・いいえ	(　)印	エ. 高等学校在学中
2. 上記1で「いいえ」と答えた方のうち、その方の収入はこの年金の受給権発生時においては、850万円未満(注)ですか。	はい・いいえ		オ. 源泉徴収票・課税証明書等

(注) 平成6年11月8日までに受給権が発生している方は、「600万円未満」となります。

令和　〇年　〇月　〇日　提出

5

—— 傷病名を記入する

—— 年月日は重要なので正確に記入すること

PART-6

4

国 厚

遺族給付の請求手続き

遺族給付の請求手続きは「誰が請求できるか」「受給権は誰にあるのか」を確認することからはじめます（P.127参照）。実際の請求手続きは老齢給付や障害給付とほぼ同様です。添付書類は基礎年金番号のわかる年金手帳のほか、除籍謄本、死亡診断書などがあります。

請求先は、厚年年金については年金事務所へ提出します。国民年金については住所地の市区町村役場（死亡日が国民年金第3号被保険者期間中の場合は年金事務所）になります。ここでは書式と記載例（P.208～217）を紹介します。

遺族給付の請求手続きに添付する書類は

受給権のある人の確認ができたら、年金請求書を書くことになりますが、書きはじめる前に次の表を参考にして、必要な添付書類を集めましょう。

年金請求書に添付する書類

①基礎年金番号通知書または年金手帳等の基礎年金番号を明らかにすることができる書類（添付できないときはその理由書が必要）
②戸籍謄本（記載事項証明書）または法定相続情報一覧図の写し（死亡者との続柄および請求者の氏名・生年月日の確認。戸籍謄本は受給権発生日以降で提出日から６か月以内に交付されたもの）
③世帯全員の住民票の写し（マイナンバー記入で省略が可能。死亡者との生計維持関係確認のため。受給権発生日以降で提出日から６か月以内に交付されたもの）
④死亡者の住民票の除票（世帯全員の住民票の写しに含まれている場合は不要）
⑤請求者の収入が確認できる書類（マイナンバー記入で省略が可能。生計維持認定のため。所得証明書、課税（非課税）証明書、源泉徴収票等）
⑥子の収入が確認できる書類（マイナンバー記入で省略が可能。義務教育終了前は添付不要。高等学校在学中の場合は在学証明書または学生証のコピー等）
⑦市区町村長に提出した死亡診断書（死体検案書等）のコピーまたは死亡届の記載事項証明書（死亡の事実（原因）および死亡年月日確認のため）
⑧受け取り先金融機関の通帳等（本人名義のもの。カナ氏名、金融機関名、支店番号、口座番号が記載された部分を含む預金通帳またはキャッシュカード（コピー可）等。ただし、年金請求書に金融機関の証明を受けた場合は添付不要）
⑨その他状況に応じた書類

年金請求書の提出先

遺族給付の年金請求書はどこに提出すればよいのでしょう。亡くなった人の亡くなった時点の状態で請求先は異なります。よく確認して間違えないように提出してください。

年金請求書の提出先

死亡時の加入制度	提出先
厚生年金保険の加入中の死亡	年金事務所
かつて厚生年金保険に加入していた人（P.132に該当する人）の死亡	年金事務所
国民年金の加入中（第1号被保険者）の死亡	住所地の市区町村役場※

※死亡日が国民年金第３号被保険者期間中の場合は、年金事務所になります。

年金請求書（国民年金・厚生年金保険遺族給付）記載例（1面）

届書コード		
7	3	1

届書

年金請求書（国民年金・厚生年金保険遺族給付）

〔遺族基礎年金・特例遺族年金・遺族厚生年金〕

様式第105号

年金コード		
1	4	

○□のなかに必要事項をご記入ください。（◆印欄には、なにも記入しないでください。）
○黒インクのボールペンでご記入ください。鉛筆や、摩擦に伴う温度変化等により消色するインクを用いたペンまたはボールペンは、使用しないでください。
○フリガナはカタカナでご記入ください。

二次元コード

実施機関等

受付年月日

死亡した方

❶基礎年金番号	2147887658	
❷生年月日	明・大・（昭）・平	○○年 08月 05日
氏名	（フリガナ）スズキ　ヨシオ	性別
	（氏）鈴木　（名）好夫	（1.男）　2.女

基礎年金番号が交付されていない方は、欄に個人番号をご記入ください。
基礎年金番号（10桁）で届出する場合は左詰めでご記入ください。

請求者

個人番号（または基礎年金番号）	131123456213		
生年月日	明・大・（昭）・平・令	○○年 06月 15日	
氏名	（フリガナ）スズキ　サチコ	続柄	性別
	（氏）鈴木　（名）幸子	妻　◆	1.男　（2.女）
住所の郵便番号	1340091		
住所	（フリガナ）エドガワ　ミナミフナボリ	江戸川　市（区）町村	南船堀　0-0-0
*電話番号1	（090）-（XXXX）-（XXXX）	*電話番号2	（03）-（0000）-（0000）

記録不要制度						送信	作成原因
（厚年）	（船員）	（国年）	（国共）	（地共）	（私学）		01 02

進達番号	別紙区分	船戦加	重複

未保	支保	受給権者数	長期	基加	沖縄	旧令

社会保険労務士の提出代行者欄

*日中に連絡が取れる電話番号（携帯も可）をご記入ください。
*予備の電話番号（携帯も可）があればご記入ください。

*請求者が2名以上のときは、そのうちの1人について、この請求書にご記入ください。
その他の方については、「年金請求書（国民年金・厚生年金保険遺族給付）（別紙）」（様式第106号）に記入し、この年金請求書に添えてください。
*個人番号（マイナンバー）については、10ページをご確認ください。

年金受取機関			
（1.金融機関）（ゆうちょ銀行を除く） 2.ゆうちょ銀行（郵便局）	（フリガナ）	スズキ	サチコ
	口座名義人氏名	（氏）鈴木	（名）幸子

年金送金先

金融機関	金融機関コード	支店コード	（フリガナ）ヒノデ	（フリガナ）フナボリ	預金種別	口座番号（左詰めで記入）
	◆	◆	ひので　（銀行）・金庫・信組・農協・信連・信漁連・漁協	船堀　本店・（支店）・出張所・本所・支所	（1.普通）　2.当座	1122316

ゆうちょ銀行	貯金通帳の口座番号	
	記号（左詰めで記入）	番号（右詰めで記入）
	-	

金融機関またはゆうちょ銀行の証明欄※　貯蓄預金口座または貯蓄貯金口座への振込みはできません。

請求者の氏名フリガナと口座名義人氏名フリガナが同じであることをご確認ください。

支払局コード	0	1	0	1	6	0

※通帳等の写し（金融機関名、支店名、口座名義人氏名フリガナ、口座番号の面）を添付する場合、証明は不要です。

加算額の対象者または加給金の対象者

氏名	（フリガナ） （氏）　（名）	生年月日	昭・平・令　年　月　日	障害の状態にある・ない　◆診
個人番号				
氏名	（フリガナ） （氏）　（名）	生年月日	昭・平・令　年　月　日	障害の状態にある・ない　◆診
個人番号				

*3人目以降は余白等にご記入ください。

連絡欄

X線フィルムの送付	
有・無	枚
X線フィルムの返送	
	年　月　日

1

※令和3年度版の用紙を使用しています。

（遺族給付を受けることができる人が２人以上のときは「様式第 106 号」別紙に記入、添付）

支払機関に銀行を選んだ場合、銀行の確認印（または通帳の写し）が必要

年金請求書（国民年金・厚生年金保険遺族給付）記載例（3面）

㋐　あなたは、現在、公的年金制度等(表1参照)から年金を受けていますか。○で囲んでください。

1．受けている	②受けていない	3．請求中	制度名（共済組合名等）	年金の種類

受けていると答えた方は下欄に必要事項をご記入ください(年月日は支給を受けることになった年月日をご記入ください)。

公的年金制度名 (表1より記号を選択)	年金の種類	年　月　日	年金証書の年金コードまたは記号番号等
		．．	
		．．	
		．．	

「年金の種類」とは、老齢または退職、障害、遺族をいいます。

㉜ 年金コードまたは共済組合コード・年金種別					
1					
2					
3					
㉟ 他年金種別					

㋑　履　　歴（死亡した方の公的年金制度加入経過）

※できるだけ詳しく、正確にご記入ください。

	(1)事業所(船舶所有者)の名称および船員であったときはその船舶名	(2)事業所(船舶所有者)の所在地または国民年金加入時の住所	(3)勤務期間または国民年金の加入期間	(4)加入していた年金制度の種類	(5)備　考
最初	(株)東京貿易	千代田区大手町0-0	昭0・4・1から 平0・3・31まで	1.国民年金 2.厚生年金保険（○） 3.厚生年金(船員)保険 4.共済組合等	
2	関西事務機(株)東京営業所	新宿区新宿0-0	平0・4・1から 平0・7・31まで	1.国民年金 2.厚生年金保険（○） 3.厚生年金(船員)保険 4.共済組合等	
3		江戸川区東船堀0-0-0	平0・8・1から 平0・3・31まで	1.国民年金（○） 2.厚生年金保険 3.厚生年金(船員)保険 4.共済組合等	
4	中丸商事(有)	千代田区神田0-0	平0・4・1から 令0・8・4まで	1.国民年金 2.厚生年金保険（○） 3.厚生年金(船員)保険 4.共済組合等	
5			・・から ・・まで	1.国民年金 2.厚生年金保険 3.厚生年金(船員)保険 4.共済組合等	
6			・・から ・・まで	1.国民年金 2.厚生年金保険 3.厚生年金(船員)保険 4.共済組合等	
7			・・から ・・まで	1.国民年金 2.厚生年金保険 3.厚生年金(船員)保険 4.共済組合等	
8			・・から ・・まで	1.国民年金 2.厚生年金保険 3.厚生年金(船員)保険 4.共済組合等	
9			・・から ・・まで	1.国民年金 2.厚生年金保険 3.厚生年金(船員)保険 4.共済組合等	
10			・・から ・・まで	1.国民年金 2.厚生年金保険 3.厚生年金(船員)保険 4.共済組合等	
11			・・から ・・まで	1.国民年金 2.厚生年金保険 3.厚生年金(船員)保険 4.共済組合等	
12			・・から ・・まで	1.国民年金 2.厚生年金保険 3.厚生年金(船員)保険 4.共済組合等	
13			・・から ・・まで	1.国民年金 2.厚生年金保険 3.厚生年金(船員)保険 4.共済組合等	

3

該当するところに丸印をつける

死亡した人がはじめて公的年金制度に加入したときから、古い順に記入する

詳しくわからないときでも、年月まで、あるいは何年の夏までといったように記入する

年金請求書（国民年金・厚生年金保険遺族給付）記載例（5面）

⑦ 必ずご記入ください。

(1)死亡した方の生年月日、住所	昭和○年 8月 5日	住所	江戸川区 南船堀 0-0-0

(2)死亡年月日	(3)死亡の原因である傷病または負傷の名称	(4)傷病または負傷の発生した日
令和○年 1月 7日	急性心不全	令和○年 1月 7日
(5)傷病または負傷の初診日	(6)死亡の原因である傷病または負傷の発生原因	(7)死亡の原因は第三者の行為によりますか。
令和○年 1月 7日		1. はい ・ (2. いいえ)

(8)死亡の原因が第三者の行為により発生したものであるときは、その者の氏名および住所	氏名	
	住所	

(9)請求する方は、死亡した方の相続人になれますか。	(1. はい) ・ 2. いいえ

(10)死亡した方は次の年金制度の被保険者、組合員または加入者となったことがありますか。あるときは番号を○で囲んでください。

(1.) 国民年金法　(2.) 厚生年金保険法　3. 船員保険法（昭和61年4月以後を除く）
4. 廃止前の農林漁業団体職員共済組合法　5. 国家公務員共済組合法　6. 地方公務員等共済組合法
7. 私立学校教職員組合法　8. 旧市町村職員共済組合法　9. 地方公務員の退職年金に関する条例　10. 恩給法

(11)死亡した方は、(10)欄に示す年金制度から年金を受けていましたか。	1. はい (2. いいえ)	受けていたときは、その制度名と年金証書の基礎年金番号および年金コード等をご記入ください。	制度名	年金証書の基礎年金番号および年金コード等

(12)死亡の原因は業務上ですか。	(13)労災保険から給付が受けられますか。	(14)労働基準法による遺族補償が受けられますか。
1. はい ・ (2. いいえ)	1. はい ・ (2. いいえ)	1. はい ・ (2. いいえ)

(15)遺族厚生年金を請求する方は、下の欄の質問にお答えください。いずれかを○で囲んでください。

ア　死亡した方は、死亡の当時、厚生年金保険の被保険者でしたか。	1. はい ・ (2. いいえ)
イ　死亡した方が厚生年金保険（船員保険）の被保険者もしくは共済組合の組合員の資格を喪失した後に死亡したときであって、厚生年金保険（船員保険）の被保険者または共済組合の組合員であった間に発した傷病または負傷が原因で、その初診日から5年以内に死亡したものですか。	1. はい ・ (2. いいえ)
ウ　死亡した方は、死亡の当時、障害厚生年金（2級以上）または旧厚生年金保険（旧船員保険）の障害年金（2級相当以上）もしくは共済組合の障害年金（2級相当以上）を受けていましたか。	1. はい ・ (2. いいえ)
エ　死亡した方は平成29年7月までに老齢厚生年金または旧厚生年金保険（旧船員保険）の老齢年金・通算老齢年金もしくは共済組合の退職給付の年金の受給権者でしたか。	1. はい ・ (2. いいえ)
オ　死亡した方は保険料納付済期間、保険料免除期間および合算対象期間（死亡した方が大正15年4月1日以前生まれの場合は通算対象期間）を合算した期間が25年以上ありましたか。	(1. はい) ・ 2. いいえ

①アからウのいずれか、またはエもしくはオに「はい」と答えた方
⇒(16)にお進みください。

②アからウのいずれかに「はい」と答えた方で、エまたはオについても「はい」と答えた方
⇒下の□のうち、希望する欄に☑を付してください。

□ 年金額が高い方の計算方法での決定を希望する。

□ 指定する計算方法での決定を希望する。 ⇒右欄のアからウのいずれか、またはエもしくはオを○で囲んでください。	ア・イ・ウ または エ・オ

(16)死亡した方が共済組合等に加入したことがあるときは、下の欄の質問にお答えください。

ア　死亡の原因は、公務上の事由によりますか。	1. はい ・ 2. いいえ
イ　請求者は同一事由によって、追加費用対象期間を有することによる共済組合法に基づく遺族給付を受けられますか。	1. はい ・ 2. いいえ

5

この欄は重要なので、年月日はよく確認して記入する

該当するところに丸印をつける

年金請求書（国民年金・厚生年金保険遺族給付）記載例（７面）

生 計 維 持 証 明

㊀ 生計同一関係

右の者は、死亡者と生計を同じくしていたこと、および配偶者と子が生計を同じくしていたことを申し立てる。~~（証明する。）~~

令 和 ○ 年 ○月 ○ 日

請求者 ~~（証明者）~~ 住 所 江戸川区 南船堀 ○-○-○

氏 名 鈴木 幸子

（請求者との関係）

	氏 名	続 柄
請求者	鈴木 幸子	妻

（注） この申立は、民生委員、町内会長、事業主、年金委員、家主などの第三者（第三者には、民法上の三親等内の親族は含まれません。）の証明に代えることができます。

㊁ 収入関係

1. この年金を請求する方は次にお答えください。		◆確認印
(1) 請求者（名： 幸子 ）について年収は、850万円未満(※)ですか。	~~はい~~（はい に○）・いいえ	（ ）印
(2) 請求者（名： ）について年収は、850万円未満(※)ですか。	はい・いいえ	（ ）印
(3) 請求者（名： ）について年収は、850万円未満(※)ですか。	はい・いいえ	（ ）印
2. 上記１で「いいえ」と答えた方のうち、その方の収入がこの年金の受給権発生当時以降おおむね５年以内に850万円未満(※)となる見込みがありますか。	はい・いいえ	

◆年金事務所の確認事項

ア. 健保等被扶養者（第三号被保険者）

イ. 加算額または加給年金額対象者

ウ. 国民年金保険料免除世帯

エ. 義務教育終了前

オ. 高等学校在学中

カ. 源泉徴収票・非課税証明等

（※）平成6年11月8日までに受給権が発生している方は、「600万円未満」となります。

令和 ○ 年 ○ 月 ○ 日 提出

7

請求者が記入する場合は「(証明者)」に抹消線を記入する。

年金請求書（国民年金・厚生年金保険遺族給付）（別紙）

届書コード				処理区分コード
7	3	1	1	

届書

年金請求書(国民年金・厚生年金保険遺族給付)(別紙)

〔遺族基礎年金・特例遺族年金・遺族厚生年金〕

様式第106号

❶ 進達番号

年金コード			
1	4		

○ のなかに必要事項をご記入ください。
(◆印欄には、なにも記入しないでください。)
○黒インクのボールペンでご記入ください。
○フリガナはカタカナでご記入ください。

二次元コード

実施機関等

受付年月日

注)1. この請求書は、遺族給付をうけることができる方が2人以上あるときにご使用ください。
2. この請求書は、請求書(様式第105号)に添えてご提出ください。

死亡した方			
●生 年 月 日	明・大・昭・平	年 月 日	
氏名	(フリガナ)		性別
	(氏)	(名)	1.男 2.女

送信

● 別 紙 区 分		● 未保	● 支保	● 受	数

船 員 加	重	條	長期	基加	沖縄	旧令

基礎年金番号が交付されていない方は、●欄に個人番号をご記入ください。
基礎年金番号(10桁)で届出する場合は左詰めでご記入ください。

請求者				
● 個人番号※(または基礎年金番号)				
●生 年 月 日	明・大・昭・平・令	年 月 日		
●氏名	(フリガナ)		●続 柄	性別
	(氏)	(名)	◆	1.男 2.女
● 住所の郵便番号	● 住所	(フリガナ) 市区 町村		
電話番号1 ( )－( )－( )		電話番号2 ( )－( )－( )		

社会保険労務士の提出代行者欄

＊日中に連絡が取れる電話番号(携帯も可)をご記入ください。
＊予備の電話番号(携帯も可)があればご記入ください。

※個人番号(マイナンバー)については、2ページをご確認ください。

年金受取機関	(フリガナ)
1. 金融機関(ゆうちょ銀行を除く) 2. ゆうちょ銀行(郵便局)	口座名義人 氏 名

㋐ 年金送金先

●金融機関	●金融機関コード	●支店コード	(フリガナ)	(フリガナ)	●預金種別	●口座番号 (左詰めで記入)
	◆	◆	銀行 金庫 信組 農協 信連 信漁連 漁協	本店 支店 出張所 本所 支所	1.普通 2.当座	

●ゆうちょ銀行	●貯金通帳の口座番号		金融機関またはゆうちょ銀行の証明欄
	記 号 (左詰めで記入)	番 号 (右詰めで記入)	※貯蓄預金口座または貯蓄貯金口座への振込みはできません。
	－		※請求者の氏名フリガナと口座名義人氏名フリガナが同じであることをご確認ください。

●支払局コード 0 1 0 1 6 0

※通帳等の写し(金融機関名、支店名、口座名義人氏名フリガナ、口座番号の面)を添付する場合、証明は不要です。

㋑ 加算額の対象者

〔18歳到達日以降の最初の3月31日までの間にある子(昭和54年4月1日以前に生まれた子については18歳未満の子)および国民年金法施行令別表に定める1級または2級の障害の状態にある20歳未満の子〕

氏名	(フリガナ) (氏) (名)	●生年月日	昭 平 令 年 月 日	障害の状態に ある・ない	◆●診
個人番号					
氏名	(フリガナ) (氏) (名)	●生年月日	昭 平 令 年 月 日	障害の状態に ある・ない	◆●診
個人番号					

1

この別紙は加算対象者がいる場合に記入する

PART-6

5 国 厚 老齢給付の支給開始時期と支給方法

年金の支給開始は、その権利が発生した日の属する月の翌月からです。例えば特別支給の老齢厚生年金は、受給権の発生に達した日の属する月の翌月から支給されます。年金はいわゆる１年間に受けられるお金のことですが、１年分をまとめてもらえるのではなく、年６回に分けて支払われます。

年金の受け取り方は、一般的には金融機関への振り込み方式となっています。ゆうちょ銀行で受け取る方法もあります。また、年金の受給権が消滅した場合は、消滅した日の属する月までの分が支払われます。

老齢給付の支給時期－年金は権利が発生した翌月から支給される

年金の権利が発生するのは原則として65歳に達したときです。特別支給の老齢厚生年金は現在は支給開始年齢に達したとき、あるいは支給開始年齢になっても受給資格がない人は以後、受給資格を満たしたときです。

年金の支給

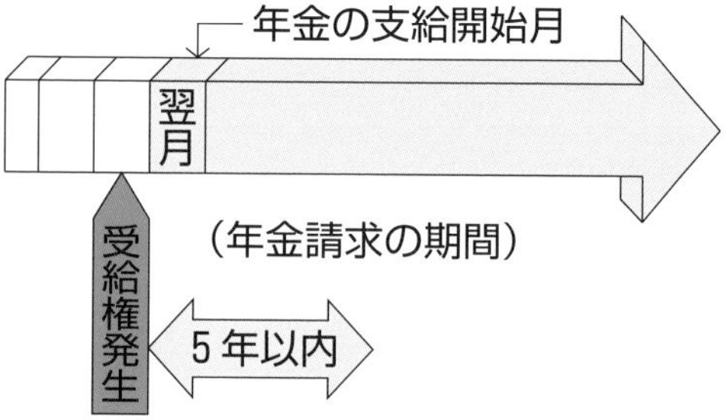

年金の支給が開始されるのは、権利が発生した日の属する月の翌月からとなります。

年金の受給資格が確認されると年金証書が交付される

年金を請求し、受給資格が確認されると年金決定通知書とともに年金証書が送られてきます。

年金証書

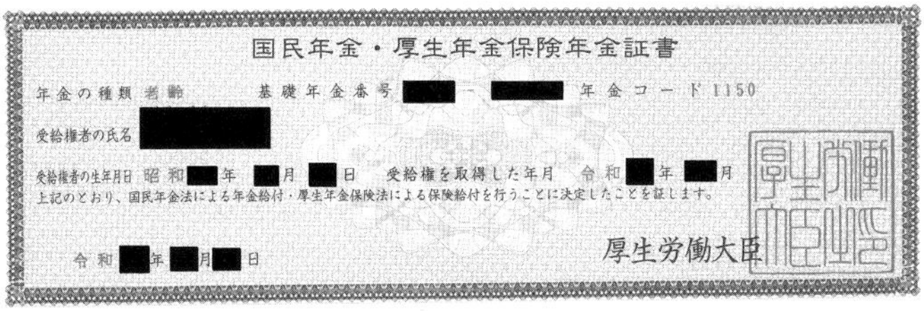
国民年金・厚生年金保険年金証書

年金の種類 老齢　基礎年金番号 [redacted] − [redacted] 年金コード 1150

受給権者の氏名 [redacted]

受給権者の生年月日 昭和 [redacted] 年 [redacted] 月 [redacted] 日　受給権を取得した年月　令和 [redacted] 年 [redacted] 月

上記のとおり、国民年金法による年金給付・厚生年金保険法による保険給付を行うことに決定したことを証します。

令和 [redacted] 年 [redacted] 月 [redacted] 日

厚生労働大臣

老齢給付の支給方法―金融機関への振り込みが一般的である

年金の受け取りは、受給者の希望する金融機関（ゆうちょ銀行含む）へ振り込む方法が一般的です。

年金の受け取り方

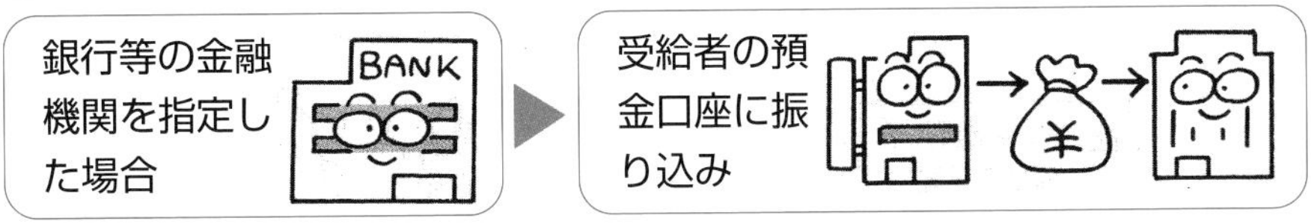

年金は年６回に分けて支給される

年金は年６回に分けて支払われます。支払い月は２月・４月・６月・８月・10月・12月の各偶数月（支払期月という）であり、各支払期月に前２か月分が支払われることになります。

なお、請求が遅れたため過去の分をまとめて受け取る場合や、死亡等で受給権が消滅したときは、支払期月でない月でも支払われます。

年金の支払日

（注）15日が金融機関の休みの日にあたる場合は直前の営業日になる。

年金事務所に行ったら…

「年金事務所は一体どんなところ？　どのように手続きを行えばいいの？」。年金の請求手続きや年金相談を行うため、年金事務所を利用しようと思う人が抱くのが、こういった疑問や不安です。そこで、速やかに手続きや相談が行えるよう、簡単に説明しておきましょう。

1

老齢給付の場合は、現在は通常、事前に年金請求書が自宅に送られてくる。添付書類一覧表をよく確認する。障害給付、遺族給付の場合は、最寄りの年金事務所へ行き、年金請求書をもらってくる。

2

自宅等で年金請求書に必要事項を正確に記入（わからないところは空欄に）し、あらかじめ予約してマイナンバーカード、基礎年金番号通知書、戸籍抄本などの必要書類（P.186参照）・本人確認できるもの（運転免許証など）を持って提出先の年金事務所へ。

3

受付で整理券を取り、窓口で自分の整理番号をよばれるまで待つ（窓口は、それぞれ仕切られていて、担当の人が一対一で話を聞く）。

4

自分の整理番号がよばれたら、用意してきた年金請求書などの必要書類をすべて提出し、担当者とともに内容を確認していく。

※年金請求をする前に年金相談をする場合は、あらかじめ予約してマイナンバーカード、基礎年金番号通知書（夫婦とも）・経歴書（代理人による相談は受給者本人の依頼状も）を持って年金事務所へ行き、窓口で整理券を取る。必要事項を記入して自分の整理番号がよばれたら相談をする（予約番号0570-05-4890）。

PART 7

年金と税金

PART-7
1
国 厚

年金にも税金はかかる

老齢および退職を支給事由とする老齢基礎年金、老齢厚生年金、退職共済年金などは、税法上「雑所得」として課税対象になります。つまり、年をとったときにもらう年金だけには税金がかかり、そのほかの障害給付や遺族給付にはかからないということです。老齢による年金が一定額以上ある人は、支払われる際に所得税が源泉徴収されます。

これらの公的年金の収入には必要経費のような「公的年金等控除額」というものが認められていて、年金額から公的年金等控除額を差し引いた額が所得となります。さらに年金から所得税を源泉徴収する際に、各種の所得控除が受けられます。源泉徴収の際に所得控除を受けるためには「公的年金等の受給者の扶養親族等申告書」（以下「扶養親族等申告書」という）を毎年提出しなければなりません。

所得税を算出するための基本を知っておこう

所得税を算出するための計算の基本は、次のようになっています。

「収入金額」というのは、年金収入とか給与収入などをいいます。

所得税算出の計算法

収入金額	－	必要経費	＝	所得金額
所得金額	－	各種所得控除額	＝	課税所得額
課税所得額	×	税　率	＝	所得税

公的年金等には必要経費に相当する公的年金等控除額が認められている

給与所得者に給与所得控除が認められているように、年金にも必要経費的な公的年金等控除額が認められています。しかし、どんな年金にも認められているというものではなく、次ページにあげる公的年金等でなければなりません。

したがって、生命保険契約や生命共済に関する契約に基づいて支払われる年金や互助年金などは、この公的年金等に含まれません。

公的年金等の範囲

❶ 国民年金法、厚生年金保険法、国家公務員等共済組合法などの法律の規定に基づく年金

❷ 過去の勤務に基づき会社などから支給される年金

❸ 外国の法令に基づく保険または共済年金に関する制度で、①に掲げる法律の規定による社会保険または共済制度に類するもの

公的年金等控除額は65歳以上になるとさらにアップする

公的年金等の支払を受けるときは、原則として収入金額からその年金に応じて定められている一定の控除額（P.225）を差し引いた額に5.105パーセントを乗じた額が源泉徴収されます。なお、その年分の他の所得が20万円を超えていたり、医療費控除、社会保険料控除などがあり、確定申告するときは、年金収入から次表の公的年金等控除額を差し引いて得たものが年金の所得、いわゆる雑所得となります。この雑所得と他の所得（例えば給与所得）を合算して所得税を計算することになります。

公的年金等控除額（令和6年分の速算表）

	年金収入金額	公的年金等控除額（年金以外の所得が1,000万円以下の場合）
65歳以上	1,000万円以上	195.5万円
	770万円以上1,000万円未満	年金収入× 5% ＋145.5万円
	410万円以上770万円未満	年金収入×15% ＋ 68.5万円
	330万円以上410万円未満	年金収入×25% ＋ 27.5万円
	330万円未満	110万円
65歳未満	1,000万円以上	195.5万円
	770万円以上1,000万円未満	年金収入× 5% ＋145.5万円
	410万円以上770万円未満	年金収入×15% ＋ 68.5万円
	130万円以上410万円未満	年金収入×25% ＋ 27.5万円
	130万円未満	60万円

例

公的年金の額＝2,800,000円　●年齢64歳（扶養親族等申告書を提出）

公的年金等控除額＝2,800,000円×25%＋275,000円＝975,000円

所得額＝2,800,000－975,000円＝1,825,000円

税額＝（1,825,000円－各種所得控除額）×5.105％

PART-7

2

国 厚

扶養親族等申告書は指定日までに提出する

年金受給者が公的年金の各種所得控除を受けるには、「扶養親族等申告書」を提出する必要があります。１年目は老齢給付の年金請求書の中にある「扶養親族等申告書」欄に必要事項を記入するだけでよいのです。しかし２年目以降は、毎年11月までに日本年金機構から「扶養親族等申告書」が送付されてきますので、記載されている内容に変更がないかどうかを確認し、必要事項を記入したうえ、指定された日までに日本年金機構に返送する必要があります。

扶養親族等申告書を提出すると、各種所得控除が受けられる

年金から源泉徴収される際に各種所得控除を受けるには、あらかじめ「扶養親族等申告書」を提出しておかなければなりません。

「扶養親族等申告書」の記載例

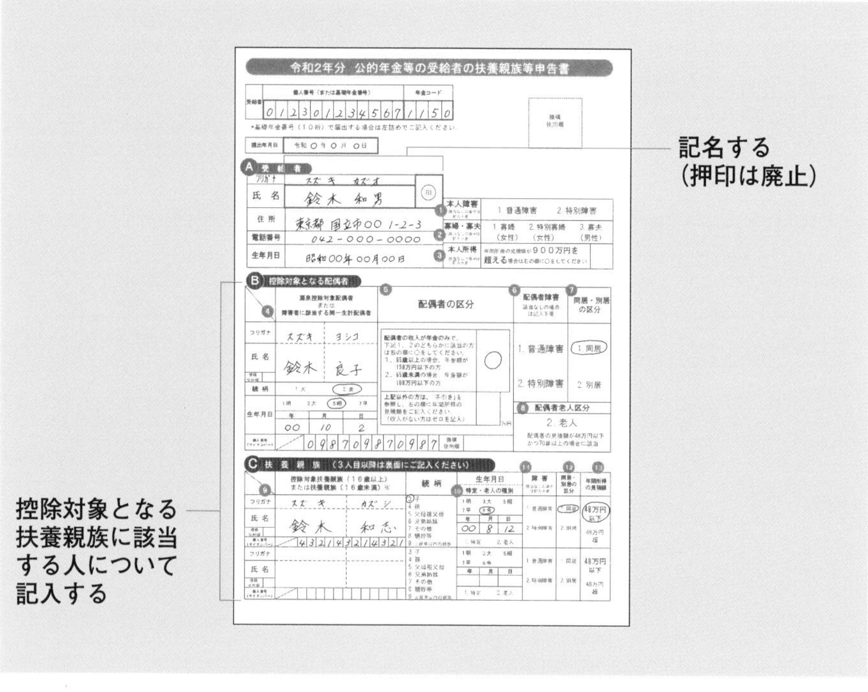

「扶養親族等申告書」（裏面）

〈扶養親族等申告書（裏面）〉

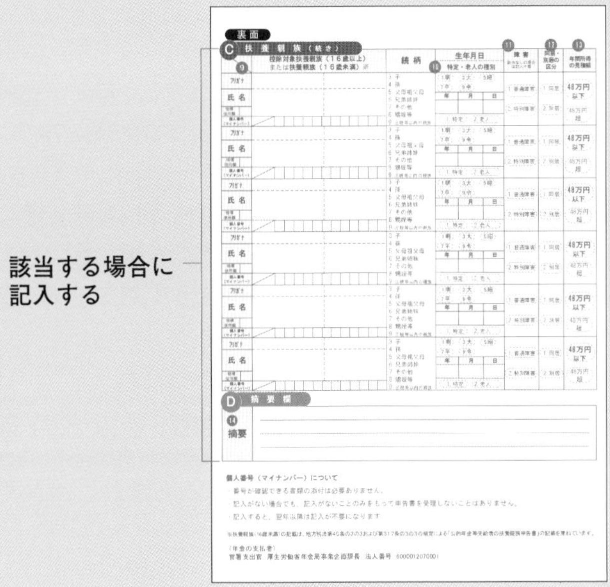

裏面

C 扶養親族（続き）

⑨ 控除対象扶養親族（16歳以上）または扶養親族（16歳未満）※	続柄	生年月日 ⑩ 特定・老人の種別	⑪ 障害	⑫ 同居・別居の区分	⑬ 年間所得の見積額
フリガナ / 氏名 / 個人番号（マイナンバー）	3 子 4 孫 5 父母祖父母 6 兄弟姉妹 7 その他 8 甥姪等	1明 3大 5昭 7平 9令 年 月 日 / 1 特定 2 老人	1 普通障害 2 特別障害	1 同居 2 別居	48万円以下 48万円超
フリガナ / 氏名 / 個人番号（マイナンバー）	3 子 4 孫 5 父母祖父母 6 兄弟姉妹 7 その他 8 甥姪等	1明 3大 5昭 7平 9令 年 月 日 / 1 特定 2 老人	1 普通障害 2 特別障害	1 同居 2 別居	48万円以下 48万円超
フリガナ / 氏名 / 個人番号（マイナンバー）	3 子 4 孫 5 父母祖父母 6 兄弟姉妹 7 その他 8 甥姪等	1明 3大 5昭 7平 9令 年 月 日 / 1 特定 2 老人	1 普通障害 2 特別障害	1 同居 2 別居	48万円以下 48万円超
フリガナ / 氏名 / 個人番号（マイナンバー）	3 子 4 孫 5 父母祖父母 6 兄弟姉妹 7 その他 8 甥姪等	1明 3大 5昭 7平 9令 年 月 日 / 1 特定 2 老人	1 普通障害 2 特別障害	1 同居 2 別居	48万円以下 48万円超
フリガナ / 氏名 / 個人番号（マイナンバー）	3 子 4 孫 5 父母祖父母 6 兄弟姉妹 7 その他 8 甥姪等	1明 3大 5昭 7平 9令 年 月 日 / 1 特定 2 老人	1 普通障害 2 特別障害	1 同居 2 別居	48万円以下 48万円超
フリガナ / 氏名 / 個人番号（マイナンバー）	3 子 4 孫 5 父母祖父母 6 兄弟姉妹 7 その他 8 甥姪等	1明 3大 5昭 7平 9令 年 月 日 / 1 特定 2 老人	1 普通障害 2 特別障害	1 同居 2 別居	48万円以下 48万円超

D 摘要欄

⑭ 摘要

個人番号（マイナンバー）について

・番号が確認できる書類の添付は必要ありません。

・記入がない場合でも、記入がないことのみをもって申告書を受理しないことはありません。

・記入すると、翌年以降は記入が不要になります。

※扶養親族（16歳未満）の記載は、地方税法第45条の3の3および第317条の3の3の規定による「公的年金等受給者の扶養親族申告書」の記載を兼ねています。

（年金の支払者）
官署支出官 厚生労働省年金局事業企画課長 法人番号 6000012070001

源泉徴収の際の各種所得控除にはどんなものがあるか

年金から源泉徴収される際の各種所得控除のおもなものは次のとおりです。

扶養親族等申告書を提出した場合の各種所得控除（月割控除額）

控除の項目	65歳未満	65歳以上
公的年金等控除および基礎控除相当	「年金月額×25%＋65,000円」または「90,000円」のいずれか高い額	「年金月額×25%＋65,000円」または「135,000円」のいずれか高い額
配偶者控除相当	32,500円	32,500円
扶養控除相当	32,500円（1人）	32,500円（1人）

（注）・老人控除対象配偶者であるときは月40,000円となる。
・老人扶養親族は月40,000円、特定扶養親族（16歳以上～23歳未満の扶養親族）は月52,500円となる。
・本人または扶養親族が障害者であるときは1人月22,500円、特別障害者であるときは1人月35,000円が加算される。

PART-7

3 国 厚 年金から源泉徴収される所得税はいくらか

老齢年金から所得税が源泉徴収される人は、年金額が一定額以上ある人です。年金から源泉徴収される人であっても、「扶養親族等申告書」を日本年金機構や厚生年金基金に提出した場合と提出しなかった場合とでは、各種控除額に若干の差はありますが、源泉徴収税額は同じです。

扶養親族等申告書を提出した人は、各種所得控除が広く認められますので、課税される対象額（課税所得金額という）が少なくなり、それだけ源泉徴収税額も少なくてすむことがあります。

扶養親族等申告書を提出した場合の源泉徴収税額

年金受給者が「扶養親族等申告書」を提出すると、次の計算式により算出された所得税が源泉徴収されます。

申告書を提出した場合の計算式

源泉徴収税額	＝	課税対象額 （年金額－社会保険料－各種控除額〈基礎控除＋配偶者控除等各種控除〉）	×5.105%

扶養親族等申告書を提出しなかった場合の源泉徴収税額

年金受給者が「扶養親族等申告書」を提出しない場合は、次の計算式により算出された所得税が源泉徴収されます。

申告書を提出しなかった場合の計算式

源泉徴収税額	＝	年金額－社会保険料－基礎控除	× 5.105%

（注）確定申告をすることによって正確な税額が算出される（余計に支払っていれば還付される）。

扶養親族等申告書を提出した人の源泉徴収対象者

扶養親族等申告書を提出した人のうち、所得税の源泉徴収の対象となる人の範囲は、65歳未満と65歳以上とでは次のように異なります。なお、令和2年度からは扶養親族等申告書を提出していない人も同様です。

源泉徴収と税金の支払のしくみ

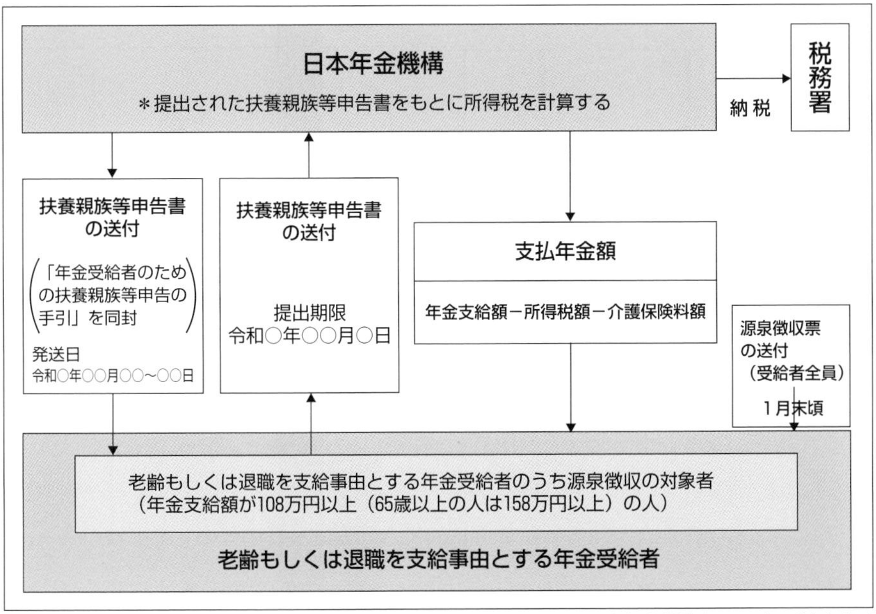

資料：日本年金機構ホームページより作成

年金月額20万円としたときの源泉徴収税額はいくらか

年金月額が20万円（社会保険料例２万円）の場合、年金が支払われる際の源泉徴収税額はいくらになるかを65歳未満の人の例でみてみましょう。

パターン１　「扶養親族等申告書」を提出しなかった場合

源泉徴収税額＝［年金月額－社会保険料－(年金月額×25%＋65,000円)］×5.105%
源泉徴収税額＝［200,000円－20,000円－(200,000円×0.25＋65,000円)］×0.05105＝ 3,318円

パターン２　「扶養親族等申告書」を提出した人で単身者の場合

源泉徴収税額＝［年金月額－社会保険料－(年金月額×25%＋65,000円)］×5.105%
源泉徴収税額＝［200,000円－20,000円－(200,000円×0.25＋65,000円)］×0.05105＝ 3,318円

パターン３　「扶養親族等申告書」を提出した人で配偶者控除が受けられる場合

源泉徴収税額＝［年金月額－社会保険料－(年金月額×25%＋65,000円＋32,500円)］×5.105%
源泉徴収税額＝［200,000円－20,000円－(200,000円×0.25＋65,000円＋32,500円)］×0.05105＝ 1,659円

所得税および復興特別所得税額の速算表

課税所得金額(A)	税率(B)	控除額(C)	税額＝((A)×(B)−(C))×102.1%
195万円以下	5%	――	((A)×5%)×102.1%
195万円超　330万円以下	10%	97,500円	((A)×10%−97,500円)×102.1%
330万円超　695万円以下	20%	427,500円	((A)×20%−427,500円)×102.1%
695万円超　900万円以下	23%	636,000円	((A)×23%−636,000円)×102.1%
900万円超　1,800万円以下	33%	1,536,000円	((A)×33%−1,536,000円)×102.1%
1,800万円超　4,000万円以下	40%	2,796,000円	((A)×40%−2,796,000円)×102.1%
4,000万円超	45%	4,796,000円	((A)×45%−4,796,000円)×102.1%

（注）課税所得金額は1,000円未満の端数を切り捨てる。

厚生年金基金から支給される年金にも源泉徴収はある

厚生年金基金および厚生年金基金連合会から支給される年金も雑所得となりますので、原則として所得税が源泉徴収されることになります。源泉徴収は厚生年金基金等からの年金額が年額80万円（65歳未満の人は108万円）以上ある場合にだけ行われます。

源泉徴収されない場合

厚生年金基金からの年金額が80万円（65歳未満の人は108万円）未満の場合は、源泉徴収はされないので、「扶養親族等申告書」の提出も不要。

源泉徴収される場合

厚生年金基金からの年金額が80万円（65歳未満の人は108万円）以上ある場合は、次の計算式により源泉徴収される。

⑴　扶養親族等申告書を提出した場合

源泉徴収税額＝[年金支払額－（各種控除額の合計－72,500円）×月数]×5.105%

⑵　扶養親族等申告書を提出しない場合

源泉徴収税額＝[年金支払額－（基礎控除－72,500円）×月数]×5.105%

※確定給付企業年金および企業型確定拠出年金の場合は、計算式が異なります（年金額×7.6575%）。

PART-7

4

国 厚

納めすぎの税金は確定申告をすれば戻ってくる

確定申告は1月から12月までの1年間に生じた所得金額を基に、所得税を確定させる手続きをいいます。確定申告の結果、確定した所得税の額が、納付済みの源泉徴収税額や予定納税額と比べ不足していれば納付し、納めすぎていれば還付されます。

現役の会社員の人で確定申告が必要な人は、給与収入が年間2000万円を超えるとか、2か所以上から給与を受けているとか、あるいは医療費控除や住宅取得控除を受ける場合などが考えられます。ほとんどの会社員は確定申告の必要がなく、毎年12月に行われる年末調整で済むことになっています。

確定申告の必要がある人

平成23年分の確定申告からは、公的年金等の収入金額が合計400万円以下で、かつ公的年金に係る雑所得以外の所得が20万円以下の場合は、所得税の確定申告をする必要が原則なくなりました。ただし、次の人たちは確定申告をする必要があります。

確定申告の必要がある人

⑴公的年金等の収入金額の合計額が400万円を超えるか、または400万円以下であっても他の所得が20万円を超える人
⑵所得金額の合計額が所得控除額の合計額よりも大きい人
⑶退職金の支払いを受けるときに「退職所得の受給に関する申告書」を提出しなかったため、20%の税率で源泉徴収された人
⑷年間の給与収入が2,000万円を超えている人
⑸1か所から給与を受けている人で、給与所得および退職所得以外の所得金額の合計が20万円を超えている人
⑹2か所以上から給与を受けている人で、主たる給与以外の給与の額と給与所得・退職所得以外の所得の額の合計が20万円を超える人
⑺同族会社の役員やその家族などで、会社から使用料等を受けている人

納めすぎの税金を取り戻すことができる還付申告

確定申告をする義務のない人でも、源泉徴収された税金や予定納税額が年間の所得について確定計算した税額より多いときは、確定申告によって取り戻すことができます。これを「還付申告」といって、提出期限は還付申告ができる日（所得のあった年の翌年１月１日）から５年間です。

したがって、２月15日以前でも還付申告はできます。

還付申告の後、まだ納めすぎの税金があった場合

すでに還付申告をすませた人が、その年の分についてまだ納めすぎていることがわかった場合は、確定申告ではなく更正の請求をすることによって取り戻すことができます。この更正の請求ができる期間は、還付申告書を提出した日、または法定申告期限のいずれか遅い日から５年間です。

確定申告に必要な書類は申告書のほか源泉徴収票や各種証明書がある

確定申告をするには「確定申告書」に添付する書類として、源泉徴収票、社会保険料の領収書、生命保険・地震保険料の控除証明書、医療費の領収書等があります。

年金の人の源泉徴収票は日本年金機構から交付される

源泉徴収票は確定申告をする場合に、必ず添付しなければなりません。この源泉徴収票は給与の人は会社から、年金の人は日本年金機構から交付されます。

給与所得者の源泉徴収票（12月または退職時に交付）

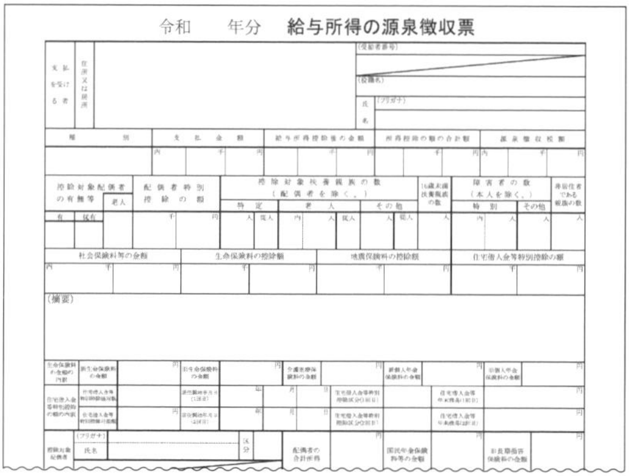

令和　　年分　給与所得の源泉徴収票

支払を受ける者	住所又は居所		（受給者番号）	
			（役職名）	
			氏名	（フリガナ）
種別	支払金額	給与所得控除後の金額	所得控除の額の合計額	源泉徴収税額
	内　千　円	千　円	千　円	内　千　円

控除対象配偶者の有無等		配偶者特別控除の額	控除対象扶養親族の数（配偶者を除く。）			16歳未満扶養親族の数	障害者の数（本人を除く。）	非居住者である親族の数
有　従有	老人		特定	老人	その他		特別　その他	
		千　円	人　従人	内　人　従人	人　従人	人	内　人　人	人

社会保険料等の金額	生命保険料の控除額	地震保険料の控除額	住宅借入金等特別控除の額
内　千　円	千　円	千　円	千　円

（摘要）

年金受給者の源泉徴収票（毎年1月31日までに交付）

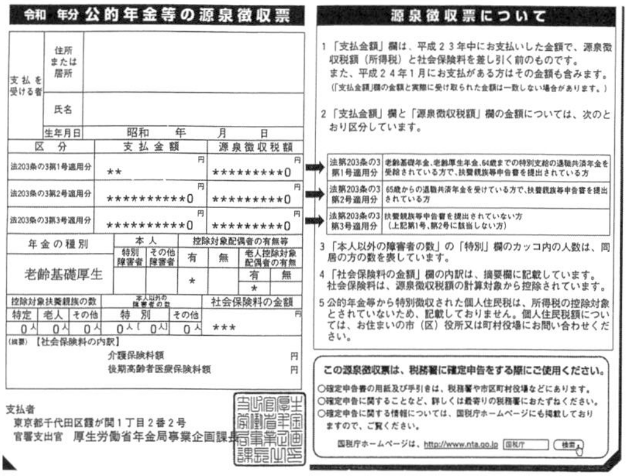

令和　年分 公的年金等の源泉徴収票

支払を受ける者	住所または居所			
	氏名			
	生年月日	昭和　年　月　日		
区　分	支払金額		源泉徴収税額	
法203条の3第1号適用分	** 円		*********0 円	
法203条の3第2号適用分	**********0 円		*********0 円	
法203条の3第3号適用分	**********0 円		*********0 円	

年金の種別	本人		控除対象配偶者の有無等			
	特別障害者	その他障害者	有	無	老人控除対象配偶者の有無	
老齢基礎厚生			*		有	無
					*	

控除対象扶養親族の数			本人以外の障害者の数		社会保険料の金額	
特定	老人	その他	特別	その他		
0人	0人	0人	0人（0人）	0人	*** 円	

（摘要）【社会保険料の内訳】
介護保険料額　円
後期高齢者医療保険料額　円

支払者
東京都千代田区霞が関1丁目2番2号
官署支出官　厚生労働省年金局事業企画課長

源泉徴収票について

1「支払金額」欄は、平成23年中にお支払いした金額で、源泉徴収税額（所得税）と社会保険料を差し引く前のものです。
また、平成24年1月にお支払がある方はその金額も含みます。
（「支払金額」欄の金額と実際に受け取られた金額は一致しない場合があります。）

2「支払金額」欄と「源泉徴収税額」欄の金額については、次のとおり区分しています。

法第203条の3第1号適用分	老齢基礎年金、老齢厚生年金、64歳までの特別支給の退職共済年金を受給されている方で、扶養親族等申告書を提出されている方
法第203条の3第2号適用分	65歳からの退職共済年金を受けている方で、扶養親族等申告書を提出されている方
法第203条の3第3号適用分	扶養親族等申告書を提出されていない方（上記第1号、第2号に該当しない方）

3「本人以外の障害者の数」の「特別」欄のカッコ内の人数は、同居の方の数を表しています。

4「社会保険料の金額」欄の内訳は、摘要欄に記載しています。
社会保険料は、源泉徴収税額の計算対象から控除されています。

5 公的年金等から特別徴収された個人住民税は、所得税の控除対象とされていないため、記載しておりません。個人住民税額については、お住まいの市（区）役所又は町村役場にお問い合わせください。

この源泉徴収票は、税務署に確定申告をする際にご使用ください。
○確定申告書の用紙及び手引きは、税務署や市区町村役場などにあります。
○確定申告に関することなど、詳しくは最寄りの税務署におたずねください。
○確定申告に関する情報については、国税庁ホームページにも掲載しておりますので、ご覧ください。
国税庁ホームページは、http://www.nta.go.jp　国税庁　検索

所得税の計算はこのようにする

所得税を算出するための計算の流れを、もう一度確認しておきます。

収入金額	－	必要経費	＝	所得金額
所得金額	－	所得控除額	＝	課税所得額
課税所得額	×	税　率	＝	所得税

給与所得者には必要経費に相当する給与所得控除がある

会社員には経費という概念がありませんので、給与の収入額に応じて必要経費的な要素をもつ給与所得控除が設けられています。

給与収入から給与所得控除を差し引いた額が給与所得になります。

簡易給与所得表

給与等の収入金額の合計額		給与所得の金額
から	まで	
550,999円まで		0
1,618,999円以下		給与等の収入金額の合計額から55万円を控除した金額
2,000,000 円	2,003,999 円	1,320,000 円
2,500,000 〃	2,503,999 〃	1,670,000 〃
3,000,000 〃	3,003,999 〃	2,020,000 〃
4,000,000 〃	4,003,999 〃	2,760,000 〃
5,000,000 〃	5,003,999 〃	3,560,000 〃
6,596,000 〃	6,599,999 〃	4,836,800 〃

給与等の収入金額が660万円以上の場合の給与所得速算表

給与等の収入金額の合計額	左の額に乗じる率	控除額
6,600,000円から8,499,999円	90%	1,100,000円
8,500,000円以上	100%	1,950,000円

例　給与等の収入金額の合計額が800万円の場合の給与所得の額は、次のように計算されます。
給与所得の金額＝8,000,000円×90%－1,100,000円＝6,100,000円

年金額が400万円以下でも確定申告が必要な場合

公的年金の合計額が400万円を超える人は確定申告が必要となります。また、公的年金の合計額が400万円以下の人であっても、給与や個人年金など公的年金等以外の所得金額が20万円を超えている場合や税金の還付を受けたい場合は、確定申告をすることになります。

《確定申告で所得税額を算出し、源泉徴収税額との清算のための計算式》

①源泉徴収税額	−	⑦所得税額	＝	⑧納付または還付
②収入金額	−	③必要経費	＝	④所得金額
④所得金額	−	⑤各種所得控除額	＝	⑥課税所得額
⑥課税所得額	×	税率（P.228）	＝	⑦所得税額

（注）⑧の額がマイナスなら原則3月15日までに納付することになり、逆にプラスなら還付される。

公的年金のみをもらっている人の確定申告の例（年金額が400万円以下であるが源泉徴収税額が還付になるケース）

●老齢年金と厚生年金基金から年金をもらっていて、ほかに収入がないＡさんの例

Ａさんの年齢　64歳
老齢年金（計）　2,520,000円
厚生年金基金　1,200,000円
被扶養者　妻（59歳）
扶養親族等申告書　提出してある
健康保険料（介護保険料を含む）
年215,520円（月17,960円）
妻の国民年金保険料　年199,080円
医療控除費　305,710円

源泉徴収税額を求める

※源泉徴収税額は、実際には交付されている「源泉徴収票」により合算する。

月額換算による老齢年金からの源泉徴収税額の算出

年金額の月割り＝2,520,000円÷12か月＝210,000円

月割り源泉徴収税額＝[210,000円－17,960円－(210,000円×25%＋65,000円＋32,500円)]×5.105%＝2,146円

◎年間の源泉徴収税額＝2,146円×12か月＝25,752円――（Ａ）

月額換算による厚生年金基金からの源泉徴収税額の算出

年金の月割り額＝1,200,000円÷12か月＝100,000円

月割り源泉徴収税額＝[100,000円－(100,000円×25%＋65,000円＋32,500円－72,500円)]×5.105%＝2,552円

◎年間の源泉徴収税額＝2,552円×12か月＝30,624円――（Ｂ）

①源泉徴収税額　（Ａ）＋（Ｂ）＝56,376円

②年間収入 ＝公的年金等＝2,520,000円＋1,200,000円＝3,720,000円

③必要経費 ＝公的年金等控除額＝3,720,000 円 ×25%＋275,000 円
＝1,205,000円

④所得金額 ＝3,720,000円－1,205,000円＝ 2,515,000円

⑤各種所得控除額 ＝380,000円＋480,000円＋414,600円＋305,710円＝1,580,310円

配偶者控除＝380,000円　基礎控除＝480,000円
社会保険料控除額＝414,600円　医療費控除＝305,710円

⑥課税所得額 ＝2,515,000円－1,580,310円＝ 934,690円
（1,000円未満切り捨て）

⑦所得税額 ＝934,690円×5.105%（税率）＝ 47,715円　(注)税率はP.228参照

⑧確定申告による精算 ＝⑦－①＝47,715円－56,376円＝ ▲8,661円

(注)①の源泉徴収税額と⑦の所得税額については、平成25年1月から所得税の2.1%の復興特別所得税が併せて徴収されている。⑤の各種所得控除額は生命保険料控除や医療費控除等があれば加算される。

＊したがって、Aさんは確定申告により、⑧の8,661円が還付されることになる。※定額減税は反映していません。

給与収入と年金収入がある人も確定申告が必要である

給料をもらいながら年金を受けている人は確定申告が必要です。給与収入については毎月の給与から所得税が源泉徴収されます。また年金収入についても、原則として所得税が源泉徴収されることになっています。そこで年間を通してその人の給与と年金をあわせた合計所得に対する所得税額を再計算するために確定申告をしなければなりません。

給与と年金をもらっている人の確定申告の例

●給与と年金をもらっているBさんの例

Bさんの年齢	64歳
給与総額	年間2,200,000円
特別支給の老齢厚生年金	年間1,139,200円
被扶養者	妻のみ（59歳）
年金の扶養親族等申告書	提出せず
年金からの源泉徴収税額	3,022円
給与等の扶養控除等申告書	会社に提出
給与からの源泉徴収税額	年間18,840円
社会保険料	年間329,844円

☆源泉徴収税額を合算する

（注）源泉徴収税額は、実際には交付されている「源泉徴収票」により合算する。

年金からの源泉徴収税額（扶養親族等申告書を提出しない場合）

年金からの源泉徴収税額＝3,022円——（A）

給与からの源泉徴収税額

給与からの源泉徴収額＝18,840円（会社に扶養控除等申告書を提出した場合）——（B）

①源泉徴収税額 ＝（A）＋（B）＝ **21,862円**

②年間収入 ⇨給与＝ **2,200,000円**　　年金＝ **1,139,200円**

③必要経費 ⇨給与所得控除額＝ **740,000円**

公的年金等控除額＝ **600,000円**

④所得金額 ＝給与＝2,200,000円－740,000円＝1,460,000円 ——（C）
年金＝1,139,200円－　600,000円＝　539,200円 ——（D）
（C）＋（D）＝ **1,999,200円**

⑤各種所得控除額 ＝380,000円＋480,000円＋329,844円＝ **1,189,844円**
配偶者控除＝380,000円　基礎控除＝480,000円
社会保険料控除額＝329,844円

⑥課税所得額 ＝1,999,200円－1,189,844円＝809,356円≒ **809,000円**
（1,000円未満切り捨て）

⑦所得税額 ＝809,000円×5.105%（税率）＝ **41,299円**　※税率はP.228参照

⑧確定申告による精算額 ＝⑦－①＝41,299円－21,862円＝ **19,437円**

※①の源泉徴収税額と⑦の所得税額については、平成25年1月から所得税の2.1%の復興特別所得税が併せて徴収されている。⑤の各種所得控除額は生命保険料控除や医療費控除等があれば加算される。

＊したがって、Aさんは確定申告により、⑧の19,437円を納付することになる。※定額減税は反映していません。

付録

付録 1 国 厚

国民年金基金とは

自営業者（第１号被保険者）に２階建ての２階部分（報酬比例の部分）がないというのは不公平だという声があったため、制度化されたのが国民年金基金です。自営業者などで年金の額を増やしたい人が加入できます。

国民年金基金に加入できる人はどんな人か

20歳以上60歳未満の自営業者やフリーランスなど、国民年金第１号被保険者の人です。また、60歳以上65歳未満で国民年金に任意加入している人、海外居住で国民年金に任意加入している人も加入できます。ただし、国民年金の第１号被保険者であっても、国民年金の保険料を免除されている人（一部免除・学生納付特例・若年者納付猶予を含む。）、農業者年金の被保険者の人は加入できません。なお、国民年金基金に加入した人は、国民年金の付加年金の保険料を納付することができません（国民年金基金制度は国民年金の付加年金を代行していることから、付加年金と同様の国庫負担あり）。

国民年金基金にいったん加入すると、自分の都合で任意に脱退したり中途解約できません（やむを得ない場合、掛金の減額・一時停止の制度あり）。

「全国国民年金基金」・「職能型国民年金基金」

全国国民年金基金	**住所地や職種を問わず、国民年金基金に加入できる人なら誰でも加入できる** ただし、全国国民年金基金と職能型国民年金基金の両方同時に加入することはできない。 加入申し込みは全国国民年金基金で行うほか、基金から委託を受けている金融機関や厚生労働大臣の認可を受けた法人等を通じても申し込みを行うことができる。
職能型	**同業・同種の人が集まって基金を設立。** **同種の事業では全国に一つだけ設立できる** 現在、歯科医師国民年金基金、司法書士国民年金基金、日本弁護士国民年金基金の３つの職能型国民年金基金がある。 その職種に従事しなくなったら加入員資格は喪失となるが、継続して全国国民年金基金に加入することは可能（令和６年２月現在）。

国民年金基金の特徴

国民年金基金の特徴は以下のとおりです。

①掛け金が全額社会保険料控除の対象となる(月額の上限68,000円)…減税できる

②年金を受け取るとき、公的年金等控除の対象となる…………減税できる

③亡くなるまで受け取れる終身年金…………………長生きリスクに応える

④自分で運用する必要がない……………………運用に自信がなくても大丈夫

国民年金基金の掛金はいくらか

国民年金基金の給付（年金）のタイプには終身年金２種類（A型・B型）と確定年金５種類（Ⅰ型・Ⅱ型・Ⅲ型. Ⅳ型・Ⅴ型）の計７種類があります。１口めは必ず終身年金から選ばなければなりませんが、後は自由に組み合わせられます。自分が年をとっていくらもらいたいか、いくらなら掛金を支払えるかで自由に設定できるのです。

掛金の額については、次ページのようになっています。

ONE·POINT

社会保険料ってなにをさすの？

社会保険料とは、一般に厚生年金保険料、健康保険料、介護保険料、雇用保険料の四つを指します。雇用保険料は、労災保険料（会社だけが支払うので個人の給与からの天引きはない）と同じく、「労働保険料」ともいいます。

	広義の社会保険	狭義の社会保険
含まれるもの	厚生年金保険 健康保険 介護保険 雇用保険 労災保険	厚生年金保険 健康保険
用例	給与明細書の社会保険料 求人欄の社会保険完備	法令 役所の手続き

国民年金基金掛金月額表（男性の例）

（単位：円）

加入時満年齢（歳）	1口め		2口め以降						
	終身年金		終身年金		確定年金				
	A型	B型	A型	B型	I型	II型	III型	IV型	V型
	年金月額(基本額)2万円		年金月額(基本額)1万円						
20歳0月	7,220	6,540	3,610	3,270	2,515	1,735	2,705	1,870	970
20歳1月～21歳0月	7,460	6,770	3,730	3,385	2,600	1,795	2,800	1,935	1,005
21歳1月～22歳0月	7,720	7,010	3,860	3,505	2,690	1,860	2,900	2,005	1,040
22歳1月～23歳0月	8,000	7,260	4,000	3,630	2,785	1,925	3,000	2,075	1,075
23歳1月～24歳0月	8,290	7,520	4,145	3,760	2,885	1,995	3,110	2,150	1,115
24歳1月～25歳0月	8,600	7,800	4,300	3,900	2,990	2,070	3,225	2,230	1,155
25歳1月～26歳0月	8,920	8,100	4,460	4,050	3,105	2,145	3,345	2,310	1,200
26歳1月～27歳0月	9,270	8,420	4,635	4,210	3,225	2,230	3,475	2,400	1,245
27歳1月～28歳0月	9,640	8,750	4,820	4,375	3,355	2,315	3,610	2,495	1,295
28歳1月～29歳0月	10,030	9,110	5,015	4,555	3,490	2,410	3,755	2,600	1,345
29歳1月～30歳0月	10,450	9,500	5,225	4,750	3,635	2,510	3,915	2,705	1,405
30歳1月～31歳0月	10,900	9,910	5,450	4,955	3,790	2,620	4,085	2,820	1,465
31歳1月～32歳0月	11,380	10,350	5,690	5,175	3,955	2,735	4,265	2,945	1,530
32歳1月～33歳0月	11,890	10,820	5,945	5,410	4,135	2,860	4,455	3,080	1,595
33歳1月～34歳0月	12,450	11,340	6,225	5,670	4,330	2,990	4,660	3,225	1,670
34歳1月～35歳0月	13,060	11,890	6,530	5,945	4,540	3,135	4,885	3,380	1,750
	年金月額(基本額)1万5千円		年金月額(基本額)5千円						
35歳1月～36歳0月	10,275	9,360	3,425	3,120	2,380	1,645	2,565	1,775	920
36歳1月～37歳0月	10,815	9,855	3,605	3,285	2,505	1,730	2,695	1,865	965
37歳1月～38歳0月	11,400	10,395	3,800	3,465	2,640	1,825	2,845	1,965	1,020
38歳1月～39歳0月	12,045	10,980	4,015	3,660	2,785	1,925	3,000	2,075	1,075
39歳1月～40歳0月	12,735	11,625	4,245	3,875	2,950	2,040	3,180	2,195	1,140
40歳1月～41歳0月	13,515	12,345	4,505	4,115	3,130	2,165	3,375	2,330	1,210
41歳1月～42歳0月	14,385	13,140	4,795	4,380	3,330	2,300	3,585	2,480	1,285
42歳1月～43歳0月	15,360	14,040	5,120	4,680	3,550	2,455	3,825	2,645	1,370
43歳1月～44歳0月	16,440	15,045	5,480	5,015	3,805	2,630	4,100	2,830	1,470
44歳1月～45歳0月	17,685	16,185	5,895	5,395	4,090	2,825	4,405	3,045	1,580
	年金月額(基本額)1万円		年金月額(基本額)5千円						
45歳1月～46歳0月	12,730	11,660	6,365	5,830	4,415	3,050	4,755	3,285	1,705
46歳1月～47歳0月	13,820	12,660	6,910	6,330	4,790	3,310	5,160	3,565	1,850
47歳1月～48歳0月	15,090	13,840	7,545	6,920	5,230	3,615	5,635	3,895	2,020
48歳1月～49歳0月	16,600	15,230	8,300	7,615	5,750	3,975	6,195	4,280	2,220
49歳1月～50歳0月	18,400	16,900	9,200	8,450	6,375	4,405	6,865	4,745	2,460
50歳1月～64歳11月	※　年金額は加入時年齢（月単位）によって異なります。								
50歳1月～59歳11月	18,400	16,900	9,200	8,450	6,375	4,405	6,865	－	－
60歳0月～64歳11月	20,770	19,440	10,385	9,720	7,130	－	－	－	－

（注）　令和６年４月１日以後に加入または増口した人の場合です。

（注）　「加入時年齢の見方」（男女共通）

1．表の加入時年齢とは、加入した日の属する月の末日における年齢のことです。
2．誕生日の属する月（誕生月）に加入の方は、△△歳０月と表示しています。
3．誕生月の翌月に加入の方は△△歳１月、誕生月の翌々月に加入の方は△△歳２月、…となります。
4．ただし、「１日」生まれの方は、誕生日の属する月の前月が誕生月になります。

国民年金基金掛金月額表（女性の例）

（単位：円）

加入時満年齢（歳）	1口め		2口め以降						
	終身年金		終身年金		確定年金				
	A型	B型	A型	B型	I型	II型	III型	IV型	V型
	年金月額（基本額）2万円		年金月額（基本額）1万円						
20歳0月	8,370	8,050	4,185	4,025	2,515	1,735	2,705	1,870	970
20歳1月～21歳0月	8,650	8,330	4,325	4,165	2,600	1,795	2,800	1,935	1,005
21歳1月～22歳0月	8,950	8,620	4,475	4,310	2,690	1,860	2,900	2,005	1,040
22歳1月～23歳0月	9,270	8,930	4,635	4,465	2,785	1,925	3,000	2,075	1,075
23歳1月～24歳0月	9,610	9,250	4,805	4,625	2,885	1,995	3,110	2,150	1,115
24歳1月～25歳0月	9,960	9,600	4,980	4,800	2,990	2,070	3,225	2,230	1,155
25歳1月～26歳0月	10,340	9,960	5,170	4,980	3,105	2,145	3,345	2,310	1,200
26歳1月～27歳0月	10,740	10,350	5,370	5,175	3,225	2,230	3,475	2,400	1,245
27歳1月～28歳0月	11,170	10,760	5,585	5,380	3,355	2,315	3,610	2,495	1,295
28歳1月～29歳0月	11,620	11,200	5,810	5,600	3,490	2,410	3,755	2,600	1,345
29歳1月～30歳0月	12,110	11,670	6,055	5,835	3,635	2,510	3,915	2,705	1,405
30歳1月～31歳0月	12,620	12,170	6,310	6,085	3,790	2,620	4,085	2,820	1,465
31歳1月～32歳0月	13,180	12,710	6,590	6,355	3,955	2,735	4,265	2,945	1,530
32歳1月～33歳0月	13,780	13,290	6,890	6,645	4,135	2,860	4,455	3,080	1,595
33歳1月～34歳0月	14,430	13,920	7,215	6,960	4,330	2,990	4,660	3,225	1,670
34歳1月～35歳0月	15,120	14,590	7,560	7,295	4,540	3,135	4,885	3,380	1,750
	年金月額（基本額）1万5千円		年金月額（基本額）5千円						
35歳1月～36歳0月	11,910	11,490	3,970	3,830	2,380	1,645	2,565	1,775	920
36歳1月～37歳0月	12,525	12,090	4,175	4,030	2,505	1,730	2,695	1,865	965
37歳1月～38歳0月	13,200	12,750	4,400	4,250	2,640	1,825	2,845	1,965	1,020
38歳1月～39歳0月	13,950	13,470	4,650	4,490	2,785	1,925	3,000	2,075	1,075
39歳1月～40歳0月	14,760	14,250	4,920	4,750	2,950	2,040	3,180	2,195	1,140
40歳1月～41歳0月	15,660	15,135	5,220	5,045	3,130	2,165	3,375	2,330	1,210
41歳1月～42歳0月	16,665	16,095	5,555	5,365	3,330	2,300	3,585	2,480	1,285
42歳1月～43歳0月	17,775	17,190	5,925	5,730	3,550	2,455	3,825	2,645	1,370
43歳1月～44歳0月	19,050	18,420	6,350	6,140	3,805	2,630	4,100	2,830	1,470
44歳1月～45歳0月	20,475	19,800	6,825	6,600	4,090	2,825	4,405	3,045	1,580
	年金月額（基本額）1万円		年金月額（基本額）5千円						
45歳1月～46歳0月	14,740	14,260	7,370	7,130	4,415	3,050	4,755	3,285	1,705
46歳1月～47歳0月	16,000	15,490	8,000	7,745	4,790	3,310	5,160	3,565	1,850
47歳1月～48歳0月	17,470	16,920	8,735	8,460	5,230	3,615	5,635	3,895	2,020
48歳1月～49歳0月	19,210	18,610	9,605	9,305	5,750	3,975	6,195	4,280	2,220
49歳1月～50歳0月	21,300	20,640	10,650	10,320	6,375	4,405	6,865	4,745	2,460
50歳1月～64歳11月	※ 年金額は加入時年齢（月単位）によって異なります。								
50歳1月～59歳11月	21,300	20,640	10,650	10,320	6,375	4,405	6,865	－	－
60歳0月～64歳11月	23,970	23,410	11,985	11,705	7,130	－	－	－	－

（注）　令和６年４月１日以後に加入または増口した人の場合です。

（注）　「加入時年齢の見方」（男女共通）

1．表の加入時年齢とは、加入した日の属する月の末日における年齢のことです。
2．誕生日の属する月（誕生月）に加入の方は、△△歳０月と表示しています。
3．誕生月の翌月に加入の方は△△歳１月、誕生月の翌々月に加入の方は△△歳２月、…となります。
4．ただし、「１日」生まれの方は、誕生日の属する月の前月が誕生月になります。

１口め …終身年金Ａ型、Ｂ型のいずれかから選択

種類	支給開始年齢	保証期間	年金月額	特　徴
Ａ型	65歳	65～80歳までの15年保証	２万円 １万５千円 １万円	80歳までに死亡した場合でも80歳までの残りの期間分を遺族が一時金で受け取れる
Ｂ型	65歳	保証期間なし	２万円 １万５千円 １万円	Ａ型のような保証期間はないが、掛金はＡ型に比べ安い

（注）・年金月額は加入時年齢によって異なる。

２口め以降 …終身年金Ａ型、Ｂ型と、確定年金Ⅰ型、Ⅱ型、Ⅲ型、Ⅳ型、Ⅴ型のいずれかから選択

〈終身年金Ａ型、Ｂ型〉

種類	支給開始年齢	保証期間	年金月額（１口当たり）	特　徴
Ａ型	65歳	65～80歳までの15年保証	１万円 5,000円	80歳までに死亡した場合でも80歳までの残りの期間分を遺族が一時金で受け取れる
Ｂ型	65歳	保証期間なし	１万円 5,000円	Ａ型のような保証期間はないが、掛金はＡ型に比べ安い

（注）・年金月額は加入時年齢によって異なる。

〈確定年金Ⅰ型、Ⅱ型、Ⅲ型、Ⅳ型、Ⅴ型〉

種類	支給開始年齢	保証期間	年金月額（１口当たり）
Ⅰ型	65歳	65歳～80歳までの15年保証	１万円 5,000円
Ⅱ型	65歳	65歳～75歳までの10年保証	１万円 5,000円
Ⅲ型	60歳	60歳～75歳までの15年保証	１万円 5,000円
Ⅳ型	60歳	60歳～70歳までの10年保証	１万円 5,000円
Ⅴ型	60歳	60歳～65歳までの5年保証	１万円 5,000円

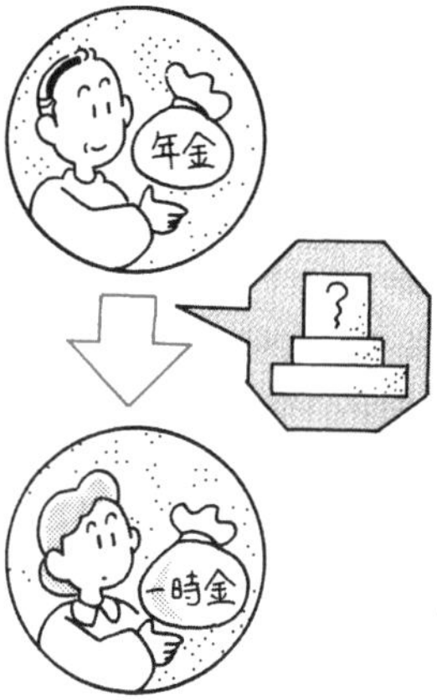

（注）・確定年金とは受給期間が生死によらず決まっており、受給期間中に死亡した場合は、残りの期間分を遺族が一時金として受け取れる年金のこと。
・確定年金の年金額は、１口めを含めた終身年金の年金額を超えないように選ばなければならない。
・年金月額は加入時年齢によって異なる。

付録

2

国 厚

脱退手当金等とは

昭和61年以前の旧法では、厚生年金保険の加入期間が短いと、給付に結びつかずかけ捨てになってしまう人がいたので、その防止のために「脱退手当金」の制度がありました。しかし、昭和61年に「基礎年金制度」が導入され、よほどの期間保険料を滞納しないかぎりかけ捨てにはならなくなりました。このため脱退手当金の制度は、その存在意義をなくし廃止されました。

脱退手当金の廃止

脱退手当金の制度は、結婚して家庭に入る女子社員等がよく利用していた制度でした。しかし、昭和61年に導入された「基礎年金制度」では、厚生年金保険の加入期間は基礎年金の受給資格期間を満たせば、加入期間がたとえ１か月であっても年金受給に結びつくため、脱退手当金の制度が廃止されたのです。

旧法の脱退手当金の制度

脱退手当金はもともと例外的なもので、次の要件に該当していた人に支給されていました。

旧法による脱退手当金の要件

厚生年金保険の被保険者期間（加入期間）が５年以上ある人が60歳に達し、被保険者資格を失ったときに厚生年金保険のいずれの年金も受けられないとき

↓

脱　退　手　当　金

しかし、現行法ではその存在意義がなくなり廃止されました。

昭和16年４月１日以前生まれの人なら脱退手当金の受給は可能だった

制度廃止の例外として、この法律の施行日（昭和61年４月１日）において45歳以上の人には、従来どおり脱退手当金の制度が適用されます。これらの人の中には65歳まで保険料を納めても、年金の受給権が得られない人がいたからです。

脱退手当金の受給が可能だった人

昭和61年４月１日に45歳以上（＝昭和16年４月１日以前生まれの人）

かつ

厚生年金保険の被保険者期間（加入期間）が５年以上ある人が60歳に達し、被保険者資格を失ったときに厚生年金保険のいずれの年金も受けられなかったとき

脱退手当金をもらうための要件

厚生年金保険の加入期間が５年以上

いずれの年金も受けられない

60歳に達し被保険者資格を失っている

昭和16年４月１日以前生まれ

脱退手当金はいくらもらえたか

脱退手当金は厚生年金保険に加入していた期間に応じて、下表のとおり平均標準報酬月額に一定率を乗じて得た額となっていました。また、障害厚生年金や障害手当金をもらったことのある人は、下表で求めた額からすでにもらった額を差し引いた額が支給されました。

脱退手当金の額 ＝ 標準報酬月額×一定率 － 過去に支給された障害厚生年金や障害手当金の額

脱退手当金の一定率表（経過措置としてあった一定率表）

被保険者期間		一定率
60月以上	72月未満	1.1
72月以上	84月未満	1.3
84月以上	96月未満	1.5
96月以上	108月未満	1.8
108月以上	120月未満	2.1
120月以上	132月未満	2.4
132月以上	144月未満	2.7
144月以上	156月未満	3.0
156月以上	168月未満	3.3
168月以上	180月未満	3.6
180月以上	192月未満	3.9
192月以上	204月未満	4.2
204月以上	216月未満	4.6
216月以上	228月未満	5.0
228月以上		5.4

すでに脱退手当金をもらってしまった期間はカラ期間

脱退手当金をすでにもらってしまった人で、昭和61年4月1日において60歳未満（大正15年4月2日以後生まれ）、かつ国民年金の保険料納付済期間または保険料免除期間を有する人は、脱退手当金の算定の基礎となった期間のうち、昭和36年4月1日以後の期間は合算対象期間（カラ期間＝受給資格期間としてはカウントされるが、年金額には反映されない期間）として扱われます。

合算対象期間の扱い

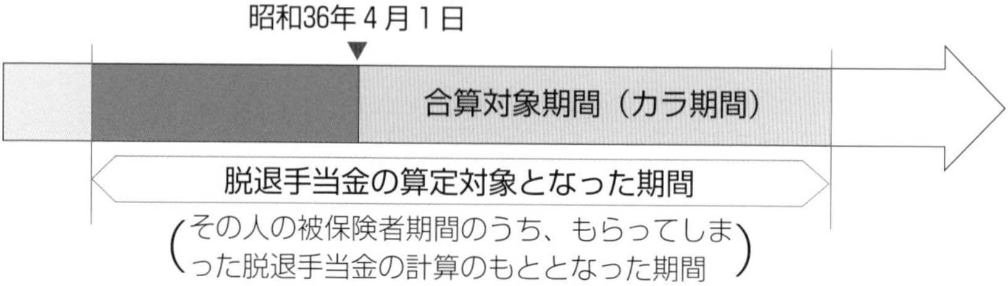

短期在留外国人のための脱退一時金

国民年金制度は日本国内に住所を有している人について、一定の条件下で国籍を問わず適用されます。そのため、滞在中の事故や病気で障害の状態になったときの障害給付や、死亡したときの遺族給付は保障されています。しかし短期間日本に滞在し、障害給付や遺族給付を受けることなく帰国してしまう人は、老齢基礎年金の受給資格期間を満たさないので老齢給付に結びつかず、保険料がかけ捨てになってしまい、不満の種となっていました。

この解決策は日本と諸外国間との協定による調整ですが、現在は経過措置として、短期在留外国人が帰国して２年間のうちに請求したときは、脱退一時金を支払うことになっています。（※令和６年４月時点で、日本とフィンランド、スロバキア、中国、フィリピン、ルクセンブルク、インド、ハンガリー、スイス、ブラジル、スペイン、アイルランド、チェコ、オーストラリア、オランダ、カナダ、フランス、ドイツ、イギリス、韓国、アメリカ、ベルギー、スウェーデン、イタリアとの間で社会保障協定を発効済みで、年金制度への二重加入の解消が図られ、加入期間が通算される場合があります。）

短期在留外国人が脱退一時金をもらうための条件

短期在留外国人が脱退一時金をもらうには次の要件が必要です。

①国民年金第１号被保険者としての保険料納付済期間を６か月以上有すること。または厚生年金保険の被保険者期間を６か月以上有すること

②年金を受けられないこと

③帰国後２年以内に請求すること

短期在留外国人が脱退一時金をもらうための条件

短期在留外国人への脱退一時金の額

脱退一時金の額は、国民年金の場合と厚生年金保険の場合では異なります。加入期間に応じて次ページの通りです。

国民年金の場合

令和３年４月から、最後に保険料を納付した月が令和３年４月以降の人は、最後に保険料を納付した月が属する年度と保険料納付済期間等に応じて脱退一時金の支給額が計算されます。ただし、最後に保険料を納付した月が令和３年３月以前の人は、これまで通り 36 月（３年）を上限として支給額が計算されます。

国民年金の脱退一時金の計算式

脱退一時金＝最後に保険料を納付した月が属する年度の保険料額 × ２分の１ × 支給額計算に用いる数

なお、支給額計算に用いる数は、保険料納付済期間等の月数の区分に応じて 60 月（５年）が上限で、下表のとおりです。

厚生年金保険の場合

令和３年４月から、最終月（資格喪失した日の属する月の前月）が令和３年４月以降の人は、支給上限月数を 60 月として支給額が計算されます。ただし、最終月が令和３年３月以前の人は、これまで通り 36 月（３年）を上限として支給額が計算されます。

厚生年金の脱退一時金の計算式

脱退一時金＝被保険者だった期間の平均標準報酬額×支給率※

被保険者期間だった期間の平均標準報酬額は、以下のＡ＋Ｂを合算した額を全体の被保険者期間の月数で割って得た額です。

Ａ：平成 15 年３月までの被保険者期間の標準報酬月額に 1.3 を乗じた額

Ｂ：平成 15 年４月以後の被保険者期間の標準報酬月額および標準賞与額を合算した額

※支給率＝最終月の属する年の前年 10 月の保険料率×２分の１×被保険者期間に応じた支給額計算に用いる数

保険料納付済期間等または被保険者期間	支給額計算に用いる数
6 月以上 12 月未満	6
12 月以上 18 月未満	12
18 月以上 24 月未満	18
24 月以上 30 月未満	24
30 月以上 36 月未満	30
36 月以上 42 月未満	36
42 月以上 48 月未満	42
48 月以上 54 月未満	48
54 月以上 60 月未満	54
60 月以上	60

《手続》

国民年金・厚生年金保険ともに、出国後、所定の請求書に必要事項を記入して、日本年金機構（外国業務グループ）（〒 168-8505 東京都杉並区高井戸西 3-5-24）に送ります。請求書は、全国の年金事務所および市区役所・町村役場にあります。なお、請求書といっしょに、①年金手帳その他基礎年金番号が確認できる書類、②パスポートの写し（出国年月日、氏名、生年月日が確認できる頁の写し）、③銀行名、口座番号等の確認できる書類を添付します。

社会保険労務士を活用しよう

●社会保険労務士をご存じですか

税金のことは税理士に、登記のことは司法書士に、法律のもめごとは弁護士に…というように、何かに困ったとき、その事柄によってどんな専門家に相談したらよいかを考えます。人が、生活したり、仕事をしたりするうえで、また会社が事業を行っていくうえで発生する問題に対処するために、それぞれ各分野の専門家がいるのです。

それでは社会保険労務士とはいったいどんな専門家なのでしょうか。

社会保険労務士の業務範囲は非常に広く、関連する労働関係・社会保険関係の法律は50にもおよんでいます。これらの労働・社会保険諸法令に基づく申請書等を作成し、行政機関等への申請・届け出・報告などの代理をしたり、行政機関等の調査や処分に対して主張・陳述を代理したりするのが社会保険労務士です。さらに、会社が備えていなければならない帳簿書類の作成や企業の労働者に関する問題、労務管理・指導・相談も行います。

つまり社会保険労務士は、年金はもちろん健康保険や労災保険、雇用保険、さらには職場の労働法から人事労務管理まで、幅広く会社での「人」に関することに精通している専門家なのです。

以下に、社会保険労務士を活用する際の押さえておきたいポイントを簡単に説明しておきます。

● 社会保険労務士を活用するにあたってのポイント ●

1　まず電話で自分の名前、どのようなルートで電話をしてきたのかをきちんとのべる。

2　自分の相談内容に応じられるかどうかを確認してアポイントする（社会保険労務士の仕事は多岐にわたるため）。

3　相談日に持参すべきものは何かを聞いておく。

4　相談は直接社会保険労務士事務所へ行って行う。その際、事務所の入口等に会員証が掲示してあるのを確認する。

5　事務所に入ったら、事務所内に専門分野の法令集や専門書がそろっているか確認する。

6　相談内容は事前に箇条書きにまとめておき、当日は要領よく相談する。

7　何でもかくさず、ありのままを話す（社会保険労務士には守秘義務があるので、知り得た個人のプライバシーがほかにもれるようなことはない）。

8　自分ではつまらないと思うことでも、また関係ないと思うことでも、とにかく話してみる（そのことが重要なポイントとなることがある）。

都道府県社会保険労務士会一覧

北海道	〒064-0804	札幌市中央区南四条西11丁目 サニー南四条ビル２Ｆ	011（520）1951
青森県	〒030-0802	青森市本町５-５-６	017（773）5179
岩手県	〒020-0821	盛岡市山王町１-１	019（651）2373
宮城県	〒980-0014	仙台市青葉区本町１-９-５ 五城ビル４Ｆ	022（223）0573
秋田県	〒010-0921	秋田市大町３-２-44 大町ビル３Ｆ	018（863）1777
山形県	〒990-0039	山形市香澄町３-２-１ 山交ビル８Ｆ	023（631）2959
福島県	〒960-8252	福島市御山字三本松19-３ 第２信夫プラザ２Ｆ	024（535）4430
茨城県	〒311-4152	水戸市河和田1-2470-2 茨城県社会保険労務士会館	029（350）4864
栃木県	〒320-0851	宇都宮市鶴田町3492-46	028（647）2028
群馬県	〒371-0846	前橋市元総社町528-９	027（253）5621
埼玉県	〒330-0063	さいたま市浦和区高砂１-１-１ 朝日生命浦和ビル７Ｆ	048（826）4864
千葉県	〒260-0015	千葉市中央区富士見２-７-５ 富士見ハイネスビル７Ｆ	043（223）6002
東京都	〒101-0062	千代田区神田駿河台４-６ 御茶ノ水ソラシティアカデミア４Ｆ	03（5289）0751
神奈川県	〒231-0016	横浜市中区真砂町４-43 木下商事ビル４Ｆ	045（640）0245
新潟県	〒950-0087	新潟市中央区東大通2-3-26 プレイス新潟１Ｆ	025（250）7759
富山県	〒930-0018	富山市千歳町１-６-18 河口ビル２Ｆ	076（441）0432
石川県	〒921-8002	金沢市玉鉾２-502 TRUSTY BUILDING ２Ｆ	076（291）5411
福井県	〒910-0005	福井市大手3-7-1 繊協ビル７Ｆ	0776（21）8157
山梨県	〒400-0805	甲府市酒折1-1-11 日星ビル２Ｆ	055（244）6064
長野県	〒380-0935	長野市中御所１-16-11 鈴正ビル３Ｆ	026（223）0811
岐阜県	〒500-8382	岐阜市薮田東２-11-11	058（272）2470
静岡県	〒420-0833	静岡市葵区東鷹匠町９-２	054（249）1100
愛知県	〒456-0032	名古屋市熱田区三本松町3-1	052（889）2800
三重県	〒514-0002	津市島崎町255	059（228）4994
滋賀県	〒520-0806	大津市打出浜２-１ コラボしが21 ６Ｆ	077（526）3760
京都府	〒602-0939	京都市上京区今出川通新町西入弁財天町332	075（417）1881
大阪府	〒530-0043	大阪市北区天満２-１-30 大阪府社会保険労務士会館	06（4800）8188
兵庫県	〒650-0011	神戸市中央区下山手通７丁目10-４ 兵庫県社労士会館	078（360）4864
奈良県	〒630-8325	奈良市西木辻町343-１ 奈良県社会保険労務士会館	0742（23）6070
和歌山県	〒640-8317	和歌山市北出島１-５-46 和歌山県労働センター１Ｆ	073（425）6584
鳥取県	〒680-0845	鳥取市富安１-152 SGビル４Ｆ	0857（26）0835
島根県	〒690-0886	松江市母衣町55-2 島根県教育会館３Ｆ	0852（26）0402
岡山県	〒700-0815	岡山市北区野田屋町2-11-13 旧岡山あおば生命ビル７Ｆ	086（226）0164
広島県	〒730-0015	広島市中区橋本町10-10 広島インテスビル５Ｆ	082（212）4481
山口県	〒753-0074	山口市中央４-５-16 山口県商工会館２Ｆ	083（923）1720
徳島県	〒770-0865	徳島市南末広町５-８-８ 徳島経済産業会館（KIZUNAプラザ）２Ｆ	088（654）7777
香川県	〒760-0006	高松市亀岡町１-60 エスアールビル４Ｆ	087（862）1040
愛媛県	〒790-0813	松山市萱町４-６-３	089（907）4864
高知県	〒781-8010	高知市桟橋通２-８-20 モリタビル２Ｆ	088（833）1151
福岡県	〒812-0013	福岡市博多区博多駅東2-5-28 博多偕成ビル3F301号	092（414）8775
佐賀県	〒840-0826	佐賀市白山２-１-12 佐賀商工ビル４Ｆ	0952（26）3946
長崎県	〒850-0027	長崎市桶屋町50-1 杉本ビル３Ｆ Ｂ	095（821）4454
熊本県	〒860-0041	熊本市中央区細工町4-30-1 扇寿ビル5F-A	096（324）1124
大分県	〒870-0021	大分市府内町１-６-21 山王ファーストビル３Ｆ	097（536）5437
宮崎県	〒880-0878	宮崎市大和町83-２ 鮫島ビル１Ｆ	0985（20）8160
鹿児島県	〒890-0056	鹿児島市下荒田３-44-18 のせビル２Ｆ	099（257）4827
沖縄県	〒900-0016	那覇市前島２-12-12 セントラルコーポ兼陽205号室	098（863）3180
連合会	〒103-8346	東京都中央区日本橋本石町３-２-12 社会保険労務士会館	03（6225）4864

年金相談先：全国の年金事務所（ねんきんダイヤル：0570-05-1165）

都道府県	街角の年金相談センター名称	郵便番号	所在地	予約用電話番号
北海道	街角の年金相談センター 札幌駅前	060-0001	札幌市中央区北1条西2-1 札幌時計台ビル4階	011-221-2250
	街角の年金相談センター 麻生	001-0038	札幌市北区北38条西4-1-8	011-708-7087
青森	街角の年金相談センター 青森（オフィス）	030-0802	青森市本町1-3-9 ニッセイ青森本町ビル10階	017-735-5228
岩手	街角の年金相談センター 盛岡（オフィス）	020-0022	盛岡市大通3-3-10 七十七日生盛岡ビル4階	019-626-4102
宮城	街角の年金相談センター 仙台	980-0803	仙台市青葉区国分町3-6-1 仙台パークビル2階	022-262-5527
秋田	街角の年金相談センター 秋田（オフィス）	010-8506	秋田市東通仲町4-1 秋田拠点センター ALVE（アルヴェ）2階	018-834-5512
山形	街角の年金相談センター 酒田	998-0044	酒田市中町1-13-8	0234-22-4554
福島	街角の年金相談センター 福島	960-8131	福島市北五老内町7-5 i・s・M37（イズム37）2階	024-531-3838
茨城	街角の年金相談センター 水戸	310-0021	水戸市南町3-4-10 水戸FFセンタービル1階	029-231-6541
	街角の年金相談センター 土浦	300-0037	土浦市桜町1-16-12 リーガル土浦ビル3階	029-825-2300
群馬	街角の年金相談センター 前橋	379-2147	前橋市亀里町1310 群馬県JAビル3階	027-265-0023
埼玉	街角の年金相談センター 大宮	330-0854	さいたま市大宮区桜木町2-287 大宮西口大栄ビル3階	048-647-6721
	街角の年金相談センター 草加	340-0022	草加市瀬崎1-9-1 谷塚コリーナ2階	048-920-7922
	街角の年金相談センター 川越（オフィス）	350-1123	川越市脇田本町16-23 川越駅前ビル8階	049-291-2820
千葉	街角の年金相談センター 千葉	260-0027	千葉市中央区新田町4-22 サンライトビル1階	043-241-1165
	街角の年金相談センター 船橋	273-0005	船橋市本町1-3-1 フェイスビル7階	047-424-7091
	街角の年金相談センター 柏	277-0005	柏市柏4-8-1 柏東口金子ビル1階	04-7160-3111
	街角の年金相談センター 市川（オフィス）	272-0034	市川市市川1-7-6 愛愛ビル3階	047-329-3301
東京	街角の年金相談センター 新宿	160-0023	新宿区西新宿1-7-1 松岡セントラルビル8階	03-3343-5171
	街角の年金相談センター 町田	194-0021	町田市中町1-2-4 日新町田ビル5階	042-720-2101
	街角の年金相談センター 立川	190-0012	立川市曙町2-7-16 鈴春ビル6階	042-521-1652
	街角の年金相談センター 国分寺	185-0021	国分寺市南町2-1-31 青木ビル2階	042-359-8451
	街角の年金相談センター 大森	143-0023	大田区山王2-8-26 東辰ビル5階	03-3771-6621
	街角の年金相談センター 八王子（オフィス）	192-0081	八王子市横山町22-1 エフ・ティービル八王子3階	042-631-5370
	街角の年金相談センター 足立（オフィス）	120-0005	足立区綾瀬2-24-1 ロイヤルアヤセ2階	03-5650-5200
	街角の年金相談センター 江戸川（オフィス）	132-0024	江戸川区一之江8-14-1 交通会館一之江ビル3階	03-5663-7527
	街角の年金相談センター 練馬（オフィス）	178-0063	練馬区東大泉6-52-1 WICSビル1階	03-5947-5670
	街角の年金相談センター 武蔵野（オフィス）	180-0006	武蔵野市中町1-6-4 三鷹山田ビル3階	0422-50-0475
	街角の年金相談センター 江東（オフィス）	136-0071	江東区亀戸2-22-17 日本生命亀戸ビル5階	03-5628-3681
神奈川	街角の年金相談センター 横浜	220-0011	横浜市西区高島2-19-12 スカイビル18階	045-451-5712
	街角の年金相談センター 戸塚	244-0816	横浜市戸塚区上倉田町498-11 第5吉本ビル3階	045-861-7744
	街角の年金相談センター 溝ノ口	213-0001	川崎市高津区溝口1-3-1 ノクティプラザ1 10階	044-850-2133
	街角の年金相談センター 相模大野	252-0303	相模原市南区相模大野3-8-1 小田急相模大野ｽﾃｰｼｮﾝｽｸｴｱB館1階	042-701-8515
	街角の年金相談センター 藤沢（オフィス）	251-0052	藤沢市藤沢496 藤沢森井ビル6階	0466-55-2280
	街角の年金相談センター 厚木（オフィス）	243-0018	厚木市中町3-11-18 Flos厚木6階	046-297-3481
	街角の年金相談センター 新横浜（オフィス）	222-0033	横浜市港北区新横浜2-5-10 楓第2ビル3階	045-471-5300
新潟	街角の年金相談センター 新潟	950-0087	新潟市中央区東大通2-3-26 プレイス新潟6階	025-244-9246
富山	街角の年金相談センター 富山	930-0010	富山市稲荷元町2-11-1 アピアショッピングセンター2階	076-444-1165
石川	街角の年金相談センター 金沢	920-0804	金沢市鳴和1-17-30	076-253-2222
福井	街角の年金相談センター 福井（オフィス）	910-0858	福井市手寄1-4-1 アオッサ（AOSSA）2階	0776-26-6070
長野	街角の年金相談センター 長野	380-0935	長野市中御所45-1 山王ビル1階	026-226-8580
	街角の年金相談センター 上田（オフィス）	386-0025	上田市天神1-8-1 上田駅前ビルパレオ6階	0268-25-4425
岐阜	街角の年金相談センター 岐阜	500-8891	岐阜市香蘭2-23 オーキッドパーク西棟3階	058-254-8555
静岡	街角の年金相談センター 静岡	422-8067	静岡市駿河区南町18-1 サウスポット静岡2階	054-288-1611
	街角の年金相談センター 沼津	410-0801	沼津市大手町3-8-23 ニッセイスタービル4階	055-954-1321
	街角の年金相談センター 浜松（オフィス）	435-0044	浜松市東区西塚町200 サーラプラザ浜松5階	053-465-2360
愛知	街角の年金相談センター 名古屋	453-0015	名古屋市中村区椿町1-16 井門名古屋ビル2階	052-453-0061
	街角の年金相談センター 栄	460-0008	名古屋市中区栄4-2-29 JRE名古屋広小路プレイス8階	052-242-2340
三重	街角の年金相談センター 津（オフィス）	514-0036	津市丸之内養正町4-1 森永三重ビル1階	059-224-8612
滋賀	街角の年金相談センター 草津	525-0026	草津市渋川1-1-50 近鉄百貨店草津店5階	077-564-4311
京都	街角の年金相談センター 宇治	611-0031	宇治市広野町西裏54-2	0774-43-1511
	街角の年金相談センター 京都（オフィス）	615-8073	京都市西京区桂野里町17番地 ミュー阪急桂（EAST）5階	075-382-2606
大阪	街角の年金相談センター 天王寺	543-0054	大阪市天王寺区南河堀町10-17 天王寺北NKビル2階	06-6779-0651
	街角の年金相談センター 吹田	564-0082	吹田市片山町1-3-1 メロード吹田2番館10階	06-6369-4800
	街角の年金相談センター 堺東	590-0077	堺市堺区中瓦町1-1-21 堺東八幸ビル7階	072-238-7661
	街角の年金相談センター 枚方	573-0032	枚方市岡東町5-23 アーバンエース枚方ビル2階	072-843-6646
	街角の年金相談センター 城東	536-0005	大阪市城東区中央1-8-24 東洋プラザ蒲生ビル1階	06-6930-5601
	街角の年金相談センター 東大阪	577-0809	東大阪市永和1-18-12 NTT西日本東大阪ビル1階	06-6736-6571
	街角の年金相談センター 豊中	560-0021	豊中市本町1-1-3 豊中高架下店舗南ブロック1階	06-6844-8391
	街角の年金相談センター なかもず	591-8025	堺市北区長曽根町130-23 堺商工会議所会館1階	072-258-4701
兵庫	街角の年金相談センター 北須磨	654-0154	神戸市須磨区中落合2-2-5 名谷センタービル7階	078-795-3455
	街角の年金相談センター 尼崎	661-0012	尼崎市南塚口町2-1-2-208 塚口さんさんタウン2番館2階	06-6424-2884
	街角の年金相談センター 姫路	670-0961	姫路市南畝町2-53 ネオフィス姫路南1階	079-221-5127
	街角の年金相談センター 西宮（オフィス）	663-8035	西宮市北口町1-2 アクタ西宮東館1階	0798-69-0030
奈良	街角の年金相談センター 奈良	630-8115	奈良市大宮町4-281 新大宮センタービル1階	0742-36-6501
和歌山	街角の年金相談センター 和歌山（オフィス）	640-8331	和歌山市美園町3丁目32-1 損保ジャパン和歌山ビル1階	073-424-5603
岡山	街角の年金相談センター 岡山	700-0032	岡山市北区昭和町4-55	086-251-0052
広島	街角の年金相談センター 広島	730-0015	広島市中区橋本町10-10 広島インテスビル1階	082-227-1391
	街角の年金相談センター 福山	720-0065	福山市東桜町1-21 エストパルク6階	084-926-7951
山口	街角の年金相談センター 防府	747-0035	防府市栄町1-5-1 ルルサス防府2階	0835-25-7830
徳島	街角の年金相談センター 徳島（オフィス）	770-0841	徳島市八百屋町2丁目11番地 ニッセイ徳島ビル8階	088-657-3081
香川	街角の年金相談センター 高松（オフィス）	760-0028	高松市鍛冶屋町3 香川三友ビル5階	087-811-6020
愛媛	街角の年金相談センター 松山（オフィス）	790-0005	松山市花園町1-3 日本生命松山市駅前ビル5階	089-931-6120
福岡	街角の年金相談センター 北九州	806-0036	北九州市八幡西区西曲里町2-1 黒崎テクノプラザⅠ 1階	093-645-6200
佐賀	街角の年金相談センター 鳥栖（オフィス）	841-0052	鳥栖市宿町1118 鳥栖市役所南別館1階	0942-82-0222
長崎	街角の年金相談センター 長崎（オフィス）	852-8135	長崎市千歳町2-6 いわさきビル5階	095-842-5121
熊本	街角の年金相談センター 熊本	860-0806	熊本市中央区花畑町4-1 太陽生命熊本第2ビル3階	096-206-2444
大分	街角の年金相談センター 中津（オフィス）	871-0058	中津市豊田町14-3 中津市役所別棟2階	0979-22-6311
宮崎	街角の年金相談センター 宮崎（オフィス）	880-0902	宮崎市大淀4-6-28 宮交シティ2階	0985-63-1066
鹿児島	街角の年金相談センター 鹿児島（オフィス）	892-0825	鹿児島市大黒町2-11 南星いづろビル6階	099-225-0131

※街角の年金相談センターでは、"対面による年金相談"を行っています。"電話による年金相談"は受け付けていません。

さくいん

●著者紹介
中尾幸村（なかお・ゆきむら）
東京都社会保険労務士会会員（第1311783号）
1951年生まれ。1980年、第12回社会保険労務士試験合格。1984年、東京労務総合事務所設立。現在、東京労務総合事務所所長を務め、社会保険労務士として労働法令・社会保険諸法令の実務的運用を中心に、企業の労務顧問として活躍中。国家試験専門学校・実務講習会の講師を歴任。著書に『図解わかる定年前後の諸手続きのすべて』『今スグわかる「社会保険・労働保険」届出書式と手続き』『図解わかる会社をやめるときの手続きのすべて』（以上、新星出版社）『定年ハンドブック』（PHP研究所）などがある。

中尾孝子（なかお・たかこ）
東京都社会保険労務士会会員（第1315610号）
1993年に行政書士試験合格、1994年に社会保険労務士試験合格。以後、社会保険労務士事務所勤務を経て、2005年12月に独立開業。著書・執筆協力に、『今スグわかる「社会保険・労働保険」届出書式と手続き』『図解わかる会社をやめるときの手続きのすべて』『図解わかる 定年前後の手続のすべて』（以上、新星出版社）『定年ハンドブック』（PHP研究所）などがある。

本書に関するお問い合わせは下記宛、往復ハガキもしくは返信用切手を同封した封書にてお願いいたします。
東京労務総合事務所
〒102-0083　東京都千代田区麹町2-10-1

図解　わかる年金

2024年5月5日　初版発行

著　者　中尾 幸村／中尾 孝子
発行者　富永靖弘
印刷所　今家印刷株式会社

発行所　東京都台東区台東2丁目24　株式会社 新星出版社
〒110-0016　☎03(3831)0743

ISBN978-4-405-10440-2